요한복음 2
하늘 사닥다리

요한복음 2
하늘 사닥다리

- 초판 1쇄 인쇄 2025년 11월 22일
- 초판 1쇄 발행 2025년 11월 29일

- 지은이 이득영
- 펴낸이 조유선
- 펴낸곳 누가출판사
- 등록번호 제315-2013-000030호
- 등록일자 2013. 5. 7
- 주소 서울시 강서구 공항대로 59다길 276(염창동)
- Tel 02-826-8802, Fax 02-6455-8805
- 정가 18,000원
- ISBN 979-11-85677-87-3 03230

요한복음
2

하늘 사닥다리

이득영 지음

출판사

누가

목차

　　1992년 침례교 원주지방회 전략개척자로 선택받아 그 해 1992년 11월 9일 원주 상지대 입구에 교회를 개척하였다. 교회만 개척하면 모든 것이 다 될 줄 알았지만 현실은 그렇지 않았다. 교회를 개척한 뒤 1년 8개월 동안 한 사람도 교회의 문을 열고 들어오는 사람이 없었다. 한 명이라도 교회로 인도하기 위해 온갖 방법을 다 동원하였지만 상황은 나아지지 않았고, 궁여지책으로 교회 주변 상가 사람들을 인도하려는 마음으로 8개월 동안 밤마다 교회에서 고스톱을 쳤다. 그렇게 상가 사람들과 친해지면 그들이 교회에 나올 것 같았지만, 그들은 그저 고스톱을 치기 위해서 교회에 왔을 뿐, 예배를 드리거나 복음을 전하려고 하면 모두 도망갔다. 절망스러웠다. 목회를 포기하려고 몸부림 칠 때 하나님께서 몇 명의 성도들을 보내주셨다. 보내주신 성도들에게 최선을 다하여 말씀을 먹였지만 그들은 전혀 변화가 없었고, 말씀을 선포하는 나 자신도 너무 초라했다.

　　그 즈음 미국 아틀란타 성산교회에서 목회하시던 최천국 목사님께서 우리 교회를 방문하셔서 저녁 예배를 인도하시며 말씀을 전하셨다. 그분을 통해 풀어주시는 하나님의 말씀이 얼마나 놀랍고 신비했던지… 그런데 아무도 제자를 삼지 않으시던 최 목사님께서 미국으로 돌아가시면서 나를 제자 삼겠다고 말씀하셨다. 그

후 최 목사님은 1년에 두 번씩 우리 교회를 방문하여 집회를 해 주셨고, 나는 시간을 내어 미국에 혼자 방문해 목사님을 독대하여 말씀을 배웠다. 다섯 번째 미국을 방문하여 기도원에서 목사님과 마주 앉아 말씀을 배울 때였다. 시차가 적응되지 않아 졸음 때문에 비몽사몽 할 때 갑자기 번쩍하며 무엇인가가 나를 덮었고, 곧이어 무엇인가가 나의 온 몸에 채워지는 것을 느꼈다. 그리고 아무 일 없었던 것처럼 시간이 흘렀고, 나는 한국으로 돌아오는 비행기 안에서 에스겔 마른 골짜기의 뼈들이 서로 들어맞는 것처럼 그동안 스스로 몸부림치며 공부했던 구약과 신약의 말씀들이 서로 들어맞아 짝을 이루는 것을 경험하였다. 그 일이 있은 뒤 한국에 돌아와 목회 현장에서 말씀을 보면 이전과 다르게 놀랍고 신비하게 말씀들이 들어맞아서 짝을 찾아가고 서로의 영적인 원리들을 드러내는 신비한 것을 계속 경험하였다. 엘리야의 능력을 갑절이나 사모하였던 엘리사에게 그가 사모한 대로 하나님의 능력이 갑절 부어진 것처럼, 나의 스승 최천국 목사님에게 부어졌던 말씀의 신비한 능력이 나를 덮었다는 것을 깨닫게 되었다.

그 후부터 말씀이 너무 신비하게 풀어졌다. 그런데 그렇게 신비하게 풀어진 말씀을 그대로 선포하면 모두 좋아야 하는데 너무 멋지게 풀어진 말씀을 전하는 나도, 그 말씀을 받는 성도님들도 힘들었다. 왜 그럴까하고 고민할 때 하나님은 에스겔 37장을 계속 묵상하게 하셨다. 마른 뼈들이 서로 들어맞아 온전한 사람의 모습은 갖추었지만 '그 안에 생기가 없었다'라는 것을 깊이 보게 하셨다. 말씀의 영적인 흐름은 잡았지만 그 안에 생기를 담지 못했기 때문이라는 것을 깨닫게 하셨다. 생기가 들어간 말씀을 먹을 때에야 비로소 하나님께서 쓰기 원하시는 십자가 군사로 세워지는 것을 깨달았다 (겔 37:10). 그 후부터 성령의 도우심으로 말씀의 흐름을 잡으면 그 말씀을 붙잡고 생명을 다하여 기도하여 그 말씀 안에 생기를 심는 기도를 한 주간하였다. 그리고 그 위에 하나님 아버지의 마음을 담아서 강단에서 선포하였다. 말씀을 전하는 나와 말씀을 받는 모두가 감격이었고 하나님의 은혜로 녹아지는 엄청난 변화들이 있었다. 주일 강단에서 선포하는 말씀은 설교 원고가 다가 아니라 그 안에 한 주간 최선을 다한 기도를 통하여 하나님의 생기를 입히고 하나님 아버지의 마음을 담는다. 그런데 이렇게 책으로 옮겨지는 설교집에는 하나님의 생기와 하나님 아버지의 마음을 담지 못하여 너무 아쉽다.

그동안은 말씀을 보면서 영적인 흐름을 찾아 주제설교와 성막의 비밀을 풀어내는 설교를 했었다. 하나님께서 주신 감동 안에서 성경을 책별로 설교하려고 했고, 그에 따라 구약에서 창세기와 여호수아를 마치고 신약에서 제일 쉬운 요한복음을 설교하려고 하였다. 하지만 요한복음은 결코 쉬운 책이 아니었다. 하늘의 모든 비밀을 푸는 가장 어려운 책이라는 것을 뒤늦게 알고 몇 번이나 포기하려 했었는데 하나님께서 끝까지 풀어주셔서 요한복음 전체를 설교하게 되었다. 어찌하든지 쉽게 풀어보려 했는데, 내 지식이 미천하여 어렵게 풀 수밖에 없었다. 하지만 지식으로 하나님을 알려하지 않고 마음으로 하나님을 받고 경험하려는 사모함이 있다면 이 말씀은 결코 어려운 말씀이 아닐 것이다. 오늘날 이단들은 (비록 잘못된 방법으로일지라도) 너무 많이, 그리고 깊이 하나님의 말씀을 연구하고 공부하고 외우는데 정작 하나님의 자녀들은 하나님의 말씀을 깊이 알려고 하지 않는다. 그러다 보니 이단에게 쉽게 넘어가고, 사단에게 늘 짓눌리는 삶을 살 수밖에 없다. 하나님께서는 사랑하는 자녀들에게 결코 어려운 말씀을 주시지 않았다. 어렵다고 생각하면 하나님의 말씀처럼 어려운 것이 없지만 사단에게 속았던 마음을 풀어버리고 하나님의 말씀을 사모하는 마음으로 다가서면 너무 쉽고 은혜로운 말씀일 것이다.

첫 설교집 『캄캄할 때 하늘이 열린다』로 얼마나 많은 사람들이 위로받고 실패의 자리에서, 특별히 가장 낮은 자리(감옥)에서 변화되고 힘을 얻어 일어났는지 모른다. 이번 설교집을 통하여서도 은혜를 사모하고 갈급해 하는 성도들이 더욱 많이 일어나기를 기대한다. 이번 설교집이 나올 수 있도록 최선을 다해 기도하고 축복해주신 원주 중부침례교회 성도님들께 감사를 드린다. 또한 설교집이 나올 수 있도록 드러나지 않는 섬김으로 재정의 도움을 주신 분들에게 깊은 감사를 드리며 마음 깊이 품고 최선을 다하여 축복하며 기도드린다. 모든 설교마다 교정을 도와 준 이병묵 전도사님께 감사드리고, 마지막까지 교정을 위해 수고를 아끼지 않은 전지혜 자매에게도 감사드리며, 한 편의 설교 완성을 위해 몸부림칠 때마다 옆에서 묵묵히 기도로 도와준 사랑하는 아내 강성경 사모에게 무한한 감사를 드린다.

01

선한 목자이신 예수님 1 (요 10:1-15)

¹ 〈양의 우리 비유〉 내가 진실로 진실로 너희에게 이르노니 문을 통하여 양의 우리에 들어가지 아니 하고 다른 데로 넘어가는 자는 절도며 강도요 ² 문으로 들어가는 이는 양의 목자라 ³ 문지기는 그를 위하여 문을 열고 양은 그의 음성을 듣나니 그가 자기 양의 이름을 각각 불러 인도하여 내느니라 ⁴ 자기 양을 다 내놓은 후에 앞서 가면 양들이 그의 음성을 아는 고로 따라오되 ⁵ 타인의 음성은 알지 못하는 고로 타인을 따르지 아니하고 도리어 도망하느니라 ⁶ 예수께서 이 비유로 그들에게 말씀하셨으나 그들은 그가 하신 말씀이 무엇인지 알지 못하니라 ⁷ 〈선한 목자〉 그러므로 예수께서 다시 이르시되 내가 진실로 진실로 너희에게 말하노니 나는 양의 문이라 ⁸ 나보다 먼저 온 자는 다 절도요 강도니 양들이 듣지 아니하였느니라 ⁹ 내가 문이니 누구든지 나로 말미암아 들어가면 구원을 받고 또는 들어가며 나오며 꼴을 얻으리라 ¹⁰ 도둑이 오는 것은 도둑질하고 죽이고 멸망시키려는 것뿐이요 내가 온 것은 양으로 생명을 얻게 하고 더 풍성히 얻게 하려는 것이라 ¹¹ 나는 선한 목자라 선한 목자는 양들을 위하여 목숨을 버리거니와 ¹² 삯꾼은 목자가 아니요 양도 제 양이 아니라 이리가 오는 것을 보면 양을 버리고 달아나나니 이리가 양을 물어 가고 또 헤치느니라 ¹³ 달아나는 것은 그가 삯꾼인 까닭에 양을 돌보지 아니함이나 ¹⁴ 나는 선한 목자라 나는 내 양을 알고 양도 나를 아는 것이 ¹⁵ 아버지께서 나를 아시고 내가 아버지를 아는 것 같으니 나는 양을 위하여 목숨을 버리노라

✖✖✖

요 10:1-6　애굽에서 400년 동안 종살이하던 이스라엘 백성들이 구원받은 비밀은 모세를 통하여 나타난 기적들 때문이 아니라 하나님께서 정하시고 모세를 통하여 말씀하신 '유월절 어린 양'의 희생 때문이었다. 죄 때문에 마귀에게 사로잡혀 이 세상을 살면서 말로 표현할 수 없는 고난과 저주를 받다가 육체가 죽으면 영원한 지옥으로 달려갈 인생들을 구원한 것도 400년 동안 애굽에서 종살이하던 이스라엘 백성들을 구원했던 '유월절 어린 양'이 실체가 되어 오셔서 십자가에 못 박히신 예수님이다. '유월절 어린 양'으로 오셔서 십자가에 못 박혀 사람으로서는 도저히 해결하지 못할 모든 문제를 해결하시고(요 19:30. 다 이루었다. 사람으로는 도저히 해결할 수 없는 모든 것을 내가 다 해결하였다) 부활하신 예수 그리스도를 영접하여 구원받은 성도들은 우리를 구원하신 '어린 양' 되시는 예수님을 본받아 '양의 믿음'을 회복하여 하나님께서 하늘을 열고 부어 주시는 모든 은혜를 누릴 자들이다.

예수님의 십자가 고난과 부활의 승리를 통하여 구원받은 성도들이 보호받으며 양육 받는 '양 우리'에 하나님께서 정하신 문을 통하여 들어가지 않는 자가 있다면 그는 도둑(요 10:1)이다. 도둑(마귀)에게 속아 하나님께서 성도들의 마음 안에 담아주신 믿음을 도둑질당하면 믿음이 죽고, 믿음이 죽어진 성도들의 삶의 현장은 멸망으로 변한다(요 10:10). 구원의 문이 되시며 하늘을 열고 신비한 은혜를 부어주시는 예수님께서는 '양'의 신분을 회복한 성도들을 항상 지켜주시며 삶의 모든 형편을 푸른 초장으로 인도하신다. 예수님을 영접하여 구원받은 성도들은 삶의 모든 자리에서 목자 되시는 예수님을 인정하고 신뢰하면서 모든 순간 우리의 이름을 부르시며 다가오셔서 하늘의 풍성한 은혜를 공급해 주시는 참목자 되시는 예수님의 음성을 들어야 한다. 목자 되시는 예수님은(예수님으로부터 사명을 받은 목사) 자기에게 맡겨진 양들의 이름을 하나하나 부르며 하나님께서 예비하신 은혜가 넘치는 곳으로 인도하여 주신다. 양들은 절대로 낯선 사람을 따르지 않고 피한다. 유대인들은 예수님께서 '선한 목자와 양'의 비유 말씀을 하시는데 전혀 알아듣지 못했다(6절). 예수님께서 말씀하시는 목자는 자신의 희생(십자가 고통)으로 사단에 잡혀 멸망으로 달려가는 인생들을 구원하여 하나님께서 정하신 '생명의 우리'에 들어가게 한 다음에 '생명의 우리' 안에 들어 온 모든 양(예수 그리스도를 영접한 이후에 예수 그리스도를 닮은 성도)을 가장 안전하게 보호해 주시고, 푸른 초장처럼 하늘의 양식과 은혜가 넘치는 자리로 인도하신다. 참목자는 하나님께서 주신 권능으로 성경을 통하여 하나님 아버지의 마음을 풀어서 가르치고 하나님께서 원하시는 길을 보이면서 생명의 길과 은혜의 길로 인도한다. 도둑이나 강도는 목자가 인도하는 길과 정반대다. 그들은 '양'(예수 그리스도의 십자가를 통하여 구원받는 성도)들에게 하나님의 은혜가 넘치는 말씀을 풀어서 먹이지 못하고, 하나님 아버지의 참된 마음을 알려주지 않으며, 자기를 높이려고 자기의 지식을 가르친다. 도둑과 강도는 자기가 높아지고 편안하기 위해 양들에게는 해가 되는 잘못된 사상을 함부로 가르친다. 예수님은 자신을 가리켜 '양'들을 우리에 불러들이는 '문'이라고 하신다. '문'은 들어가는 '길'이다. 예수님은 구원받아 하나님 아버지께로 들어가는 가장 정확한 문이며 길이다(행4:12. 하나님은 천하 인간들에게 구원 얻을 만한 다른 이름을 주신 적이 없다. 구원과 은혜가 풀어지는 비밀은 오직 예수 그리스도 한 분이시다).

그렇다면 예수님께서 말씀하시는 '문지기'는 누구일까? 요 16:13을 보면 "진리의 성령이 오시면 그가 너희를 모든 진리 가운데로 인도하시리니... 장래 일을 너희에게 알리시리라"라고 예수님께서 말씀하셨다. 구원받은 성도들은 스스로 예수를 믿어 구원 안으로 들어온 것이 아니다. 생명의 문지기가 되시는 성령께서 생명의 문(하나님께로 들어가는 문)을 열고 인도하셨기 때문에 그 문을 통과하여 구원 안에 들어와 하나님을 아버지라 부르며 하나님의 자녀가 된 것이다. 성도들에게 구원의 문지기, 은혜의 문지기는 예수님을 대신하여 성도들에게 보내주신 '성령'이시다. 지금 우리는 삶의 모든 자리에서 성령을 얼마나 인정하고 의지하고 있는가? 성령을 인정하고 의지한 만큼 삶의 현장에 구원의 능력들이 풀어지며 신비한 은혜가 넘쳐나게 된다. 양이 오직 목자의 음성만 듣는 것처럼 예수 그리스도를 영접하여 구원받은 하나님의 자녀들은 낯선 사람의 말에 귀 기울이지 않고 오직 우리를 구원해 주시고 푸른 초장과 맑은 시냇물가로 인도하시는 목자의 음성에만 귀를 기울여야 한다.

그렇다면 나는 교회를 다니는 종교생활을 내려놓고 나를 구원하신 예수님과 나와의 관계가 '목자와 양의 관계'로 분명하게 맺어져 있는지 돌아보자. 시 23편에서 다윗은 하나님(예수 그리스도)께서 나의 목자가 되실 때 구원받은 성도들의 삶은 항상 푸른 초장과 쉴만한 물가가 되며, 사망의 음침한 골짜기에서도 절대 피해를 받지 않는다고 하였다. 예수님을 믿는 대부분의 성도들이 시편 23편의 말씀을 너무 잘 알고, 이 말씀을 붙들고 '하나님께서 나의 목자가 되시는 증거가 내 삶의 현장에 넘칩니다.' 하면서 엄청난 선포의 기도도 한다. 하지만 정작 삶의 현장에는 하나님께서 우리의 목자가 되시는 열매들이 없다. 왜 그럴까? 예수님께서 우리의 목자가 되시려면 우리가 먼저 그분 앞에서 '순전한 양'이 되어야 하는 비밀을 제대로 알지 못하기 때문이다. 구원받은 성도들이 예수님께서 인정하는 '순전한 양의 믿음'으로 예수님 앞에 서 있고, 예수님께서 참목자가 되셔서 성도들의 삶을 완전하게 보호하실 때부터 하나님께서 약속하신 모든 것들이 성도들의 삶의 현장에 풀어지게 된다.

'순전한 양의 믿음'을 가진 성도들은 어디를 가든지 무엇을 하든지 하나님의 영광을 위한 승리의 삶을 살게 된다. 대부분 많은 성도가 "구원받아서 죽으면 천국에 간다"라고 말은 잘하지만 정작 자신의 믿음이 하나님께서 보실 때 '양의 믿음'으로 바르게 변화되었는지는 살피지 않는다. 우리를 구원하시고 하늘에 오르신 예수님께서 이 땅에 다시 오시는 목적은 구원받은 성도들이 '양의 믿음'으로 변화되었는지 확인하고 심판하시려는 것이다(마 25:31-34). 양의 믿음으로 변화된 성도들은 이 땅에 재림 주로 오시는 예수님께서 자신의 오른편에 두시면서 "내 아버지께 복 받을 자들이여 나와서 세상 창조되기 전부터 너희를 위하여 예비 된 나라를 상속받으라"(마 25:34)라고 하신다. 하지만 구원받은 이후에 교회를 열심히 다니며 헌신을 잘하였지만, 예수님께서 십자가에 못 박히시며 구원하신 목적을 잘 몰라서 여전히 '염소'의 믿음(예수 그리스도를 온전히 닮지 못하고 마귀에게 속한 것들을 끊지 못한 믿음. 옛사람이 십자가에 죽어지고 새 사람을 입은 믿음이 되지 못한 상태)을 가진 자들을 향하여서는 "저주를 받은 자들아 나를 떠나 마귀와 그 사자들을 위해 예비된 영영한 불에 들어가라"(마 25:41)고 소리치며 내어 쫓으신다. 구원받은 이후에 예수 그리스도를 닮아 '양의 믿음'을 가진 성도들은 마지막 하나님의 나라를 상속받을 뿐 아니라 이 땅을 살아갈 때도 항상 푸른 초장 맑은 시냇물로 인도받으며, 비록 사망의 음침한 골짜기와 같은 현실을 만나도 두려워하지 않게 된다. 그 이유는 목자 되시는 예수님께서 항상 도와주셔서 모든 일을 하나님의 영광으로 바꾸어주시기 때문이다(롬 8:28).

또한 '양의 믿음'을 가진 성도들을 괴롭히려는 악한 대적들을 목자 되시는 예수님께서 결박해 주시고, 결박된 마귀들이 보는 앞에서 하나님께서 살아 계심을 주변 모든 사람에게 나타내 보일 완전한 응답과 축복의 상을 차려주신다. 이렇게 엄청난 말씀을 풀어주시는데 유대인들은 전혀 알아듣지를 못한다. 구원받은 성도라 할지라도 영이 눌려 있다면 이 말씀을 알아듣지 못하고 죽으면 천국에 간다는 소리만 열심히 하며 '양의 믿음'으로 변화되려는 사모함이 없이 종교생활이 믿음생활의 전부라고 착각하며 살아간다. 이제는 사단에게 속았던 '종교생활'을 깨뜨리고 우리를 구원하신 예수 그리스도를 닮아 '순전한 양의 믿음'을 회복하자.

요 10:7-15 예수님은 스스로가 양의 문이라 하시며 예수님을 통하여 들어갈 때 구원을 얻으며 '풍성한 풀밭'(하나님께서 말씀하신 풍성한 은혜)을 발견한다고 하신다. 예수님께서 오신 목적은 마귀에게 끌려다니던 인생들을 마귀에게서 풀어주고 영원한 생명을 먹여주시고 풍성한 하나님의 은혜를 덧입게 하는 것이다. 이것을 위해 예수님은 십자가에서 자기의 생명을 버리셨다. 예수님께서 십자가에서 우리의 구원을 완성하신 이후에 무덤에 갇히셨다가 3일 만에 부활하셔서 제자들이 모여 예전의 생활(고기잡이)을 하고 있는 디베랴 바다(갈릴리호수)를 찾아가셨다. 밤을 새워 고기를 잡았지만 한 마리도 잡지 못했을 때에 예수님께서 그들에게 질문하신다. "얘들아 너희에게 고기가 있느냐?"(요 21:5) 예수님의 질문을 받은 제자들이 "없습니다"라고 답하였다. 그때 예수님께서 "그물을 배 오른편으로 던져라 그리하면 얻을 것이다"(요 21:6)라고 하셨다.

예수님의 말을 들은 제자들이 예수님께서 주신 말씀대로 순종하였을 때 고기가 너무 많이 잡혀 그물을 끌어 올릴 수 없을 정도였다. 이러한 상황에서 예수님이 사랑하시던 제자(요한)가 베드로를 향하여 "주님이시다"라는 말을 하였다(요 21:7). 요한의 말을 들은 베드로가 옷을 입고 바다로 뛰어내려 예수님을 향하여 왔다. 예수님은 바닷가에 불을 피우시고 그 위에 떡을 굽고 계시다가 "지금 잡은 생선을 가져오라"라고 하셨다. 이때 베드로가 그물을 정리하며 잡은 고기를 세어보니 153마리였다.

예수님께서 숯불에 구운 떡과 생선을 제자들에게 아침으로 먹이신 이후에 베드로에게 엄청난 질문을 하셨다. "요한의 아들 시몬아 네가 이 사람들보다 나를 더 사랑하느냐?"(요 21:16) 이 말씀을 다른 각도로 풀어보자. "베드로야 네가 나를 사랑한다는 것을 어떻게 보이겠느냐? 네가 나를 사랑한다면 내가 십자가에 못 박히며 구원하여 너에게 넘겨주는 어린 영혼들에게 하나님의 은혜와 사랑이 흘러나오는 말씀을 먹여라. 어린 영혼들이 구원의 문을 통하여 들어가고 다른 문으로 출입하지 못하게 하라"는 말씀이다. 예수님은 베드로에게 "너의 양"이라고 말씀하시지 않고 "내가 십자가에 못 박히며 살려낸 나(예수님)의 양"이라고 하셨다. 예수님을 통하여 구원받은 성도는 모두 '예수님의 양'이다. 예전에 하나님께 특별히 선택받은 이스라엘 백성들이 하나님을 떠나 썩어지며 고통받으며 끝내는 멸망당하였는데, 그 이유 중에 하나가 가지들(하나님의 백성)이 줄기(하나님)에 붙지 않고 하나님이 보시는 앞에서 이방 나무의 가지에 붙어서 열매를 맺지 못하는 형편없는 나무가 된 것이다(렘 2:21). 예수님은 십자가에 못 박히며 우리를 구원하시고 하나님으로부터 오는 모든 것들을 공급해 주시는 나무이다.

나는 참포도나무요 내 아버지는 농부라 요 15:1

예수님을 통하여 구원받은 성도들이 하나님께서 약속하신 모든 것을 받아 누리려면 하나님으로부터 공급되는 것의 통로인 나무가 되시는 예수님에게 붙어 있기만 하면 저절로 많은 열매를 거둔다고 하셨다.

너희가 내 안에 거하고 내 말이 너희 안에 거하며 무엇이든지 원하는 대로 구하라 그리하면 이루리라 요 15:7

사단은 구원받은 성도들이 예수님에게 완전하게 밀착되는 것을 훼방하고 다른 사역자나 이상한 사상에 붙들리게 한다. 이러한 '가짜 믿음'은 처음에는 좋은 것 같지만 하나님으로부터 공급되는 신령한 은혜를 누리지 못하기 때문에 그의 믿음 전체가 썩게 되고, 하늘의 열매를 맺지 못할 뿐 아니라 사단에게 끌려다니며 고통받는다. 그래서 예수님은 부활하신 이후에 베드로를 찾아오셔서 "내가 십자가에 못 박히며 구원한 나의 양을 하늘 양식으로 풍성하게 먹이라"고 간절하게 당부하신다. 우리는 매 순간 나의 믿음이 예수 그리스도와 온전히 밀착된 바른 믿음인지 확인해 봐야 한다. 이단에 빠진 대부분의 사람들을 보면 "나의 영혼이 목마르다"라고 하면서 생수의 근원이 되시는 예수님을 찾는 것이 아니라 (렘 2:13. 구원받은 성도들이 생수의 근원을 찾지 않는 것이 멸망에 이르는 엄청난 죄다) 자기의 귀에 듣기 좋은 이단의 교리들을 찾아갔다가 멸망의 자리에서 헤맨다. 영혼이 갈급할 때일수록 조급하지(조급한 것은 엄청난 교만이다. 얼마나 하나님의 능력과 은혜를 믿지 못하면 하나님을 앞질러 가려고 할까?) 말고 보혈을 먹어내면서 예수님의 이름을 부르며 하나님을 사랑한다고 고백하자. 이때 세상의 말로 표현할 수 없는 하늘의 신비한 은혜와 말씀의 능력들이 예수 그리스도를 통하여 '순전한 양의 믿음'을 가진 성도들의 마음 안에 부어지고, 하나님 아버지께서 부어주시는 은혜를 누린 만큼 삶의 자리가 하나님의 영광으로 변화된다.

02

선한 목자이신 예수님 2(요 10:14-30)

¹⁴ 나는 선한 목자라 나는 내 양을 알고 양도 나를 아는 것이 ¹⁵ 아버지께서 나를 아시고 내가 아버지를 아는 것 같으니 나는 양을 위하여 목숨을 버리노라 ¹⁶ 또 이 우리에 들지 아니한 다른 양들이 내게 있어 내가 인도하여야 할 터이니 그들도 내 음성을 듣고 한 무리가 되어 한 목자에게 있으리라 ¹⁷ 내가 내 목숨을 버리는 것은 그것을 내가 다시 얻기 위함이니 이로 말미암아 아버지께서 나를 사랑하시느니라 ¹⁸ 이를 내게서 빼앗는 자가 있는 것이 아니라 내가 스스로 버리노라 나는 버릴 권세도 있고 다시 얻을 권세도 있으니 이 계명은 내 아버지에게서 받았노라 하시니라 ¹⁹ 이 말씀으로 말미암아 유대인 중에 다시 분쟁이 일어나니 ²⁰ 그 중에 많은 사람이 말하되 그가 귀신 들려 미쳤거늘 어찌하여 그 말을 듣느냐 하며 ²¹ 어떤 사람은 말하되 이 말은 귀신 들린 자의 말이 아니라 귀신이 맹인의 눈을 뜨게 할 수 있느냐 하더라 ²² 〈유대인들이 예수를 돌로 치려 하다〉 예루살렘에 수전절이 이르니 때는 겨울이라 ²³ 예수께서 성전 안 솔로몬 행각에서 거니시니 ²⁴ 유대인들이 에워싸고 이르되 당신이 언제까지나 우리 마음을 의혹하게 하려 하나이까 그리스도이면 밝히 말씀하소서 하니 ²⁵ 예수께서 대답하시되 내가 너희에게 말하였으되 믿지 아니하는도다 내가 내 아버지의 이름으로 행하는 일들이 나를 증거하는 것이거늘 ²⁶ 너희가 내 양이 아니므로 믿지 아니하는도다 ²⁷ 내 양은 내 음성을 들으며 나는 그들을 알며 그들은 나를 따르느니라 ²⁸ 내가 그들에게 영생을 주노니 영원히 멸망하지 아니할 것이요 또 그들을 내 손에서 빼앗을 자가 없느니라 ²⁹ 그들을 주신 내 아버지는 만물보다 크시매 아무도 아버지 손에서 빼앗을 수 없느니라 ³⁰ 나와 아버지는 하나이니라 하신대

✖✖✖

요 10:14-18 하나님께서 특별하게 선택한 이스라엘이 하나님을 알지 못하는 바벨론에게 멸망한 이유는 이스라엘의 목자들이(하나님께서 주신 말씀을 전하여 주는 선지자와 이스라엘 백성들을 품어 하나님께 올려드리는 제사장) 양 무리를 먹이지 않고 자기들의 배만 불리려고 양을 잡아 그 기름을 먹으며 그들의 털을 입으면서도 양들을 먹이지 않았기 때문이다(겔 34:1-3). 이스라엘 백성들은 목자 없는 양같이 헤매다가 흩어져 들짐승(바벨론)에게 밥이 되었던 것이다(겔 34:5-6). 오늘날도 목자들이 예수님께서 십자가에 못 박히시며 구원하여 맡겨주신 영혼들에게(요. 21:15-17. 참목자는 예수님께서 맡겨주신 영혼들에게 말씀을 풀어내어 하나님의 사랑을 먹여서 예수님을 닮은 온전한 성도로 키워낸다) 하나님께서 주신 말씀을 풀어내어 하나님을 나타내 보이지 못하고 하나님 아버지의 사랑을 입히지 못하면서 종교적인 생활만 가르치고 헌신만 강조하기 때문에 성도들은 눈에 보이지 않는 사단에게 짓눌려 신음하고 있다. 예수님께서 자신을 가리켜 "선한 목자(요 10:14)"라고 말씀하셨는데 이 말은 예수님 스스로가 독창적으로 하신 말씀이 아니다. 예전에 하나님께 특별하게 선택받은 이스라엘 백성들이 바벨론에게 망하고 포로로 잡혀가 노예 생활을 하고 있을 때 에스겔 선지자를 통하여 이스라엘을 회복시킬 약속을 주시면서 하신 말씀에 '선한 목자'의 비밀을 말씀하셨다(겔 34:11-16. 하나님께서 주시는 말씀에 순종하지 못한 이스라엘은 어쩔 수 없이 바벨론에게 망하게 되었다. 이스라엘 백성들이 포로생활의 고통과 재앙 가운데서 지난날 잘못을 돌이켜 회개하며 하나님의 이름을 부를 때 하나님 스스로가 선한 목자가 되셔서 고통 중에 신음하는 이스라엘 백성들을 품에 안고 돌아와 이스라엘의 거룩한 산에서 가장 좋은 꼴을 먹이신다고 하셨다. 하나님은 들짐승의 밥이 되었던 잃어버린 영혼을 마지막까지 찾아가셔서 그들을 품에 안으시고 상한 자는 싸매주고 병든 자는 강하게 하여 하나님의 영광에 동참시키신다). 이전에 에스겔을 통하여 주셨던 '선한 목자'의 약속을 제대로 알아야 예수님께서 선포하시는 '선한 목자'의 말씀의 의미를 정확하게 깨닫게 된다. 그런데 유대인들은 하나님의 말씀을 모두 안다고 자부하면서(그들이 하나님의 말씀을 모두 안다면 에스겔을 통하여 주신 '선한 목자'의 비밀도 모두 알아야 했다) 예수님께서 하시는 '선한 목자'의 말씀을 전혀 알아듣지 못한다.

예수님께서는 죄 때문에 하나님의 동산에서 쫓겨나 사단에게 사로잡혀 짓눌림 당하며 고통 중에 신음하며 죽으면 영원한 지옥으로 달려갈 인생들의 삶의 현장에 찾아오셨다. 예수님께서 자신을 가리켜 "나는 선한 목자다"라고 말씀하신 것은 하나님께서 바벨론에 포로로 잡혀가 종살이하는 자들을 건져내셔서 이스라엘의 산 위에 높이 세우시고 가장 좋은 축복을 주시는 것처럼, 죄 때문에 눈에 보이지 않는 사단에게 사로잡혀 짓눌리며 신음하며 죽으면 지옥으로 달려가는 자들을 고통의 현장에서 건져내어 싸매고 강하게 하여 하나님께 올려드리는 엄청난 사역을 위해 하늘로부터 파송되었다고 말씀하시는 것이다. 유대인들은 이러한 예수님을 모른 척하며 오히려 죽이려는 마음으로 달려들고 있다. '선한 목자' 되시는 예수님은 예수 그리스도를 영접하여 구원받은 성도들을 죄에서 건지셨을 뿐 아니라, 성도들이 사단에게 속아서 고통받으며 신음하는 삶의 현장에 직접 들어오셔서 어둠에 눌려서 신음하고 아파하는 현실에서 건져주시고 하나님의 은혜가 강같이 흘러넘치는 곳으로 인도하여 주신다. 예수님께서 자신은 "선한 목자"라고 말씀하시면서, '선한 목자'의 자격에 대하여 말씀하신다. "선한 목자는 자기에게 맡겨진 양들을 잘 알고, 양들은 목자를 잘 따른다고 하셨다"(14절). 예수님은 우리를 너무나 잘 아시는데, 예수님을 영접하여 구원받은 성도들은 사단이 짓누르는 것에서 자신들을 해방하여 주고 하나님의 은혜가 넘치는 자리로 인도해 주시는 예수님을 너무도 모른다. 그 이유는 구원은 받았지만, 아직 예수님을 온전히 닮은 '선한 양의 믿음'이 되지 않았기 때문이다. 성도들을 교회로 인도하신 예수님은 하나님의 보배가 되는 보혈의 비밀을 알려주시고, 사단을 이기며 세상에서 승리할 수 있는 말씀을 먹여주신다.

그런데 성도들이 예수 그리스도를 영접하여 구원받았지만, 아직 우리를 구원하신 예수 그리스도를 닮은 '순전한 양의 믿음'을 회복하지 못하였다. 이러한 성도들의 마음 안에는 마귀에게 영향받을 수밖에 없는 '옛사람의 모습'(염소의 믿음)이 남아 있다. 성도들이 말씀에 순종하여 예수님께서 십자가에서 흘리신 보혈을 먹을 때(요 6:53-58) 우리 마음 안에 마귀가 숨겨 놓은 죄와 상처들이 드러나게 되고(이때가 성도들이 제일 힘들고 어려운 순간이다), 이것을 부정하지 않고 인정하며 하나님의 도우심을 구할 때 마귀가 마음 안에 숨겨 놓았던 것들이 태워지는 영적인 수술을 받게 된다. 그런데 성도들이 이 자리까지 가는 길이 너무 힘들고 어렵다. 왜냐하면 마음 안에 더럽고 추한 것(마귀가 성도들 마음 안에 이미 심어 놓은 것)들이 예수님의 보혈로 드러나고 성령의 불로 소멸되면 마귀는 더 이상 성도들의 삶에 영향력을 끼칠 수 없기 때문이다. 그렇기 때문에 마귀는 보혈을 먹고 하나님께서 주시는 소멸하는 불의 능력으로 영적인 수술을 받아 예수님을 닮은 순전한 양의 믿음 상태로 들어가려는 성도들을 기를 쓰고 훼방한다. 구원받은 성도들이 영적인 수술 단계에 들어가 힘들고 어려울 때 피하려고 하지 않고, 오히려 "예수 그리스도를 온전히 닮은 순수한 양의 믿음을 갖길 원한다. 나는 아무것도 할 수 없는데 예수님께서 도와주십니다." 하고 예수님의 이름을 부를 때 예수님께서 붙들어 주셔서 사단에게 속았던 상한 마음을 싸매주시고, 사단에게 짓눌려서 병든 영, 혼, 육을 강하게 회복시켜 주신다. 하지만 예수님께서 십자가에 못 박히시며 성도들을 구원한 마음을 제대로 알지 못하고 사단에게 속아서 병들고 상한 마음을 숨기려고 하는 자들은 예수님께서 완전한 망함의 자리에 버리신다(겔 34:16).

하나님은 이스라엘이 하나님만을 사모하는 양의 믿음으로 회복되기를 원하셨다. 들짐승에게(마귀) 사로잡혀 신음하는 양들을 구원하여 세상에 손가락질을 당하지 않고 하늘의 은혜와 축복을 누리게 하려고 하나님께서 예비하신 '선한 목자'를 보내신다고 하셨는데 그분이 바로 예수 그리스도이시다(겔 34:20-24). 성도들 모두 하나님께서 기뻐하시는 순전한 양의 믿음을 소유하자(겔 34:25-31). 이러한 믿음은 '하나님만을 전적으로 신뢰하여 그동안 무너졌던 모든 것들을 견고하게 회복하고, 하나님의 마음을 말씀으로 풀어주며 하나님의 계획을 알려주는 선지자를 전적으로 신뢰하여 그동안 막혀 있던 인생 모든 길을 다 열어 하나님의 영광을 위한 형통의 자리에 들어가는'(대하 20:20) 삶이 된다. 내 믿음이 십자가에 못 박히시며 나를 구원하신 예수님께서 인정하시고, 마지막 때 심판하시는 하나님께서도 인정하시고 칭찬하실 수밖에 없는 '순전한 양의 믿음'으로 변화되어 가는지 나 스스로를 돌아보자. 예수님은 아직 생명의 우리 안으로 들어오지 못한 '양'까지도 생명의 우리 안으로 인도하시는 분이시다.

> ✍️ 또 이 우리에 들지 아니한 다른 양들이 내게 있어 내가 인도하여야 할 터이니 그들도 내 음성을 듣고 한 무리가 되어 한 목자에게 있으리라 요 10:16

예수님께서 아직 '생명의 우리 안으로'(그리스도 안에) 들어오지 못한 불쌍한 영혼들을 찾아 '생명의 우리 안으로' 인도하시듯이 성도들은 주변에 아직 하나님을 만나지 못한 영혼들에게 예수 그리스도의 복음을 증거 하여 그들의 영혼을 살려서 생명의 하나님께 올려드리는 일을 해야 한다. 하나님께서 예수님을 사랑하시는 이유는 예수님께서 하나님의 뜻하신 대로 모든 일을 순종하시고 십자가에 못 박히셔서 자기의 목숨을 내어놓으셨기 때문이다. 성도들이 이 땅을 살아가면서 하나님에게 사랑받는 비밀이 여기 있는데, 영적인 눈을 열어 하나님을 바라보며 하나님께서 나에게 원하시는 것이 무엇인지를 깨닫자. 그 비밀은 예수님처럼 하나님의 일을 하는 것이다.

> 내 아버지의 뜻은 아들을 보고 믿는 자마다 영생을 얻는 이것이니 마지막 날에 내가 이를 다시 살리리라 하시니라 요 6:40

이제부터 사람에게 인정받으려 몸부림치지 말고 마지막 심판하시고 영원한 상급을 주시는 하나님께 칭찬받을 믿음을 회복하자. 성도들이 이 땅에서 할 수 있는 하나님의 일은 하나님께서 보내신 예수님을 그리스도로 온전히 믿어내는 것이며, 내가 믿는 예수 그리스도를 아직 하나님을 만나지 못한 이들에게 증거하여 그들을 하나님 안으로 초청하는 것이다. 예수님은 하나님만을 기쁘시게 하시는 분이시기 때문에 하나님 안에서 그의 생명을 스스로 버리고, 다시 얻을 권세를 받으신 분이시다. 성도들이 성령께서 도와주시는 은혜 안에서 나 자신을 하나님께 올려드리는 믿음이 되면 우리를 기쁨으로 받으신 하나님께서 우리가 올려드린 모든 것을 하늘 영광으로 회복해 주시는 것을 삶의 현장에서 경험하며 승리하게 된다. 예수님께서 선한 목자의 비유를 통하여 유대인들과 하나님과의 관계를 회복시키고자 하는데 예수님의 말씀을 알아듣지 못하는 유대인들은 오히려 예수님이 귀신 들려서 귀신이 하는 말을 따라한다고 한다.

요 10:25-30 예수님께서 유대인들에게 선한 목자의 비유를 말씀하시고 시간이 흘러 겨울이 되었고, 예수님은 성전을 다시 찾으셨다. 요한이 '겨울'이라는 시기를 특별하게 넣은 것은 예수님께서 십자가의 고난받아야 할 시기가 가까워오기 때문에 유대인들이 예수님께 대한 반응이 차갑고 냉담한 것을 비유로 말하는 것이다. 이때 유대인들이 예수님을 둘러싸고 "언제까지 우리의 마음을 졸이게 하렵니까? 당신이 그리스도라면 분명하게 말해 보시오"(24절)라고 하였다. 그때 예수님께서 "나는 당신들에게 수없이 내가 하늘로부터 보냄 받은 증거를 보였다. 그런데 당신들이 나를 통하여 드러난 하나님의 기적을 보고도 믿지 않았다. 왜냐하면 당신들이 나의 양이 아니기 때문이다"(25-26절)라고 하셨다. 예수님께서는 자신이 하나님으로부터 보냄 받은 메시아라는 것을 말보다는 행동으로 많이 보이셨는데 그들의 눈이 어두워서 하나님의 아들을 알아보지 못하고 핍박하는 것이다. 교회 안에 들어와 성경을 보며 하나님께서 행하시는 기적을 보고 말씀을 외우며 종교적인 행사에 참여할지라도 사단에게 속아 마음이 차가워서 예수 그리스도를 마음 안에 받아들이지 못하고, 예수님을 영접하였다 할지라도 주인 삼지 못하면 하나님을 아버지로 믿을 수 없다. 예수님은 구원받은 성도들의 마음이 차가워지지 않도록 하기 위해 성도의 마음 안에 하늘의 불을 담아주기를 원하셨다.

> 내가 불을 땅에 던지러 왔노니 이 불이 이미 붙었으면 내가 무엇을 원하리요 눅 12:49

　성도들의 마음에 예수님을 통하여 부어진 하늘의 불이 담겨질 때 불을 받은 성도들의 영적인 눈이 열려 말씀 안에 살아 계신 하나님과 예수님을 볼 수 있고, 삶의 현장에서 하나님께서 행하시는 모든 일들을 보게 된다. 사단은 성도들이 죄에 사로잡히고 마음 안에 상처를 담아서 하나님께서 부어주시는 불을 담을 그릇이 되지 못하게 한다. 지금 내 마음은 사단에게 속아 죄와 상처만 있어서 항상 차갑지는 않은가? 보혈을 먹어내는 믿음으로 마음을 차갑게 하여 말씀을 받지 못하게 하는 근원들을 수술받고 하나님께 당당하게 마음을 열어 하늘의 불을 마음 가득 담아내자. 하나님 앞에서 마음이 뜨거운 성도들이 하나님께서 부어주시는 모든 은혜를 받아낼 수 있다. "예수님의 양들은 목자 되시는 예수님의 음성을 듣고 예수님을 따른다"(27절)라고 하였는데 성도들은 오늘날 예수님의 어떤 음성을 들어야 할까? 예수님께서 무덤에 갇히셨다 3일 만에 부활하시고 40일 동안 제자들과 함께하시다가 하늘을 열고 승천하시기 전에 주신 말씀을 주의 깊게 보자.

이에 그들의 마음을 열어 성경을 깨닫게 하시고 또 이르시되 이같이 그리스도가 고난을 받고 제삼일에 죽은 자 가운데서 살아날 것과 또 그의 이름으로 죄 사함을 받게 하는 회개가 예루살렘에서 시작하여 모든 족속에게 전파될 것이 기록되었으니 너희는 이 모든 일의 증인이라 볼지어다 내가 내 아버지께서 약속하신 것을 너희에게 보내리니 너희는 위로부터 능력으로 입혀질 때까지 이 성에 머물라 하시니라 눅 24:45-49

구원받은 성도들이 예수님께서 피로 세워주신 교회에 머물면서 사단에게 짓눌려 속았던 더러운 죄와 상처들을 보혈의 능력으로 모두 씻어내고 그 위에 하나님께서 약속하신 신령한 은혜와 성령의 기름 부음을 받아야 한다. 이러한 믿음이 되면 주변에서 사단에게 짓눌려 신음하며 지옥으로 달려가는 불쌍한 사람들이 보이고 그들을 살려내기 위해 복음을 들고 당당하게 나가게 된다. 이것이 참목자이신 예수님께서 구원받은 성도들에게 늘 하시는 말씀이다. 삶의 모든 자리에서 선한 목자 되시는 예수님을 경험하며 승리를 누리고, 들짐승(마귀)에게 눌려 신음하는 영혼들을 생명의 자리, 은혜의 자리로 초청하는 믿음이 되자.

03

참람한 말을 하자(요 10:31-38)

³¹ 유대인들이 다시 돌을 들어 치려 하거늘 ³² 예수께서 대답하시되 내가 아버지로 말미암아 여러 가지 선한 일로 너희에게 보였거늘 그 중에 어떤 일로 나를 돌로 치려 하느냐 ³³ 유대인들이 대답하되 선한 일로 말미암아 우리가 너를 돌로 치려는 것이 아니라 신성모독으로 인함이니 네가 사람이 되어 자칭 하나님이라 함이로라 ³⁴ 예수께서 이르시되 너희 율법에 기록된 바 내가 너희를 신이라 하였노라 하지 아니하였느냐 ³⁵ 성경은 폐하지 못하나니 하나님의 말씀을 받은 사람들을 신이라 하셨거든 ³⁶ 하물며 아버지께서 거룩하게 하사 세상에 보내신 자가 나는 하나님의 아들이라 하는 것으로 너희가 어찌 신성모독이라 하느냐 ³⁷ 만일 내가 내 아버지의 일을 행하지 아니하거든 나를 믿지 말려니와 ³⁸ 내가 행하거든 나를 믿지 아니할지라도 그 일은 믿으라 그러면 너희가 아버지께서 내 안에 계시고 내가 아버지 안에 있음을 깨달아 알리라 하시니

✖ ✖ ✖

요 10:31-33　예수님께서 '선한 목자'의 비밀을 풀어내신 다음에 "선한 목자 안으로 들어 온 영혼들에게(예수 그리스도를 영접하여 하나님의 자녀가 된 성도) 나는 영원한 생명을 주어 영원히 멸망하지 않게 할 것이요(영원히 승리할 것), 그 누구라도 그들을 내 손에서 빼앗아 가지 못한다. 그들을 나에게 주신 아버지는 모든 것보다 크시니 아무도 그들을 내 아버지 손에서 빼앗아 갈 수 없다. 왜냐하면 아버지 하나님과 내가 하나이기 때문이다"(28-30절)라는 말씀을 하자마자 유대인들이 돌을 들어 예수님을 치려고 하였다. 이때 예수님께서 "내가 하나님으로부터 나오는 선한 일들을 너희에게 보여주었는데, 그 중에서 무엇 때문에 나를 돌로 치려고 하느냐"(32절)고 물으셨다. 그때 돌을 들고 있던 유대인들이 "우리가 너를 돌로 치려는 이유는 네가 하고 있는 선한 일 때문이 아니라 네가 하나님을 모독(참람)하기 때문이다. 네가 사람이면서 어찌 스스로 하나님이라 하느냐?"(33절)라고 한다. 예수님께서는 하나님 아버지께서 말씀하신 대로 사단에게 잡혀 신음하는 영혼들에게 하나님께서 그들을 얼마나 사랑하시는지를 보여주었다. 이것은 예수님께서 돌을 맞아야 할 이유가 아니었다. 유대인들이 예수님을 "참람(하나님을 모욕)하다"라고 말하며 돌을 든 이유는 "네가 사람인데 어떻게 스스로 하나님이라고 말할 수 있느냐?"였다. 유대인들은 육체의 눈에 보이는 예수님의 겉모습만을 보았고, 하늘에 계셨던 예수님께서 우리와 똑같이 육체를 입고 이 땅에 오셔서(요 1:14) '죄'의 저주와 '사단에게 사로잡혀 짓눌리는 상태'에서 건져주실 예수님의 속사람은 보지 못하였던 것이다.

오늘날 많은 성도들이 유대인들이 저지른 실수를 똑같이 하는데 그것은 주변에 있는 구원받은 다른 성도들을 겉모습만 보고 판단하고 평가하는 것이다. 구원받은 성도들의 마음 안에 계신 예수 그리스도와 성령을 보지 못하고 자기보다 못 배우고 가지지 못한 것(겉으로 보여지는 것)만 보고 판단하며 무시한다. 이제 영적인 눈을 열어 구원받은 성도들 안에 함께하시며 하늘의 신비한 것들을 풀어내시는 예수님을 보면서 모든 성도를 높여 섬기며 사랑하자. 마음에 예수 그리스도를 품어 구원받은 성도들은 겉사람만 신경 쓰는 것이 아니라 보혈의 능력으로 마음을 정결하게 하여 마음 전체에 예수 그리스도께서 주인 되게 하시는 속사람을 꾸미는 것에 온 마음을 기울여야 한다(고후 4:16-18. 우리의 육체는 시간이 지나면 점차 낡아지고 늙어가지만 예수 그리스도가 주인 되시는 심령 성전은 날마다 하나님 보시기에 아름답고 거룩하게 변화되어 가야 한다).

그렇다면 왜 유대인들이 예수님을 향하여 '참람(하나님을 모욕)하다'라고 하며 돌을 들었는지 예수님을 향하여 '참람'을 처음 말한 자리와 '참람'을 외친 결과를 알아보자. 마가복음 2장을 보면 예수님께서 가버나움에 들어가셨을 때 한 사람의 중풍병자를 네 친구가 들것에 메고 왔는데 사람들이 너무 많아 예수님 앞으로 환자를 데려갈 수 없었다. 그때 그들이 지붕으로 올라가 지붕을 뜯어 구멍을 내고 중풍병자를 예수님 앞에 내렸다. 예수님께서 그들의 믿음을 보시고 "소자야 네 죄 사함을 받았느니라"(막 2:5)라고 하셨다. 예수님께서 선포하신 말씀을 듣고 서기관들이 마음에서 "이 사람이 어찌 이런 말을 하는가? 참람하도다. 오직 하나님 한 분 외에는 누가 능히 죄를 사하겠느냐?"(막 2:7)고 하였다. 서기관들의 마음을 읽으신 예수님께서 "너희들이 마음으로 왜 나를 참람하다 하느냐? 중풍병자에게 네 죄 사함을 받았다고 하는 말과 너를 메고 왔던 들것을 가지고 걸어가라 하는 말 중에 어느 것이 쉽겠느냐? 내가 이렇게 하는 것은 인자가 땅에서 죄를 사하는 권세가 있는 것을 너희에게 알게 하는 것이다"(막 2:9-10). 이렇게 말씀하시고 중풍병자에게 "일어나 너를 메고 왔던 들것을 들고 집으로 가라"고 선포하시는 순간 중풍병자가 완전하게 치유되어 자기를 메고 왔던 들것을 들고 걸어 나갔다.

그렇다면 왜 예수님은 죽어가는 중풍병자를 향하여 "네 죄 사함을 받았다"라고 선포하셨을까? 다윗이 하나님께 감사기도를 드리는 중에 "하나님께서 네 모든 죄악을 사하시면 너의 모든 병이 고쳐진다"(시 103:3)라는 언약의 말씀이 있기 때문이다. 이사야 37장을 보면 히스기야 왕이 하나님만을 신뢰하는 믿음의 기도를 통하여 하나님께서 보내신 천사 때문에 유다를 망하게 할 앗수르 군사 185,000명을 한순간에 송장으로 만들고 승리하였다. 이렇게 승리한 이후에 히스기야 왕이 병들어 죽을 상황이 되었는데 앗수르와의 전쟁에서 승리의 예언을 주었던 이사야 선지자가 하나님의 말씀을 가지고 와서 "네가 죽고 살지 못하리라"(사 38:2)라고 전하였다. 선지자를 통하여 하나님의 음성을 들은 히스기야가 모든 것을 버리고 하나님만을 찾으며 기도할 때 하나님은 히스기야의 기도를 받으시고 그의 죽어가던 생명을 15년 연장하여 주셨다. 이렇게 살아난 히스기야가 "보옵소서 하나님께서 나에게 죽음의 고통을 더하신 것은 나에게 하늘의 평안을 주시려는 것이었습니다. 하나님께서 나의 영혼을 사랑하셔서 멸망의 구덩이에서 건지셨고 나에게 있는 모든 죄는 하나님의 등 뒤에 감추셨습니다"(사 38:17)라고 하나님께 감사기도를 올려드렸다. 히스기야는 하나님께서 자기에게 있는 죄를 용서하셨기 때문에 그가 죽을병에서 고침 받았다고 고백하였다.

이런 구약의 배경을 본다면 예수님께서 왜 중풍병자에게 "너의 죄가 용서되었다"라고 하시는지 그 이유를 알 것이다. 만약 예수님께서 중풍병자의 죄를 사하실 수 없었다면 그의 병은 고쳐지지 않았을 것이다. 예수님께서 말씀하신 대로 죽어가던 중풍병자의 죄가 사하여져서 죄 때문에 왔던 죽을병이 치유되었는데도 서기관들은 예수님을 '참람(하나님을 모욕)하다'라고 욕하는 것이다. 끝내는 제사장들과 바리새인들이 예수님을 십자가에 못 박아 죽이는 이유가 바로 '참람'(하나님을 모욕)하다는 것이었다(마 26:65). 예수님께서 하나님이시기 때문에 예수님을 통하여 나오는 하늘의 열매들은 보지 않고 예수님께서 말씀하신 많은 말씀 중에 한마디를 꼬투리 삼아서 돌을 들고 치려고 달려들었고, 마지막에는 '참람함'을 이유 삼아 예수님을 십자가에 못 박았던 것이다. 지금도 영이 열리지 않은 성도들이 사단에게 속아서 목회자의 입에서 선포되는 하나님의 말씀이 자기의 생각에 맞지 않거나 자기의 양심이 찔림 받으면 서기관과 바리새인들처럼 목회자를 내치거나 교회를 가르는 일들을 너무 많이 한다(행 7:51-60). 또한 믿음의 사람들이 마음 안에 예수 그리스도를 담고 하나님을 아버지라 부르며 하나님의 영광을 선포하는 믿음의 찬양과 기도를 할 때 이러한 믿음 안으로 들어오지 못하고 주변을 맴돌면서 "꼭 그렇게 유난을 떨어야 하느냐? 너희들이 미쳤다"라고 한다. 하나님께서 기뻐하시는 믿음의 성도들은 주변에서 이러한 소리를 많이 들어야 하고 계속 들어야 한다. 만약에 예수님께서 유대인들과 서기관들이 '참람'(하나님을 모욕)하다고 하는 소리를 두려워하였다면 치유 받아야 할 사람들을 향하여 "너희의 죄가 용서되었다"라고 하실 수 있었을까? 예수님께서 마지막 십자가에 달리시기 전에 대제사장 가야바의 집에서 심문을 받으신다. 그때 가야바가 예수님을 향하여 "네가 하나님의 아들 그리스도(메시아, 구원자)인지 하나님 앞에서 맹세하며 말해 보아라"(마 26:63)고 하였다. 이때 예수님께서 "내가 너희에게 이르노니 이후에 인자(예수 그리스도)가 권능(하나님)의 우편에 앉은 것과 하늘 구름을 타고 오는 것(재림)을 너희가 보리라"(마 26:64)고 답해 주셨다. 예수님의 말을 들은 대제사장 가야바가 자기의 옷을 찢으며 "저가 참람(하나님을 모욕)한 말을 하였으니 어찌 더 증인을 요구하랴? 보라 너희가 참람한 말을 들었도다"하며 예수님께서 '참람한 말'을 한 죄는 사형에 해당된다고 판결하였다(마 26:65-66). 마지막 가야바의 집에서 종교적인 재판을 받으실 때 예수님은 지혜롭게 사형을 피하는 말을 얼마든지 하실 수 있으셨다. 하지만 예수님은 자신이 하나님으로부터 보냄 받은 것과 하나님의 일을 해야 하는 것과 죽음 이후에 심판주로 다시 오심을 당당하게 선포하셨다. 이 대답 때문에 예수님은 '참람하다'는 죄명으로 십자가 형벌을 받으셨다.

예수님은 서기관들이나 바리새인들, 마지막으로 대제사장이 자기를 죽이려 한다 할지라도 '참람한 말'을 그치지 않으셨다. 예수님을 믿는 성도들은 모든 사람 앞에서와 사단 앞에서 항상 '참람(그들이 생각할 때 하나님을 모욕하는 말, 하지만 이 말은 예수님처럼 하나님을 높이며 하나님을 증거하고 하나님의 나라를 선포하는 엄청난 믿음이다)하다'라는 말을 수없이 들어야 한다. 그런데 대부분 많은 성도가 세상이 비난하고 사단이 공격하는 것이 무서워 하나님 아버지께서 우리와 함께하는 것을, 예수 그리스도께서 우리 마음 안에 함께하시며 하나님의 영광을 위해 일하시는 것을, 우리가 삶의 자리에서 예수 그리스도와 함께하며 하나님의 나라를 위해 사는 것을 부끄럽고 두려워 제대로 말하지 못한다. 사단에게 속아서 세상 눈치를 보면서 세상에서 지혜로운 척하며 살아왔던 것을 회개하고 예수님처럼, 스데반 집사처럼 '참람한 말'(하나님을 높이며 예수 그리스도의 복음을 당당히 전하는 말)을 당당하게 외치자.

요 10:34-38 예수님께서 돌을 들고 자기를 치려는 자들을 향하여 당당하게 '참람한 말'을 하실 수 있었던 비밀은 예수님 스스로가 하나님의 말씀으로 완전히 녹아져 있었기 때문이다(요 1:14). "하나님의 말씀이 임한 사람은 신이라"(35절)고 하나님께서 이미 말씀하셨다(시 82:1,6). 하늘에서 말씀으로 계시던 분이신 예수님은 하나님께서 약속하신 것을 성취하시려고 육신을 입고 이 세상에 오셨다. 예수님의 겉모습은 우리와 똑같은 사람이지만, 예수님의 속은 완전히 하늘 말씀(하나님)으로만 충만하셨다. 유대인들은 성경을 안다고 자부하지만, 하나님께서 성경을 주신 비밀을 모르고 예수님을 겉모습으로만 보았기 때문에 하나님께서 약속하신 것을 성취하려고 말씀이셨던 하나님께서 육체를 입고 오신 것을 알지 못했던 것이다. 구원받은 성도들의 마음 안에 마귀가 담아놓은 더러운 죄악과 상처를 씻어내고 말씀을 마음 깊이 담아주시는 것은 '신의 능력'(말씀의 권능)으로 마귀를 대적하여 승리하고, 마음 안에 심어져 있는 말씀을 입술로 선포하여 하늘의 신비한 열매들을 이 땅에 풀어내라는 하나님의 계획이다. 만약에 예수님께서 하나님의 말씀을 지식으로만 알고 계셨더라면 서기관들이 "참람하다"라는 말을 할 때 "내가 잠시 정신이 없어서 말실수를 했소" 하면서 위급한 상황을 피했을 것이고, 대제사장 가야바와 그의 무리들이 살기등등하게 예수님을 심문할 때 그가 죽을 말은 절대로 하지 않았을 것이다. 스데반 집사가 자기를 죽이려고 돌을 들고 씩씩거리는 바리새인들 앞에서 어떻게 당당하게 그리스도의 복음을 전할 수 있었을까?(참람한 말을 어찌 당당하게 할 수 있을까?) 예수 그리스도 안에는 하나님의 말씀이 전부였기 때문이며, 스데반 집사 안에도 하나님의 말씀이 녹아서 그의 체질이 되었기 때문이다. 예수님께서 "하나님의 말씀이 임한 사람들은 신들이다"(요 10:35)라고 말씀하신 비밀은 하나님의 말씀이 성도들 마음 안에 녹아서 그의 삶 전체를 주장하는 상태를 말하는 것이다.

예수님께서 십자가에 못 박히시며 성도들을 구원하시고 교회로 인도하여 말씀을 먹여주시는 목적은 이처럼 '신'(하나님)의 권능으로 사단 앞에 당당히 서서 사단의 궤계를 깨뜨리고 하나님의 영광을 나타내기 위함인데 사단에게 속은 성도들이 하나님의 말씀을 지식으로 아는 것을 믿음이라 착각하고 사는 세상이 되었다. 만약에 예수님께서 하나님의 말씀을 믿음으로 녹여 삶으로 풀어내지 못하고 지식으로만 가지고 계셨다면 바리새인들과 제사장 앞에서 '참람한 말'은 한마디도 하지 못했을 것이다. 그렇다면 예수님의 삶에서 기적은 전혀 나타나지 않았고(죄 사함의 권능이 없으니) 구원의 역사는 없었을 것이다. 예수님께서 연약한 가짜 믿음을 가지셨더라면 자기의 생명을 보전하려고 다른 어떤 사람보다 먼저 대제사장과 야합을 했어야 했을 것이다. 하지만 예수님 안에 녹아있는 말씀은 예수님을 그렇게 살지 못하게 하였다. 말씀을 지식으로만 알고 가룟 유다처럼 언제든지 예수님을 팔아먹을 수 있는 베드로를 부활하신 이후에 찾아오신 예수님께서 오직 예수님만을 뜨

겹게 사랑하는 믿음으로 회복시키셔서 베드로의 마음속에서 말씀이 녹아져 말씀이 베드로 삶의 전부가 되게 해 주셨다. 이렇게 말씀이 베드로 안에 녹아져 베드로를 사로잡은 순간부터 베드로는 세상을 향하여 예수님이 하셨던 것과 같은 참람한 말과 행동을 하게 된다.

　예수님을 통하여 구원받은 성도들의 마음 안에 있던 더럽고 추악한 죄와 상처가 예수님의 보혈로 씻어지고 하나님의 소멸하는 불로 태워져 정결해지면 그동안 머리의 지식으로만 있던 말씀들이 마음 안에 녹아져 심어지게 되고 이러한 성도들은 믿음의 체질이 바뀌게 된다. 이때부터 사람으로서는 할 수 없는 '참람한 말과 행동'(진정한 복음 전도)들이 풀어져 나오게 되는데 이러한 사람들을 세상이 능히 감당할 수 없다(히 11:38). 하나님은 예수님을 통하여 구원받은 성도들이 세상이 능히 감당하지 못할 자들로 세워지기 원하신다.

04

하나님의 영광을 보는 믿음 (요 11:23-44)

²³ 예수께서 이르시되 네 오라비가 다시 살아나리라 ²⁴ 마르다가 이르되 마지막 날 부활 때에는 다시 살아날 줄을 내가 아나이다 ²⁵ 예수께서 이르시되 나는 부활이요 생명이니 나를 믿는 자는 죽어도 살겠고 ²⁶ 무릇 살아서 나를 믿는 자는 영원히 죽지 아니하리니 이것을 네가 믿느냐 ²⁷ 이르되 주여 그러하외다 주는 그리스도시요 세상에 오시는 하나님의 아들이신 줄 내가 믿나이다 ²⁸ 이 말을 하고 돌아가서 가만히 그 자매 마리아를 불러 말하되 선생님이 오셔서 너를 부르신다 하니 ²⁹ 마리아가 이 말을 듣고 급히 일어나 예수께 나아가매 ³⁰ 예수는 아직 마을로 들어오지 아니하시고 마르다가 맞이했던 곳에 그대로 계시더라 ³¹ 마리아와 함께 집에 있어 위로하던 유대인들은 그가 급히 일어나 나가는 것을 보고 곡하러 무덤에 가는 줄로 생각하고 따라가더니 ³² 마리아가 예수 계신 곳에 가서 뵈옵고 그 발 앞에 엎드리어 이르되 주께서 여기 계셨더라면 내 오라버니가 죽지 아니하였겠나이다 하더라 ³³ 예수께서 그가 우는 것과 또 함께 온 유대인들이 우는 것을 보시고 심령에 비통히 여기시고 불쌍히 여기사 ³⁴ 이르시되 그를 어디 두었느냐 이르되 주여 와서 보옵소서 하니 ³⁵ 예수께서 눈물을 흘리시더라 ³⁶ 이에 유대인들이 말하되 보라 그를 얼마나 사랑하셨는가 하며 ³⁷ 그 중 어떤 이는 말하되 맹인의 눈을 뜨게 한 이 사람이 그 사람은 죽지 않게 할 수 없었더냐 하더라 ³⁸ 이에 예수께서 다시 속으로 비통히 여기시며 무덤에 가시니 무덤이 굴이라 돌로 막았거늘 ³⁹ 예수께서 이르시되 돌을 옮겨 놓으라 하시니 그 죽은 자의 누이 마르다가 이르되 주여 죽은 지가 나흘이 되었으매 벌써 냄새가 나나이다 ⁴⁰ 예수께서 이르시되 내 말이 네가 믿으면 하나님의 영광을 보리라 하지 아니하였느냐 하시니 ⁴¹ 돌을 옮겨 놓으니 예수께서 눈을 들어 우러러 보시고 이르시되 아버지여 내 말을 들으신 것을 감사하나이다 ⁴² 항상 내 말을 들으시는 줄을 내가 알았나이다 그러나 이 말씀 하옵는 것은 둘러선 무리를 위함이니 곧 아버지께서 나를 보내신 것을 그들로 믿게 하려 함이니이다 ⁴³ 이 말씀을 하시고 큰 소리로 나사로야 나오라 부르시니 ⁴⁴ 죽은

자가 수족을 베로 동인 채로 나오는데 그 얼굴은 수건에 싸였더라 예수께서 이르시되 풀어 놓아 다니게 하라 하시니라

✖✖✖

요 11:23-27 예수님께서 사랑하시는 나사로가 병들어 죽어 갈 때 그의 누이들이 예수님에게 사람을 보내어 나사로가 아픈 것을 전하였다. 누이들을 통하여 나사로의 소식을 들은 예수님은 "나사로가 지금 아픈 것은 죽을병이 아니다. 오히려 나사로에게 찾아온 병 때문에 하나님의 아들이 영광을 보게 된다"(4절)라고 하시며 계시던 곳에서 2일을 더 머무르시다가 나사로의 집으로 발걸음을 옮기셨다. 이들이 보기에는 병이 중하여 죽을 것 같은 상황이라 예수님에게 사람을 보내 빨리 오시기를 청한 것인데, 예수님은 나사로의 아픔은 죽을병이 아니고 하나님의 영광을 드러낼 일이라고 말씀하시며 너무 느긋하시다. 성도들이 정말 죽을 것 같은 상황을 만나 예수님의 이름을 불러 기도할 때, 예수님께서는 "그 문제는 아무것도 아니다. 그 일을 통하여 많은 사람이 하나님의 영광을 보게 된다"라고 말씀하신다. 성도들이 삶의 자리에서 어려움을 만난다면 이렇게 말씀하시며 다가오시는 예수님을 만나야 한다. 그런데 예수님의 말씀과 다르게 마리아의 오빠 나사로가 죽었다. 예수님께서 사랑하던 나사로가 죽고 나흘이 지난 후에야 예수님께서 나사로의 동네에 도착하셨고 예수님이 오신다는 소리를 듣고 마르다가 동네 입구까지 나와서 예수님에게 원망 가득한 소리를 한다. "우리가 요청했을 때 예수님께서 즉시 오셔서 함께 계셨더라면 내 오빠는 죽지 않았을 것입니다"(21절). 이 말을 들으신 예수님께서 마르다를 향하여 "네 오빠가 다시 살리라"(23절)라고 대답하셨다. 나사로의 동생 마르다가 예수님을 붙잡고 원망 가득한 소리를 내는 것은 지금 우리들의 모습이다. "예수님이 그때 내 기도를 조금만 들으셨더라면 이 문제는 생기지 않았을 것입니다." 성도들의 마음 아픈 푸념을 받으신 예수님은 "걱정하지 말고 원망하지 말아라, 그 문제가 다 해결되고 내가 너를 얼마나 사랑하는지를 보게 되리라"라고 말씀하신다.

그런데 대부분의 성도들이 이러한 예수님의 음성을 듣지 못한다. 왜냐하면 영적인 눈과 귀가 열리지 않아서 이렇게 말씀하시며 다가오시는 예수님이 보이지 않고 내 문제가 너무 크게 보이기 때문이다. 예수님의 말씀을 들은 마르다가 "마지막 날 부활의 시간이 되면 오빠가 다시 살아날 줄 압니다"(24절)라고 대답하였다. 예수님께서 마르다의 말을 듣고 "나는 부활이며 생명이다. 나를 믿으면 죽어도 살고, 살아서 나를 믿는 자는 영원히 죽지 않는다. 이것을 믿느냐?"라고 안타까운 마음으로 질문하셨다. 예수님의 말씀을 들은 마르다는 "주여 믿습니다. 주님은 그리스도시요 세상에 오신 하나님의 아들입니다"라고 하였다. 이런 대화를 하다가 예수님께서 나사로의 집으로 가셨다. 그런데 그곳에 있던 마리아도 예수님을 보자마자 마르다가 했던 소리를 똑같이 한다. "주님께서 우리와 함께 계셨더라면 내 오빠는 죽지 않았을 것입니다"(32절).

이들의 말을 듣고 현장의 상황을 보신 예수님께서 마음 안에서 격분하시고 괴로워하시며(33절) 눈물을 흘리셨다(35절). 왜 예수님께서 이렇게 격분하시고 괴로워하시며 눈물 흘리셨을까? 사랑하는 사람 나사로가 죽었기 때문일까? 예수님은 지금도 성도들의 삶의 현장에 찾아오시면 대부분의 자리에서 이렇게 격분하시고 괴로워하시며 눈물을 흘리실 것이다. 왜 그러실까?

요 11:38-44 예수님께서 드디어 하나님의 영광을 모두에게 보여주려고 나사로의 무덤에 가셔서 무덤을 가로막은 돌을 옮기라고 말씀하시는데 마르다가 "죽은 지 나흘이 지나서 썩은 냄새가 납니다"(39절)라고 대답한다. 이때 예수님께서 "네가 믿으면 하나님의 영광을 보리라"(40절)고 하셨다. 예수님의 말씀을 듣고 무덤을 막았던 돌을 옮기자 예수님께서 하나님을 향하여 "아버지여 내 기도를 들으시는 것을 감사합니다. 이 일 때문에 하나님께서 나를 이 땅에 보낸 것을 저 사람들이 믿게 됩니다"하며 감사기도를 하였다. 그리고는 이미 죽어서 썩은 냄새를 풍기며 무덤에 누워있는 나사로를 향하여 "나사로야 나오라"하고 명령하셨다. 죽었던 나사로가 예수님의 명령을 듣고 자신의 몸을 감고 있던 수의를 입은 채로 나왔다. 이때 예수님께서 사람들에게 말씀하신다. "풀어주어 다니게 하라"(44절). 성도들의 삶의 현장에 예수님이 찾아오셔서 나사로에게 하신 것처럼 "풀어주어 다니게 하라"(내가 너의 문제를 해결하여 하나님의 영광을 모두에게 보여주리라)고 말씀하시는데, 우리는 "예수님 이제 다 끝났습니다. 아무 소망 없습니다"라고만 한다. 예수님께서 마르다를 붙잡고 "나는 부활의 능력으로 왔다. 나를 믿으면 죽어도 산다"라고 말씀하실 때 "네 믿습니다. 예수님은 하나님의 아들 그리스도이십니다"라고 당당하게 말했었지만 마르다가 예수님 앞에서 고백했던 것은 믿음이 아니라 한낱 지식이었다.

대부분 많은 성도들이 성경을 배우고 연구하여 머리에 담고 있으면 이것을 마르다처럼 믿음이라 착각한다. 성도들이 삶의 현장에서 만난 문제 가운데 하나님의 영광이 드러나지 않는다면 이것은 믿음이 없는 것이다. 귀신 들린 아이의 아버지가 예수님 앞에 엎드려 "예수님 나는 믿음이 없습니다. 이 문제를 가져온 마귀를 이기며 지금 이 문제를 하나님의 영광으로 바꿀 믿음을 나에게 부어주소서"(막 9:24) 했듯이 오늘 우리들이 하나님께 간절히 기도해야 하는 것은 문제의 해결이 아니라, 믿음이 없음에도 믿음 있는 척하는 것을 회개하고 믿음의 주인이신 예수님께서 우리의 마음 안에 부어주시는 참된 믿음을 받아내는 것이다.

왕하 13:20-21 하나님의 사람 엘리사 선지자가 죽어 무덤에 묻히고 해가 바뀌었을 때(1년여 시간이 지남) 그가 살던 동네에 이름 없는 사람이 죽어 장례를 진행하고 있었다. 그때 모압에서 도적 떼들이 몰려오자 장례를 진행하던 사람들이 얼마나 다급했던지 메고 있던 시신을 엘리사가 묻혀있는 무덤에 던지고 도망하였다. 그런데 던져버린 시신이 엘리사의 뼈에 닿자마자 살아났다. 엘리사가 죽고 무덤에 들어가 1년여의 시간이 지나 살이 다 썩고 뼈만 남아 있는데, 여기에 죽은 시신이 닿자마자 살아난 것이다. 엘리사는 하나님으로부터 직접 지명을 받은 사람이다(왕상 19:15-16, 사 43:1, 45:4. "내가 너를 지명하여 불렀나니 너는 내 것이라" 이스라엘을 선택하신 하나님의 말씀. 심지어 이사야 선지자가 활동하던 200년 후에 바벨론에 포로로 잡혀 있는 이스라엘을 해방하여 줄 페르시아의 고레스왕에 대하여 "내가 너를 지명하여 불렀다. 너는 나를 알지 못하였을지라도 나는 너에게 거룩한 이름까지 주었노라"고 하신다).

성도들은 예수 그리스도를 통하여 하나님으로부터 거룩하게 지명되어 구원받은 하나님의 사람들이다. 엘리사의 뼈가 어떻게 완전하게 죽어서 무덤으로 향하던 시신을 살려낼 수 있었을까? 그 비밀이 왕하 2장 엘리야의 승천에 있다. 하나님께서 맡겨주신 사역을 끝내고 죽음을 보지 않고 천사들에 의해 들림 받는 엘리야를 그 곁에 있던 엘리사가 보았다(왕하 2:9-14). 엘리야가 하늘로 들림 받을 때 엘리야의 50여 명의 제자들은 요단강 건너편에서 이 모든 광경을 지켜보고 있었지만, 그들은 하늘이 열리고 하나님께서 보낸 불 말과 불 수레가 엘리야를 태워 하늘로 올라가는 것을 보지 못하였다. 이것은 영적인 일이기 때문에 영의 눈이 열리지 않고는 볼 수 없는 일이기 때문이다. 하나님으로부터 직접 지명받은 엘리사는 하나님께서 엘리야에게 주셨던 영감(영적인 능력)을 갑절로 받아내고픈 강력한 사모함이 있었다.

건너매 엘리야가 엘리사에게 이르되 "나를 네게서 데려감을 당하기 전에 내가 네게 어떻게 할지를 구하라 엘리사가 이르되 당신의 성령이 하시는 역사가 갑절이나 내게 있게 하소서 하는지라"(왕하 2:9) 엘리사의 고백을 받은 엘리야가 "네가 참으로 어려운 것을 사모하는구나. 하지만 하나님께서 하늘을 열고 나를 받아주시는 것을 네가 보게 되면 네가 사모하는 것을 받으리라"(왕하 2:10)라고 말하는 순간, 불 말과 불 수레가 내려와 두 사람을 떼어 놓고 엘리야를 태워 하늘로 올라간다. 이 엄청난 광경을 엘리사는 영적인 눈이 열려서 다 보았다. 그 순간 엘리사가 사모했던 엘리야에게 주셨던 하나님의 능력이 갑절로 엘리사에게 부어졌다. 그런데 이것보다 더 중요한 것이 있다. 엘리사는 열린 하늘을 보았고, 이 땅에 태어난 사람은 누구든지 반드시 죽어야 하는데(히 9:27) 자기 스승 엘리야는 죽음을 당하지 않고 하나님께서 보내신 불 말이 끄는 불 수레를 타고 하나님께 들림 받는 것을 본 것이다. 이 순간부터 엘리사에게 평생의 소원이 생겼다. '하나님 나에게도 하늘을 열어주십니다.' 이 소원 때문에 엘리사는 항상 열려진 하늘 아래서 하나님께서 행하시는 하늘의 기적을 풀어냈다. 그런데 엘리사는 더 크고 비밀한 것을 사모한다. '하나님의 생명의 비밀로 나를 감싸 나도 죽지 않고 하나님께 들림 받게 하십니다.' 엘리사가 모든 순간 간절하게 사모했던 하늘 생명에 대한 사모함이 그의 뼈에까지 가득 채워져 있었던 것이다. 엘리사가 때가 되어 육신이 죽은 이후에 무덤에서 그의 살은 녹고 뼈만 남았지만, 그 뼈 안에 가득 담아져 있던 엘리사의 생명의 능력이 죽은 시신이 닿자마자 살아나는 기적이 된 것이다. 엘리야가 하늘로 들림 받을 때 그것을 본 것은 오직 엘리사뿐이었다. 영적인 눈이 열려 그것을 바라본 후 엘리사가 사모했던 엘리야의 능력이 갑절로 부어졌고, 그보다 더 중요한 생명의 비밀에 대한 간절한 사모함이 엘리사에게 가득하였다. 구원받은 성도들이 영적인 눈이 열려서 말씀을 통하여 이 땅에 오신 예수님을 만나야 한다. 예수님의 십자가를 경험해야 하고, 사망을 이기시고 살아나신 부활의 예수님을 경험해야 하며, 더 깊이 들어가 하늘을 열고 승천하신 생명의 능력이신 예수님을 만나야 한다. 이때부터 예수님이 행하셨던 능력들이 실제 우리의 삶에 풀어지게 되며 모든 원수를 이기며 생명의 기적들이 나타나게 된다. 엘리사가 엘리야를 떠나보낼 때 그의 기도 제목은 '엘리야에게 있던 능력이 갑절로 채워지는 것'이었는데, 하나님께서 보낸 불 말이 이끄는 불 수레를 타고 하늘로 가는 엘리야를 본 후부터 그의 사모함은 완전하게 바뀐다. 이제 우리들의 영적인 눈이 더 깊이 열려서 예수님께서 하늘을 열고 천사들과 함께 들림 받는 모습을 보자. 이것이 보여지고 믿어지면 더 이상 은사와 능력에 목적을 두지 않고 하늘로 들림 받는 생명의 신비를 강력하게 사모하게 되고, 이러한 믿음으로 무장하면 누구를 만나든지 그들에게 하나님의 영원한 생명이 흘러가게 하는 생명의 능력자가 되어 모두를 살려내게 된다.

왕하 4장을 보면 엘리사 선지자를 지극정성으로 섬기는 수넴 여인이 있다. 자기의 사역을 지극정성으로 섬기는 여인을 향하여 "하나님께서 말씀하신 대로 사역하는 나를 주도면밀하게 섬기는구나. 내가 너를 위하여 어떻게 무엇을 해주기 원하느냐?"(왕하 4:13)라고 엘리사가 말하였다. 엘리사의 말을 들은 수넴 여인은 자기가 할 일을 한 것뿐이라며 겸손히 자리를 피하는데 엘리사의 사환이 수넴 여인의 남편은 늙었고 그 집에는 아들이 없다고 말한다. 수넴 여인의 형편을 들은 엘리사가 하나님께 받은 감동으로 선포한다.

> 🖋 엘리사가 이르되 한 해가 지나 이 때쯤에 네가 아들을 안으리라 하니 여인이 이르되 아니로소이다 내 주 하나님의 사람이여 당신의 계집종을 속이지 마옵소서 하니라 왕하 4:16

하나님은 엘리사가 말한 믿음의 선포를 받으시고 그 집에 아들을 선물로 주셨다(왕하 4:17). 그런데 그 아들이 어느 정도 자랐을 때 머리가 아프다고 하다가 갑자기 죽었다. 수넴 여인은 모든 것을 버려두고 하나님의 사람 엘리사에게 달려갔다. 성도들이 문제를 만났을 때 승리하는 비밀이다. 모든 답의 근본이 되시는 하나님을 찾아야 하고, 아직 믿음이 부족하여 이것이 되지 않는다면 하나님의 말씀과 은혜를 풀어내는 주의 종을 찾아야 한다. 엘리사는 죽은 아이를 살리기 위해 자신의 지팡이를 사환에게 주어 아이를 살려내라 보냈다. 그러나 수넴 여인은 하나님의 사람 엘리사를 놓아주지 아니하며 반드시 엘리사가 현장에 가기를 간청한다. 어쩔 수 없이 엘리사는 수넴 여인과 함께 아이가 죽어 누워있는 현장으로 향한다. 현장에 가 보니 엘리사의 사환이 엘리사가 준 지팡이를 죽은 아이의 얼굴에 대고 기도하지만 아이는 전혀 미동도 없다(왕하 4:31). 엘리사 선지자가 아이가 죽어 누워있는 방에 들어가 문을 닫고 하나님께 기도한 이후에 아이 위에 엎드려 아이와 몸을 하나로 포개었다. 이때 죽었던 아이가 재채기를 하면서 깨어났다(왕하 4:32-37).

스승 엘리야의 승천을 보면서 엘리사의 평생의 소원은 하나님의 생명을 품고 생명이 역사하는 자리에 있는 것이다. 생명의 비밀을 소유한 엘리사를 수넴 여인이 알아보았고, 아무런 대가도 바라지 않고 자기의 모든 것을 드려서 엘리사의 사역을 섬겼다. 이러한 믿음 때문에 수넴 여인은 엘리사를 통하여 아브라함이 경험했던 '아들이 없었는데 있는 것처럼 불러내시는 생명의 하나님을 경험하였고, 죽은 자를 살려내시는 부활의 하나님'(롬 4:17)을 경험하였다. 수넴 여인은 생명과 부활을 뼈에 사무치도록 간절히 사모하는 믿음을 가진 엘리사를 옆에 두어서 생명과 부활의 축복을 함께 경험하였다.

예수 그리스도를 영접하여 구원받은 성도들은 영원한 생명의 주인 되시며 부활의 실제가 되시는 예수님을 품은 자들이다. 성도들의 삶의 현장에 문제가 있다면 그것은 성도들을 괴롭게 하여 넘어뜨리려는 것이 아니다. 생명과 부활의 주인 되시는 예수님께서 성도들의 마음 안에 함께하시는데, 성도들 안에 함께하시는 예수님을 깨워서 삶의 현장에서 없는 것을 있는 것처럼 불러 하늘로부터 각양 좋은 은사와 하나님의 축복을 끌어내고, 성도들의 삶의 현장에 죽은 것 같았던 모든 일을 부활의 능력으로 살려내어 하나님을 경험하며 승리할 뿐 아니라 주변 모든 사람에 생명과 부활되시는 예수님을 나타내며 하나님의 영광을 모두에게 보여주어야 한다. 이제 삶의 모든 자리에서 생명과 부활의 예수님이 나와 함께하시는 증거들을 누리며 모든 사람에게 예수님을 나타내며 승리하자.

마리아의 향유 옥합(요 12:1-8)

[1] 〈예수의 발에 향유를 붓다(마 26:6-13; 막 14:3-9)〉 유월절 엿새 전에 예수께서 베다니에 이르시니 이곳은 예수께서 죽은 자 가운데서 살리신 나사로가 있는 곳이라 [2] 거기서 예수를 위하여 잔치할새 마르다는 일을 하고 나사로는 예수와 함께 앉은 자 중에 있더라 [3] 마리아는 지극히 비싼 향유 곧 순전한 나드 한 근을 가져다가 예수의 발에 붓고 자기 머리털로 그의 발을 닦으니 향유 냄새가 집에 가득하더라 [4] 제자 중 하나로서 예수를 잡아 줄 가룟 유다가 말하되 [5] 이 향유를 어찌하여 삼백 데나리온에 팔아 가난한 자들에게 주지 아니하였느냐 하니 [6] 이렇게 말함은 가난한 자들을 생각함이 아니요 그는 도둑이라 돈궤를 맡고 거기 넣는 것을 훔쳐 감이러라 [7] 예수께서 이르시되 그를 가만 두어 나의 장례할 날을 위하여 그것을 간직하게 하라 [8] 가난한 자들은 항상 너희와 함께 있거니와 나는 항상 있지 아니하리라 하시니라

✖ ✖ ✖

요 12:1-3 예수님께서 죽은 지 나흘이 지나 무덤에 있던 나사로를 "나사로야 나오라"(요 11:43-44)라는 믿음의 선포로 살려내셨다. 이것을 본 많은 유대인이 예수님을 믿자 바리새인들과 대제사장들이 불안감을 느끼고 함께 모여 예수님을 죽이려고 본격적으로 모의(謀議)하였다(요 11:45-53). 하지만 아직 하나님의 때가 아니었기 때문에 예수님은 예루살렘을 피하여 광야 가까운 에브라임 동네에 계시다가 유월절을 6일 앞두고 예루살렘에서 가깝고 전에 나사로를 살렸던 베다니 동네를 찾으셨다(1절). 예수님을 맞이한 사람들이 잔치를 베풀었는데 마르다는 예수님을 위해 시중을 들었고 마리아는 지극히 비싼 순전한 향유 한 근을 예수님의 발에 붓고 자기의 머리카락으로 씻었다. 마리아가 향유를 담았던 그릇을 깨뜨려 예수님의 발에 붓고 자신의 머리카락으로 발을 씻기자 온 집안에 향기가 가득하였다. 그렇다면 마리아는 왜 이렇게 예수님을 사랑하며 예수님을 위한 헌신을 하는지 예수님과 마리아와의 관계를 알아보자.

예수님께서 예전에 일곱 귀신(성경에서 7은 완전 숫자. 귀신이 일곱이 들어가 있었다는 말이 아니라 귀신에게 완전히 사로잡혀 있다는 의미) 들려서 고통받던 막달라 마리아에게 고통을 주던 귀신을 내어 쫓고 고쳐주셨는데 그 후 이 여인이 자신의 소유를 팔아 예수님의 사역을 섬기며 도왔다(눅 8:2-3). 또한 막 16:1, 9을 보면 막달라 마리아는 예수님께서 십자가에 못 박혀 돌아가시고 무덤에 계실 때 예수님의 시신에 향료를 바르기 위해 무덤에 가서 부활하신 예수님을 제일 처음 보는 영광을 누렸다. 그녀는 자기의 모든 것으로 예수님의 사역을 섬겼기에 예수님께서 그녀와 그의 가족을 향하여 '사랑하는 자'라 하셨고 오라비 나사로가 병들었을 때 당당하게 사람을 보내어 예전에 자기를 치유하였듯이 오라비를 고쳐달라고 요청할 수 있었던 것이다(요 11:1-3). 성경에서 예수님을 통하여 치유 받고 문제 해결 받은 사람들은 셀 수 없이 많지만 막달라 마리아처럼 그들과 예수님과의 관계가 서로 의탁하고 사랑하는 관계가 된 사람들은 거의 없다. 왜 그럴까?

대부분 예수님을 만났던 사람들이 몹쓸 질병에서 치유되고, 사람으로서는 해결할 수 없는 문제를 해결 받으면 "감사합니다"라고 한마디로 끝났지만, 마리아는 자신의 모든 것을 바쳐 예수님의 사역을 도왔고 섬겼다. 예수님의 십자가 고난 때문에 구원받은 성도들이 "예수님 구원해 주셔서 감사합니다." 하는 이 한마디로 믿음생활을 다 했다고 할 수 있을까? 마리아처럼 "예수님 영원히 멸망 받을 나를 십자가에 못 박히시며 구원해 주셨는데 나는 예수님을 위해 무엇을 드려야 할까요?"하는 믿음을 가져야 한다. 이러한 믿음을 소유한 성도들에게 예수님께서 찾아오셔서 "내가 너를 사랑한다"라고 하신다. 일곱 귀신의 눌림에서 해방된 마리아는 자신의 모든 것을 희생하여 예수님의 사역을 섬겼고, 자신이 평생 준비한 값비싼 향유까지 내어와 예수님의 발을 씻기며 곧 다가올 예수님의 장례를 미리 준비하였고, 예수님께서 온 인류를 구원하시려고 십자가를 지실 때 그를 따르던 제자들은 모두 도망갔지만 예수님의 어머니 마리아와 함께 십자가 밑에서 눈물로 기도하였다.

> ✎ 예수의 십자가 곁에는 그 어머니와 이모와 글로바의 아내 마리아와 막달라 마리아가 섰는지라 요 19:25

예수님께서 돌아가시고 아리마대 요셉이 빌라도에게 예수님의 시신을 넘겨받아 시신을 씻고 무덤에 장사할 때 예수님께 바를 향료를 준비하고 멀리서 바라보고 있었고(막 15:46-47) 예수님께서 부활하시는 날 아침에 예수님의 어머니와 함께 예수님께 향료를 바르러 갔다가 부활하신 예수님을 처음으로 만났다(막 16:9, 요20:14-18). 마리아가 예수님을 통하여 일곱 귀신의 눌림에서 해방되어 고침 받은 이후에 마리아의 마음은 예수님으로만 가득 채워졌고, 마리아의 삶은 오직 예수님과 함께하는 것이었다. 예수님의 십자가 고난으로 죄에서 구원받고 마귀의 눌림에서 해방되고 예수님 때문에 하늘의 영원한 생명을 받아낸 성도들은 모든 삶의 현장에서 예수님과 하나가 되어 예수님만을 사랑하고 예수님께서 하늘을 열고 부어주시는 하나님의 은혜만을 받아먹고, 예수님께서 이 땅에서 하실 일들을 성령을 의지하여 이루어내는 자들이다. 이제 유월절이 되면 예수님은 대제사장 패거리들에게 잡히셔서 재판을 받고 십자가에 못 박히셔서 돌아가신다. 하나님께서 애굽에서 400년 동안 종살이하던 이스라엘 백성들을 구원하실 때 모세를 통하여 말씀하시기를 유월절이 되기 전에 양을 준비하여 보관하였다가(출 12:3) 하나님께서 말씀하시는 날에 잡도록 하셨다.

📖 이 달 열나흘날까지 간직하였다가 해 질 때에 이스라엘 회중이 그 양을 잡고 출 12:6

이처럼 유월절 양으로 십자가에 못 박혀 죄 때문에 사단에게 잡혀 영원한 지옥으로 달려갈 인생들을 구원하실 예수님께서 고난의 시간(십자가 저주의 시간)이 가까워오자 그 자리와 시간을 피하지 않고 고난받으실 자리(예루살렘) 가까이(나사로를 살렸던 베다니)에 일부러 찾아가신 것이다. 예수님께서 함께하신 잔치 자리에 죽음에서 살아난 나사로가 함께 참여하였다(2절). 이 장면은 예수 그리스도를 영접하여 구원받아 하늘 생명으로 살아난 성도들이 예수님만을 사모하는 믿음이 될 때 이 땅에서의 모든 삶과 하늘나라에서 예수님과 함께 하늘의 성찬 자리에 참여할 것을 미리 보여주시는 것이다(시 23:5. 주께서 내 원수들이 보는 앞에서 천국 상을 베풀어 주시고 성령의 기름을 나에게 부어주십니다). 예수님께서 마르다의 집에 초청받은 사건이 4권의 복음서에 모두 기록되어 있는데 3권의 복음서에 있는 사건은 동일한 내용이고 누가복음에 기록된 사건은 좀 다른 사건이지만 이때에도 마리아와 마르다가 동일하게 등장한다. 그때도 마르다는 예수님을 맞아 섬기는 일에 분주했고 마리아는 예수님 발아래 앉아 예수님이 주시는 말씀을 받아먹었다(눅 10:38-42). 예수님은 이러한 마리아를 향하여 "마리아가 좋은 편을 택하였는데 이것을 빼앗기지 아니할 것이다"(눅 10:42)라고 하셨다. 구원받은 성도들은 모두가 하나님으로부터 항상 "네가 좋은 편을 택하였구나!"하는 인정을 받아야 한다. 그렇다면 왜 예수님께서 마리아를 향하여 "네가 좋은 편을 택하였다"라고 말씀하셨는지 성경의 배경을 통해 살펴보면서 예수님이 인정하시는 참믿음 안으로 들어가자.

예수님께서 사역하실 당시 유대인들 사이에 널리 퍼져있는 격언에 보면 "네 집이 현인(하나님의 말씀을 풀어 선포해 주는 랍비)을 위한 모임의 장소가 되게 하고, 너는 그의 발에 있는 먼지(티끌)를 뒤집어쓰며, 그의 입에서 나오는 말씀을 갈급해 하며 받아먹으라."라는 말씀이 있다. 우리는 예수님 당시 유대인들의 삶의 배경을 모르기 때문에 잘 이해가 되지 않고 여러 가지 오해할 부분들이 많았는데 예수님께서 사역하실 당시 널리 퍼져있는 격언을 살펴보니 왜 예수님께서 마리아의 집을 방문하셨는지 충분히 이해가 된다. 온갖 귀신의 눌림에서 숨을 쉴 수 없었던 마리아가 자신을 치유하신 예수님을 자기 집에 모셔와 예수님의 발치에 앉아서 예수님의 입에서 나오는 하나님의 말씀을 갈급한 믿음으로 먹어내고 있다. 격언에 나오는 말 "랍비의 발에 있는 먼지(티끌)를 뒤집어쓰라" 이 말을 좁은 의미로 풀어내면 예수님의 발아래 겸손하게 앉아서 예수님의 입에서 풀어지는 말씀을 받아먹으라는 의미이고, 더 크게 풀어서 해석하면 너에게 말씀을 풀어 준 예수님께서 먼지를 펄럭이며 가는 발걸음 때문에 날리는 먼지를 너의 머리(인생)에 뒤집어쓰고 그대로 따라가라는 뜻이다.

이 격언의 의미대로 마지막 예수님이 십자가를 짊어지는 자리에 예수님의 제자들은 모두 도망가고 없었지만 예수님의 발아래 앉아서 말씀을 받아먹은 마리아가 예수님의 어머니와 함께 있었고(요 19:25), 마지막 무덤에까지 찾아간 여인도 마리아와 예수님의 어머니였다. 예수님에게서 "네가 좋은 편을 택하였구나" 하고 인정받은 마리아는 예수님께 인정받은 믿음 그대로의 삶을 살았다. 예수님을 통하여 하나님의 생명의 말씀을 갈급하게 받아먹었을 뿐 아니라 예수님의 마지막 자리까지 그 인생의 먼지를 따라 끝까지 따라갔다. 우리를 구원하신 예수님께서 차려주신 식탁(주일 예배)에 예수님의 입에서 흘러나오는(강단에서 선포되는) 말씀을 마리아처럼 온 마음을 다하여 받아먹으면(주님이 인정하시는 좋은 편을 택하면) 언제나 예수님의 모습을 볼 수 있고, 예수님과 함께 하나님의 영광을 위한 승리의 자리에 서 있게 된다.

요 12:4-8 마리아의 헌신을 본 가룟 유다가 "왜 이 향유를 팔아서 가난한 자들에게 나누어 주지 않는가?" 하면서 마리아를 나무랐다. 유다가 그렇게 말한 것은 가난한 자들을 생각해서 하는 말이 아니라 돈에 대한 욕심이 많았기 때문이다. 이때 예수님께서 "가난한 사람은 너희들과 항상 함께 있지만 나는 항상 너희와 함께 있지 않을 것이다"라고 말씀하시며 자기가 받으실 수난을 미리 예고하셨다. 가룟 유다가 멸망의 길로 들어선 것은 은 30냥에 예수님을 팔기 이전부터 이미 시작되고 있었다(마 26:14-16). 유다는 이미 타락한 도둑이었으며 마음으로 예수님을 따르는 자가 아니라 몸으로만 예수님을 따르는 시늉을 했다(6절). 유다는 예수님의 돈주머니를 관리하며 가난한 자들에게 나누어 주는 책임을 맡고 있었는데 가난한 자들을 위해 흘러가게 하지 않고 예수님의 사역을 위한 돈을 훔쳐 자기의 사욕을 채웠다.

이렇게 자기의 사욕을 위해 교회의 것을 훔치는 자들이 '오늘날의 유다'인데, 오늘날 교회 안에 사단에게 속아서 이들보다 더 사악한 유다가 너무 많다. 그들은 하나님만이 받으셔야 할 영광을 중간에 가로채는 자들이다. 동일한 사건을 기록한 마태복음 26장을 보면 제자들은 마리아가 향유를 예수님께 붓자 "무슨 의도로 이렇게 귀한 향유를 허비하느냐?"(마 26:8) 하면서 마리아를 나무랐다. 이 말은 제자들이 예수님을 따른다고 하지만 아직까지 그들을 선택하여 훈련하시는 예수님의 마음을 알지 못하고 세상의 지위와 영광에만 눈이 멀어 있던 것을 보여주는 것이다. 마리아는 자신이 평생 모았던 향유 옥합보다 예수님이 더 귀하고 소중했지만 가룟 유다와 몇 명의 제자들은 향유 옥합이 돈으로만 보여졌다. 마리아는 영적인 눈이 열려 예수님의 장례를 준비하고 있는데, 제자들은 아직 영적인 눈이 열리지 않아서 세상의 물질과 명예에만 관심이 있었기에 마리아가 예수님에게 옥합을 깨뜨려 평생 모은 향유를 붓는 순간 분노하였다(마 26:8).

우리의 신앙은 마리아의 신앙인가? 아니면 제자들의 신앙인가? 아직 영이 열리지 않은 제자들의 신앙은 항상 불평만 하고 자신은 하지 못하면서 남이 잘하는 것을 보면 욕하며 누군가 예수님께 감사로 드리는 모습을 보면 너무 아까워한다. 성도들은 예수님께 아까울 것이 없어야 한다. 왜냐하면 예수님께서 나를 구원하실 때 자신의 생명 전부를 주고 우리를 사셨기 때문이다(고전 6:19-20). 마리아가 향유를 담았던 그릇(옥합)은 예수님 당시에 중국이나 아라비아에서 수입했던 값 비싼 그릇으로 아무나 소유할 수 없었다. 향유는 휘발성이 강하기 때문에 일반 그릇에 담으면 곧 증발되어 없어지기 때문에 향유를 담는 그릇은 향유와 같이 특별하고 존귀한 것이다. 성도들의 마음은 향유를 담은 옥합이 되어야 한다. 하나님께서 성도들 마음 안에 은혜와 사랑을 부어주실 때 사단에게 속아서 하나님께서 부어주신 신령한 은혜들이 곧 없어져 말라버리는 마음이 되어서는 안 된다. 이러한 마음에는 하나님께서 '향유'(성령의 은혜)를 결코 부어주시지 않는다. 마리아는 사랑하는 예수님을 위해 가장 소중한 그릇과 평생 모았던 '향유'(성령의 기름과 하나님의 신비한 은혜)를 아낌없이 드렸다. 옥합과 향유는 너무 귀한 것이어서 많은 장사꾼들이 와서 팔라고 해도 내놓지 않았던 귀한 보물인데 마리아는 예수님을 위해 감사함으로 자원하여 드렸다. 이것은 마리아가 예수님께 자신의 전 재산을 드렸다는 것을 의미한다. 예수 그리스도 때문에 구원받은 성도들도 나에게 있는 짜투리를 드리며 엄청난 것을 드린 것처럼 과대 포장하지 말고 나에게 가장 귀한 시간과 몸과 재물을 예수님께 감사하면서 헌신해야 한다. 예수님은 죽었던 나사로를 무덤에서 건져내셔서 예수님의 식탁에 함께 앉히셨다. 이와 마찬가지로 예수님은 영원한 멸망으로 달려갈 우리를 자신의 십자가를 통하여 건져내셨다. 예수님의 십자가를 통하여 영원한 멸망에서 건짐 받은 성도들은 예수 그리스도와 함께 하늘의 식탁(하나님의 사랑과 성령의 은혜가 풍성하게 풀어지는 자리)에 항상 머물러서 하나님께서 예수님을 통하여 공급해 주시는 것을 마음껏 받아먹어야 한다. 예수 그리스도를 영접하여 마귀의 짓눌림에서 해방되고 영원한 멸망(지옥)에서 건짐 받은 성도들을 하늘의 은혜가 풀어지는 생명의 식탁으로 인도하여 하나님의 은혜를 마음껏 먹여주어야 하는데(렘 31:12. 성도의 삶은 항상 여호와의 물댄동산이 되어야 한다) 예수님 발아래에서 예수님의 입술을 통하여 흘러나오는 은혜는 없고 마르다만 열심히 만드는 것이 오늘날 교회의 모습이다(은혜보다는 헌신과 헌금의 강조가 너무 많다).

지금 우리의 마음은 하나님께서 부어주실 신비한 은혜와 하나님의 사랑을 받아 낼 옥합으로 변화되어 있는가? 믿음생활 가운데 가장 중요한 것은 성도들의 마음이다(잠 4:23). 세상의 그 어떤 것에도 영향받지 않고 하나님께서 하늘을 열고 부어주시는 신령한 은혜만 받아내는 마음이 되자. 마음 안에 이 세상이 주지 못하는 하나님의 은혜만 가득 담아놓고 하나님께서 "이때다"라고 말씀하실 때 옥합과 같은 우리의 마음을 깨뜨려 하나님의 생명과 은혜가 흘러가게 하여 하늘의 기적과 승리를 풀어내자(삿 7:15-23).

06

나귀를 타신 예수님(요 12:12-19)

¹²〈예루살렘으로 가시다(마 21:1-11; 막 11:1-11; 눅 19:28-40)〉그 이튿날에는 명절에 온 큰 무리가 예수께서 예루살렘으로 오신다는 것을 듣고 ¹³종려나무 가지를 가지고 맞으러 나가 외치되 호산나 찬송하리로다 주의 이름으로 오시는 이 곧 이스라엘의 왕이시여 하더라 ¹⁴예수는 한 어린 나귀를 보고 타시니 ¹⁵이는 기록된 바 시온 딸아 두려워하지 말라 보라 너의 왕이 나귀 새끼를 타고 오신다 함과 같더라 ¹⁶제자들은 처음에 이 일을 깨닫지 못하였다가 예수께서 영광을 얻으신 후에야 이것이 예수께 대하여 기록된 것임과 사람들이 예수께 이같이 한 것임이 생각났더라 ¹⁷나사로를 무덤에서 불러내어 죽은 자 가운데서 살리실 때에 함께 있던 무리가 증언한지라 ¹⁸이에 무리가 예수를 맞음은 이 표적 행하심을 들었음이러라 ¹⁹바리새인들이 서로 말하되 볼지어다 너희 하는 일이 쓸 데 없다 보라 온 세상이 그를 따르는도다 하니라

✖✖✖

요 12:12-13   예수님께서 마지막 유월절을 지키시려고 예루살렘 성에 들어오실 때 예수님께서 들어오신다는 소식을 들은 많은 유대인들이 종려나무 가지를 들고 "호산나(시 118:25. 지금 우리를 구원하소서) 하나님의 이름으로 오시는 분 이스라엘의 왕을 찬송합니다"라며 환영하였다. 그렇다면 왜 유대인들은 예루살렘 성에 들어오시는 예수님을 향하여 '종려나무'(대추야자) 가지를 흔들며 '호산나'를 외쳤을까? 이스라엘 백성들이 출애굽을 한 이후 광야에 머물면서 가나안에 들어가기 전에 "너희들이 젖과 꿀이 흐르는 축복의 땅에 들어가 땅에서 작물의 수확을 모두 끝내고 하나님께서 정하신 초막절 축제를 시작할 때 제일 먼저 우람한 나무(예수 그리스도)에서 난 열매와 종려나무 가지를 흔들며 너희에게 귀한 열매를 주신 하나님을 기뻐하며 감사하라"(레 23:40)라고 모세를 통하여 명령하셨다.

이스라엘 백성들은 초막절이 시작되면 종려나무 가지를 흔들며 튼튼한 나무에서 거두어들인 열매를 하나님 앞에 들고나와 그들을 애굽의 종살이에서 건져 가나안으로 인도하시고 하늘을 열어 축복하신 하나님께 감사드렸다. 그런데 유대인들이 '초막절'

이 아닌 '유월절'이 시작되려고 하는데 예수님을 향하여 종려나무 가지를 흔들며 호산나를 외치고 있다. 그 이유가 무엇일까? 그동안 이스라엘 백성들이 선택받은 하나님의 자녀라고 말은 하였지만 눈에 보이지 않는 마귀에게 짓눌리고 로마의 압제에 신음하며 하나님께서 약속하신 것은 전혀 받지 못하는 불쌍한 삶을 살고 있었다. 그런데 죽은 지 나흘이 지난 나사로를 무덤에서 살려내신 예수님을 보면서 자기들을 눈에 보이지 않는 마귀의 짓눌림에서 건져 구원하시고 로마의 압제에서 해방하여 하나님께서 약속하신 하늘의 열매들을 풍성하게 누리게 해주실 분이라고 인정한 것이다. 죽은 지 나흘이 지난 나사로를 무덤에서 살려내신 예수님을 보면서 '이분이 하나님으로부터 보냄 받아 우리를 사망의 세력에서 건져내시고 로마의 압제와 치욕에서 구원하여 하나님의 풍성함으로 인도하시는 분'(하나님께서 약속하신 메시아, 그리스도)이라고 인정하며 종려나무 가지를 흔들며 '호산나'를 외치고 있는 것이다.

예수님께서 나사로를 살려내면서 완전한 메시아로 드러나자 유대 종교지도자들은 어찌하면 예수님을 죽일까 하며 방법을 찾고 있는데, 말씀을 선포하여 나사로를 살려내시는 것을 보았던 유대인들과 유월절을 지키려고 각 지방에서 올라와서 예수님께서 행하신 것을 들은 많은 사람이 예수님을 '하나님으로부터 보냄 받으신 만왕의 왕'으로 인정하였다. "우리를 지금 구원하시고, 하나님의 영광을 모두에게 드러낼 하늘의 풍성한 은혜를 부어주소서"라고 하며 자기들은 예수님을 하나님께로부터 보냄 받은 메시아로 믿고 있다고 고백하는 것이다. 예수 그리스도를 영접하여 구원 받은 성도들은 이 땅을 사는 동안 예수님을 통하여 하늘의 풍성한 은혜를 누리다가 하나님의 영광의 보좌 앞에 설 때 예수님이 입혀 주신 거룩한 흰옷을 입고 손에 종려나무 가지를 들고 하나님 아버지와 예수 그리스도 앞에 서서 "구원하심이 보좌에 앉으신 우리 하나님과 어린 양이신 예수 그리스도에게만 있습니다"(십자가에 못 박히시며 나를 구원해 주셔서 감사하고 삶의 모든 현장에 함께하셔서 구원의 은혜와 축복이 넘치게 해 주셔서 감사합니다. 내 삶에 하나님께서 주신 열매들이 이렇게 많습니다) 하며 감사의 찬양을 올려 드린다(계 7:9-10). 종려나무 가지를 들고 '호산나' 찬양하는 것은 구약에 하나님께서 주신 두 가지 약속을 하나로 합쳐 올려 드린 믿음의 고백이다. "하나님! 내가 해결할 수 없는 힘들고 어려운 삶의 현실 안으로 지금 들어오셔서 이 문제를 하나님의 영광을 모두에게 보여 줄 승리가 되게 하십니다(호산나 약속), 모두가 하나님을 인정할 수밖에 없는 하나님께서 부어주신 풍성한 열매들이 내 삶의 현장에 이렇게 많습니다"(종려나무 가지 약속) 하는 진정한 믿음 고백이다. 죽은 지 나흘이 지난 나사로를 살려내시고 이제 하나님의 시간이 되어서 '그리스도 사역'을 완성하시려고(우리의 죄를 담당하시고 십자가에서 고난 가운데 돌아가시고 사망의 세력을 깨뜨리시려고 무덤에서 부활) 예루살렘 성에 들어오시는 예수님을 보고 이스라엘 백성들이 구약에 하나님께서 주신 두 가지의 약속을 묶어서 "당신은 하나님께서 보내주신 구원 자이십니다. 우리를 마귀의 눌림에서 지금 구원하시고, 우리의 삶에 하늘의 열매들로 풍성하게 해주소서" 하며 예수님께서 주실 완전한 승리를 소리 높여 찬양하고 있다. 예수 그리스도를 영접하여 구원받은 성도들은 성령께서 도와주시는 은혜 안에서 '호산나'(나는 아무것도 할 수 없는데 예수님 때문에 지금 마귀를 밟아 이기며 세상에서 승리하는 구원을 당당하게 누립니다)와 '종려나무 가지'(대추야자처럼 꿀같이 달콤하고 셀 수 없이 풍성한 하나님께서 주시는 승리와 축복의 열매)의 축복을 삶의 현장에서 누리며 주변 갈급한 영혼들에게 하나님을 나타내 보여야 한다. 이것이 십자가에 못 박히시며 우리들을 구원하신 예수 그리스도의 마음이다.

구원받은 성도들이 삶의 현장에서 '호산나'와 '종려나무 가지'의 실제를 누리며 하나님께 영광을 돌리다가 마지막 하나님 나라에 갔을 때 하나님과 예수 그리스도가 영광의 보좌에 앉아계시고 천사들과 허다한 증인들이 보는 앞에서 "하나님 나는 아무것도 할 수 없었는데 나를 구원하시고 함께하시는 예수 그리스도 때문에, 아버지 하나님께서 부어주시는 은혜와 사랑 때문에 내 삶은 저절로 '호산나'(하나님께서 행하신 구원의 승리)가 이루어졌고, 삶의 현장에는 '종려나무 가지'(꿀같이 달콤하고 넘치도록 풍성한 하늘의 열매)의 은혜가 풍성하게 넘쳤습니다." 하며 감사의 춤을 추게 된다. 요 12:14-19 예수님께서 예루살렘 성으로 들어오실 때 어린 나귀를 타고 들어오셨다. 이것은 스가랴 선지자를 통하여 하나님께서 약속하신 모습으로 예수님께서 구원자 되심을 최종 확인하는 사건이다.

시온의 딸아 크게 기뻐할지어다 예루살렘의 딸아 즐거이 부를지어다 보라 네 왕이 네게 임하시나니 그는 공의로우시며 구원을 베푸시며 겸손하여서 나귀를 타시나니 나귀의 작은 것 곧 나귀 새끼니라 슥 9:9

예수님을 따르는 많은 군중들은 나사로의 부활 사건을 말하며 예수님을 그리스도로 믿는데 예수님께서 나귀를 타고 들어오시는 비밀을 제자들은 그 당시는 깨닫지 못했다(16절). 예수님께서 예루살렘 성안으로 들어오실 때 어린 나귀를 타고 오셨다고 본문은 간단하게 소개하였는데 동일한 사건을 기록한 마태복음에서는 예수님께서 먼저 제자들을 건너편 마을에 보내셔서 매여 있는 나귀와 함께 사람을 한 번도 태우지 않았던 어린 나귀를 데려오라 하셨다(마 21:2-9). 이 사건의 그림자를 아브라함과 이삭을 통하여 볼 수 있다. 하나님께 부름 받았지만 자기 생각대로 살아서 하나님께 쓰임 받을 수 없었던 아브라함을 하나님께서 본격적으로 들어 쓰실 시간이 되었다.

하나님은 아브라함이 얼마나 하나님의 말씀에 매여 있는지(나는 없고 오직 나를 부르신 하나님만 전부 되는 믿음) 알아보시려고 100세 때 낳은 사랑하는 아들을 하나님께서 정하신 장소까지 찾아가 번제로 바치라 하셨다(창 22:1-2). 하나님께서 아브라함과 그의 큰아들 이스마엘을 쓰시지 않은 이유는 아브라함이 아직 하나님의 말씀에 매여 있지 못하고 그 결과로 나온 아들이 들나귀였기 때문이다(창 16:11-12). 아브라함이 그동안 자기 멋대로 살아왔던 것을 끊고

(창 17:24. 99세에 할례. '하나님 내 육신의 나이는 99세지만 하나님 앞에서 내 믿음의 나이는 태어난 지 8일 상태입니다. 내 육신의 나이는 하나님 앞에서 아무것도 아닙니다. 이제부터 나는 하나님이 아니면 아무것도 하지 못하는 갓난아이입니다') 하나님만 바라보았을 때 천사를 보내셔서 내년 이 때에 아들이 태어날 것을 약속하셨다(창 18:10). 아브라함이 하나님에게 묶여서 하나님께서 주신 말씀대로 나온 아들이 이삭인데(매인 나귀와 그 새끼), 하나님은 아브라함과 이삭이 하나님께 온전히 묶여있는 존재인지를 확인하시려고 번제를 명령하셨다. 아브라함이 끝까지 '나는 하나님의 말씀에 온전히 묶여있고, 하나님께서 무슨 말씀을 하시든지 그대로 순종합니다'를 보여 준 사건이 이삭의 번제 시험이다. 아브라함은 하나님께 매여 있는 나귀였고, 이삭은 한 번도 타 보지 못한 어린 나귀였다. 아브라함이 하나님의 말씀에 순종하여 이삭을 드리려는 순간 하늘에서 내려온 천사들이 "네가 하나님을 경외하는 믿음인 것을 이제 확실하게 알았노라"(창 22:12) 하시며 아브라함의 믿음에 최종 합격을 주었다.

　하나님께서는 들나귀 믿음은 버리시고 매인 나귀 믿음을 찾으신다는 엄청난 비밀을 알았던 이삭에게 두 아들이 있었다. 큰아들 에서는 들사람이었고(들나귀 믿음) 작은아들 야곱은 장막에 거하며 할아버지 아브라함과 아버지 이삭의 발아래 앉아(마리아가 예수님의 발아래 앉아 예수님의 입에서 떨어지는 하나님의 비밀한 말씀을 먹은 것처럼) 하나님의 말씀을 꿀처럼 받아먹고 믿음을 키우는 매인 나귀였다(창 25:27). 매인 나귀의 비밀을 가진 야곱을 통하여 하나님은 요셉을 세우셨다. 요셉이 매인 나귀의 비밀 안으로 들어와 모든 순간 하나님께서 함께하심을 누리는 믿음으로 세워졌을 때(창 39:1-5) 야곱의 한 가정이 변하여 하나님께서 들어 쓰시는 이스라엘이라는 민족으로 세워지는 축복을 이루어냈다. 어미와 함께 매여 있던 어린 나귀가 오자 예수님은 망설임 없이 어린 나귀의 등에 앉으셨다. 이 모습은 구원받은 성도들의 삶에 예수님이 주인 되셔서 성도들의 삶 전체를 주관하시고 하늘의 영광을 풀어주시는 비밀이다. 말씀에 매여 있는 '매인 나귀의 믿음'과 그 누구도 태우지 않고 예수님만 태우고 주인 삼는 '어린 나귀의 순수한 믿음'이어야 한다. 예수 그리스도를 영접하여 구원받은 성도들을 즉시 천국으로 데려가지 않고 교회로 인도하여 예배를 드리며 말씀을 먹게 하시는 비밀이 여기 있다. 이스마엘과 에서처럼 세상에 묶여있던(하나님보다 세상이 좋아 세상을 사랑하는 삶) 나를 발견하여 좌우에 날이 선 진리 말씀의 칼과(히 4:12) 성령의 불로 우리들의 잘못된 마음을 수술받고 오직 하나님의 말씀에 묶이고 매이는 믿음(말씀을 아는 지식과 말씀을 이용하려는 교만을 버리고 오직 말씀이 삶의 전부가 되는 믿음)이 되어서, 예수님만이 나를 주관하시는 순수한 믿음으로 변화되어야 한다.

매여 있던 어린 나귀가 예수님 앞에 왔을 때 주저 없이 나귀의 등에 앉으셨던 예수님이시다. '어린 나귀와 같이 순수한 믿음으로 변화된 성도'를 찾으신 예수님은 기쁨을 감추지 못하시고, 이러한 성도의 믿음에 완전한 주인이 되셔서 하나님께서 기뻐하시는 하늘의 신령한 은혜들을 풀어 주신다(슥 9:9). 예수님께서 어린 나귀에 올라타 앉으신 순간 대부분의 사람들이 자기들의 겉옷을 벗어 예수님께서 나가실 길에 옷을 깔고, 나뭇가지로 길을 덮고 예수님의 앞과 뒤에서 예수님을 소리 높여 찬양한다(마 21:8-9). 많은 사람이 예수님을 높여 찬양할 때 예수님을 태웠던 어린 나귀도 함께 높임을 받는다. 성도들이 이 세상에서 높임 받으며 존귀하게 되어 하나님께서 예비하신 은혜로 승리하는 비밀이다.

07

한 알의 밀이 죽으면(요 12:24-31)

24 내가 진실로 진실로 너희에게 이르노니 한 알의 밀이 땅에 떨어져 죽지 아니하면 한 알 그대로 있고 죽으면 많은 열매를 맺느니라 25 자기의 생명을 사랑하는 자는 잃어버릴 것이요 이 세상에서 자기의 생명을 미워하는 자는 영생하도록 보전하리라 26 사람이 나를 섬기려면 나를 따르라 나 있는 곳에 나를 섬기는 자도 거기 있으리니 사람이 나를 섬기면 내 아버지께서 그를 귀히 여기시리라 27 지금 내 마음이 괴로우니 무슨 말을 하리요 아버지여 나를 구원하여 이 때를 면하게 하여 주옵소서 그러나 내가 이를 위하여 이 때에 왔나이다 28 아버지여, 아버지의 이름을 영광스럽게 하옵소서 하시니 이에 하늘에서 소리가 나서 이르되 내가 이미 영광스럽게 하였고 또다시 영광스럽게 하리라 하시니 29 곁에 서서 들은 무리는 천둥이 울었다고도 하며 또 어떤 이들은 천사가 그에게 말하였다고도 하니 30 예수께서 대답하여 이르시되 이 소리가 난 것은 나를 위한 것이 아니요 너희를 위한 것이니라 31 이제 이 세상에 대한 심판이 이르렀으니 이 세상의 임금이 쫓겨나리라

✖✖✖

요 12:24-26　유월절 명절에 예루살렘에 예배드리러 온 사람들 중에 헬라(그리스 사람, 이방인) 인 몇 사람이 예수님을 찾아왔다 (20-21절). 그때 예수님은 "인자가 하나님의 영광을 얻을 때가 왔다"(23절)라고 선포하시는데, 하나님께서 예수님을 통하여 영광을 받으시는 비밀은 "한 알의 밀이 땅에 떨어져 죽지 않으면 한 알 그대로 남아 있지만 죽으면 많은 열매를 맺는 것이다"라고 하시며 자신의 고난과 죽음에 대하여 말씀하셨다. 이방인들이 예수님께 관심을 가지고 만나려고 찾아왔을 때 예수님은 비로소 하나님의 때가 다 된 것을 아시고 "한 알의 밀로 이 땅에 온 내가 십자가 고난으로 죽어서 아담의 범죄로 영혼이 죽었던 모든 사람을 살려 하나님께 드린다"라고 자신의 사역을 말씀하신다. 히브리서 기자는 히 2:9에서 시 8:5 말씀을 인용하여 예수님의 그리스도 사역을 풀어내고 있다.

🧭　오직 우리가 천사들보다 잠시 동안 못하게 하심을 입은 자 곧 죽음의 고난 받으심으로 말미암아 영광과 존귀로 관을 쓰신 예수를 보니 이를 행하심은 하나님의 은혜로 말미암아 모든 사람을 위하여 죽음을 맛보려 하심이라 히 2:9

예수님께서 천사보다 못한 사람의 몸을 입고 이 땅에 오신 목적은 고난당하시며 죽는 것이다. 다윗은 시 8:5에서 자기보다 1000년 후에 오실 예수님의 그리스도 사역을 예언했었다. 예수님께서 자신의 십자가 죽음과 부활을 "한 알의 밀이 땅에 떨어져 죽으면"이라고 말씀하시는데 예수님의 말씀처럼 '한 알의 밀이 땅에 떨어져 썩어질 때' 다음 세대의 생명이 싹으로 올라와 수많은 열매들을 거두어 하나님께 드리게 된다. 밀알 하나가 땅에 떨어져 썩기 이전에는 밀알 하나뿐이지만 땅에 떨어져 썩는 순간 너무도 소중한 싹이 썩음 위에서 솟아 나와 셀 수 없는 열매들을 거두게 된다. 만약 예수님께서 육체를 입고 온 자기의 생명을 너무 사랑하셔서 한 알의 밀처럼 죽어지지 않으셨다면 그 누구도 하나님의 생명으로 다시 태어날 수 없다(25절). '한 알의 썩어질 밀'로 이 세상에 오신 예수님의 십자가 죽으심과 부활(그리스도 사역)을 마음을 열고 영접할 때 아담 이후에 죽어있던 사람들이 '하나님의 영원한 생명'으로 회복되고, '영원한 생명'을 주신 예수님의 손에 잡혀서 예수님과 함께 하나님 아버지 영광 앞에 나가게 된다(요 14:6). 예수님께서는 하늘 영광을 버리시고 천사보다 못한 존재로 이 땅에 보내심을 받으셔서 십자가에 못 박혀 흘려주신 피로 온 인류의 죗값을 지불하시고 '한 알의 밀의 사역'을 완성하셨다. '한 알의 밀의 사역'을 완성하신 예수님은 예수님을 믿는 모든 사람을 마귀의 짓눌림에서 건지시고 하늘 생명의 풍성함을 부어주시려고 무덤에서 다시 살아나셨고(히 2:14-16) 40일 동안 제자들과 함께 계시다가 구원받은 성도들에게 하늘을 열어주시려고 예루살렘의 많은 사람이 보는 앞에서 하늘을 열고 하나님께로 올라가셨다. 예수님을 믿는 것은 교회를 다니는 종교생활이 전부가 아니라 예수님을 따르는 삶을 사는 것이다(26절). 예수님을 잘 믿는 것은 예수님이 계신 자리에 예수님과 함께 서 있는 것인데(예수님께서 승천하시며 열어 놓은 하늘 아래에 서서 하나님께서 부어주시는 신비한 은혜를 마음껏 누리는 믿음) 이러한 믿음의 사람들을 하나님께서 존귀하게 만들어 주신다. 히브리서 기자는 예수님의 '썩어져 죽어지는 한 알의 밀의 사역'을 위해 십자가에서 죽으셨다가 무덤에서 살아나시고 하늘을 열고 하나님의 나라에 올라가신 모든 사역이 '하나님의 은혜'에서 풀어진 것이라고 하였다(히 2:9).

예수님께서 천사보다 못한 인간의 몸을 입고 이 세상에 오셔서 행하신 모든 사역과 마지막 하늘을 열고 올라가신 사역의 비밀은 '하나님의 은혜'가 전부였다. 마찬가지로 성도들이 구원받고 삶의 모든 자리에서 하나님의 영광을 드러내려면 반드시 '하나님의 은혜'가 부어져야 한다. 예수님의 행적을 기록한 사복음서를 조심스럽게 살펴보자. 예수님께서는 중요한 사역을 앞두고는 홀로 기도할 장소를 찾으셨고, 또한 사역하시기 바로 직전에 하늘을 우러러 바라보셨다. 왜 그러셨을까? 예수님의 사역의 현장에는 항상 '하나님 아버지의 은혜'가 필요하였고, 이것을 아시는 예수님은 하나님께 은혜를 구하려고 홀로 기도 처소를 찾으셨고 눈을 들어 은혜를 부어주시는 하나님의 얼굴을 바라보셨던 것이다. 예수님은 오병이어 기적의 현장에서 먼저 하나님을 바라보시고 축복기도하신 이후에 한 아이의 도시락을 사람들에게 나누어 주라 하셨는데 이때 5000명이 먹고 12광주리가 남았다(요 6:11). 죽어서 무덤에 들어 간지 나흘이 지난 나사로를 살리실 때 사람들이 나사로의 무덤을 가로막은 돌을 옮겨 놓자 예수님은 하늘을 우러러 하나님 얼굴을 보시고 "나사로야 나오라" 선포하셨다(요 11:41).

요한복음 17장을 보면 예수님께서 제자들과 마지막 저녁식사 이후에 마지막 중보기도를 하시는데 1-5절은 예수님께서 자신을 위해 중보기도하신 내용이며, 또 6-19절까지의 말씀은 사랑하는 제자들을 위해 집중적으로 기도하신 중보기도 내용이고, 20-26절까지 말씀은 앞으로 예수 그리스도를 영접하여 하나님을 믿게 될 모든 믿는 자들을 위해 중보기도하신 내용이다. 그런데 이 중요한 기도를 시작하실 때 예수님은 눈을 들어 하나님을 우러러보시며 기도를 하신다. 구원받은 성도들에게 가장 중요한 믿음은 삶의 모든 자리에서 예수님께서 승천하시며 열어 놓으신 열린 하늘을 통하여 하나님의 얼굴을 바라보는 것이며, 하나님께서 부어주시는 은혜를 풍성하게 누리는 것이다. 하나님께서는 구원받은 성도들에게 하늘을 열어 놓고 은혜 부어주시기를 원하시는데(히 4:16) 사단은 어찌하든지 성도들이 하나님의 얼굴을 보는 것을 막고 은혜받는 것을 훼방한다. 이제는 사단에게 속지 말고 예수님의 보혈을 의지하여 하나님의 이름을 부르며 하나님의 얼굴 앞에 서서 풍성한 은혜를 누리는 당당한 믿음이 되자. 예수님은 하나님께서 세우신 구원 계획을 온전히 다 이루신 다음에 무덤에 들어가셨다가 사망을 이기시고 부활하셨다. 이렇게 사망을 이기고 살아나신 예수님을 하나님께서는 '만물의 으뜸'이 되게 하셨고(골 1:18), 하나님의 뜻에 순종하여 '한 알의 밀의 사역'을 완성하신 예수님 안에는 하나님의 모든 것들이 충만하게 하셨다(골 1:19). 예수님을 믿는 것은 예수님께서 하신 일을 그대로 하는 삶인데(요 14:12) 성도들은 우리를 구원하시고 우리 안에 함께하시는 예수님처럼 삶의 자리에서 '예수 그리스도의 복음과 하나님의 영광을 위해서 나 자신이 낮아지고 죽어지는 한 알의 밀이 되는 삶'을 살아야 하는 것이다. 사단에게 잡혀서 운명과 팔자에 묶여 신음하고 지옥으로 달려가는 한 영혼을 살려 하나님께 드리기 위해 예수 그리스도의 복음을 들고 세상에 나갈 때 하나님은 그러한 믿음을 가진 성도들을 으뜸이 되게 높여주시고, 예수님의 손 안에 맡겨주신 하늘의 풍성함을 모두 누리게 해주신다.

 아버지께서 아들을 사랑하사 만물을 다 그의 손에 주셨으니 요 3:35

성도들이 이 땅에서 높아지고 하늘에 속한 모든 것을 받아 누리는 비밀은 예수님처럼 '한 알의 밀'(나의 시간과 정성과 물질과 생명을 한 영혼을 살려 하나님께 올려 드리므로 하나님의 기쁨을 위해 헌신하는 삶)이 되는 것에 있다. 그런데 사단에게 속은 성도들이 '한 알의 밀'이 되는 것을 극도로 싫어하며, 예수님의 복음을 전하려는 마음 없이 오직 하늘의 영광만을 외치는 거짓된 믿음을 가지고 산다. 구원받은 성도들이 예수님을 닮아 '한 알의 밀이 되어 다른 영혼을 살리기 위해 자신을 헌신하는 삶'을 살 때 하나님께서는 이러한 성도들을 저절로 높여주시고 예수님 안에 감추어 놓으신 하늘과 땅에 속한 완전한 축복을 베풀어 주신다.

요 12:28-31 예수님께서는 자신이 가야 할 길(십자가 고난)을 모두 알고 계셨다. 이제 며칠이 지나면 흉악한 대제사장 무리들에게 잡혀서 온 인류의 죄를 담당한 것 때문에 무자비한 고문을 받고 끝내는 십자가에 못 박히셔야 한다.

> 우리는 다 양 같아서 그릇 행하여 각기 제 길로 갔거늘 여호와께서는 우리 모두의 죄악을 그에게 담당시키셨도다 사 53:6

며칠 후 일어날 일을 미리 바라보신 예수님은 얼마나 무섭고 괴로우셨을까? 예수님께서는 "지금 내 마음이 괴로우니 내가 무슨 말을 하면 될까요? 아버지(하나님) 이때를 벗어나도록 나를 구원해 주소서. 하지만 내가 이 일(십자가의 저주)을 위하여 이때에 왔습니다. 아버지여 아버지의 이름을 영광스럽게 하옵소서"(27-28절)라고 기도하셨다. 예수님의 기도를 받으신 하나님께서는 "내가 이미 나의 이름을 영광스럽게 하였고 또다시 영광스럽게 할 것이다."라고 말씀하셨는데, 하나님께서 예수님의 기도에 응답으로 주신 소리를 주변 사람들은 천둥소리로 들었다. 하늘에서 울려 온 천둥소리를 듣고 주변 사람들이 웅성거리자 예수님께서 "하늘에서부터 들려오는 소리가 너희에게 들린 것은 나를 위해서가 아니라 너희를 위해서이다. 이제 이 세상에 심판이 이르렀는데 이 세상 임금(마귀)이 쫓겨나리라"(30-31절)라고 선포하셨다. 다윗이 사방에 있던 모든 대적을 물리치고 백향목으로 지은 왕궁에서 평안히 쉴 때 하나님의 언약궤가 초라하게 장막(텐트)에 놓여있는 것을 보면서 하나님의 전을 새롭게 지을 마음을 가졌다(삼하 7:1-2). 하나님을 사모하며 하나님의 전을 세우고자 하는 다윗의 마음을 보신 하나님은 감격하셨다(삼하 7:4-7). 다윗의 마음을 받으신 하나님은 말로 표현할 수 없는 강력한 축복을 나단 선지자를 통하여 약속하셨다(삼하 7:8-16).

참된 기도는 나의 욕망을 위해 하나님을 설득하는 것이 아니라 나를 통하여 이루어내실 하나님의 뜻을 알아내고, 예수님을 십자가에 못 박으며 나를 구원하신 하나님께서 기뻐하시는 하늘의 뜻이 내 삶에 이루어지도록 하나님의 뜻을 선포하는 것이다. 이러한 믿음을 받으신 하나님은 "네 믿음의 기도가 나를 영화롭게 하였다"하시며 강력한 하늘 음성으로 승리를 풀어내신다. 하나님께서 영광을 받으시고 하늘의 영광을 하늘 천둥소리로 풀어주실 때 우리를 짓누르던 원수 마귀는 저절로 도망가고 하나님의 영광을 모두에게 드러낼 기막힌 응답과 축복이 풀어지게 된다. 예수님께서 잡히시기 전날 밤에 제자들과 마지막 저녁을 드시고 겟세마네 동산에서 기도하실 때 본문과 동일한 기도를 하셨다. 이때 천사들이 내려와 예수님의 기도를 돕는다(눅 22:42-43). 예수님께서 제자들에게 기도를 가르치실 때 "먹고, 마시고, 입는 것(예수님을 믿지 않는 사람들도 누구나 할 수 있는 일상적인 기도. 더 깊이 들어가면 하나님의 뜻을 구하는 기도가 아니라 나 자신을 위해 하나님을 설득하는 기도)을 구하는 기도는 하지 말고 하나님의 나라와 하나님의 뜻을 구하는 기도를 하여라. 그리하면 너희가 구한 것에 더하여 구하지 않은 것까지도 너희에게 안겨주시리라"(마 6:31-33)라고 하셨다. 예수님께서는 항상 자신을 위한 기도를 하지 않고 오직 자기를 이 땅에 보내신 하나님의 뜻을 이루기 위해서 기도하셨다. 성도들은 아무리 힘들고 어려워도 나 자신을 위한 기도가 아니라 예수님을 십자가에 못 박으시며 나를 구원하신 하나님의 뜻을 찾는 기도를 먼저 해야 한다.

예수님을 잘 믿는 믿음(요 12:37-50)

³⁷ 이렇게 많은 표적을 그들 앞에서 행하셨으나 그를 믿지 아니하니 ³⁸ 이는 선지자 이사야의 말씀을 이루려 하심이라 이르되 주여 우리에게서 들은 바를 누가 믿었으며 주의 팔이 누구에게 나타났나이까 하였더라 ³⁹ 그들이 능히 믿지 못한 것은 이 때문이니 곧 이사야가 다시 일렀으되 ⁴⁰ 그들의 눈을 멀게 하시고 그들의 마음을 완고하게 하셨으니 이는 그들로 하여금 눈으로 보고 마음으로 깨닫고 돌이켜 내게 고침을 받지 못하게 하려 함이라 하였음이더라 ⁴¹ 이사야가 이렇게 말한 것은 주의 영광을 보고 주를 가리켜 말한 것이라 ⁴² 그러나 관리 중에도 그를 믿는 자가 많되 바리새인들 때문에 드러나게 말하지 못하니 이는 출교를 당할까 두려워함이라 ⁴³ 그들은 사람의 영광을 하나님의 영광보다 더 사랑하였더라 ⁴⁴ 〈마지막 날과 심판〉 예수께서 외쳐 이르시되 나를 믿는 자는 나를 믿는 것이 아니요 나를 보내신 이를 믿는 것이며 ⁴⁵ 나를 보는 자는 나를 보내신 이를 보는 것이니라 ⁴⁶ 나는 빛으로 세상에 왔나니 무릇 나를 믿는 자로 어둠에 거하지 않게 하려 함이로라 ⁴⁷ 사람이 내 말을 듣고 지키지 아니할지라도 내가 그를 심판하지 아니하노라 내가 온 것은 세상을 심판하려 함이 아니요 세상을 구원하려 함이로라 ⁴⁸ 나를 저버리고 내 말을 받지 아니하는 자를 심판할 이가 있으니 곧 내가 한 그 말이 마지막 날에 그를 심판하리라 ⁴⁹ 내가 내 자의로 말한 것이 아니요 나를 보내신 아버지께서 내가 말할 것과 이를 것을 친히 명령하여 주셨으니 ⁵⁰ 나는 그의 명령이 영생인 줄 아노라 그러므로 내가 이르는 것은 내 아버지께서 내게 말씀하신 그대로니라 하시니라

✖✖✖

요 12:37-41 유대의 지도자들은 예수님께서 '한 알의 밀의 사역'(십자가)을 눈앞에 둔 시점까지 예수님을 믿지 않았다. 예수님께서 수많은 기적을 행하시며 말씀으로 하늘의 비밀을 풀어 가르치셨다. 하지만 그들은 예수님께서 행하시는 수많은 기적을 보면서 빈정거렸고 말씀으로 하늘의 비밀을 풀어내시면 자신들의 생각과 다르다고 하며 예수님을 믿지 않고 배척한다(37절). 이러한 유대인들을 바라보시는 예수님은 이사야 선지자의 예언의 말씀을 인용하여 하나님으로부터 보냄 받아 메시아 사역의 길을 가는 자신을 적대시하는 유대인들을 책망한다. 유대인들은 하나님께서 이사야 선지자를 통하여 예언하셨듯이 '영적인 눈이 멀고 마음이 굳어져 완고한 상태'(40절)라서 예수님을 조롱하며 거부한다. 하나님의 은혜로 영적인 눈이 열렸던 이사야 선지자는 입술로는 하나님께 선택받은 백성이라 외치지만 하나님을 배신하여 망해가는 이스라엘을 거울삼아 700년 후에 하늘로부터 오셔서 구원 사역을 이루시는 예수님의 삶 전체를 예언했었다. 예수님은 이사야 선지자의 예언 중에서 이사야 53:1을 인용하셔서 "하나님께서 보내신 아들이 전하는 구원의 말씀을 누가 믿었습니까? 하나님의 권능이 누구를 통하여 세상에 드러났습니까?"(38절)라는 말씀으로 하나님께 대한 유대인들의 불신앙을 '고치지 못할 병' 수준으로 표현한다. 예수님은 유대인들이 하나님의 아들을 믿지 못하는 이유를 "하나님께서 저들의 눈을 멀게 하고 그들의 마음을 굳어지게 하셨는데 그 이유는 그들이 눈으로 보고 마음으로 깨닫고 돌아와서 내가(하나님께서) 그들을 고쳐주려는 일이 없게 하려는 것이다"(40절. 사 6:10)라고 하였다. 예전에 이스라엘 백성들이 하나님을 등지고 하나님께서 불러도 돌아보지 않으며 하나님의 영광을 계속해서 훼손하자 하나님께서는 이사야 선지자를 통하여 혹독한 심판의 말씀을 선포하게 하셨다. 그런데 예전에 하나님을 배신하여 바벨론에 멸망당하는 조상들의 모습이 하나님께서 보내신 예수님을 거역하고 죽이려 하는 유대인들에게서 그대로 드러나고 있다. 자신을 배척하고 죽이려고 달려드는 유대인들을 보면서 예수님의 마음이 얼마나 아프셨으면 이사야 선지자가 했던 심판의 말씀을 인용하면서 "너희들이 잘못된 마음을 고침 받고(회개하고) 하나님 앞에 서지 않았으면 좋겠다"라고 하실까? 성도들은 겉으로 드러난 말 한마디보다 이렇게 말씀하시는 예수님의 진실한 마음을 알아야 한다.

부모는 자녀가 잘못된 길을 갈 때 모든 방법을 동원하여 충고하고 설득하여 자녀를 잘못된 길에서 돌이키려 한다. 그런데도 이러한 부모의 마음을 알지 못하고 끝까지 돌이키지 않으면 "호적을 파가라. 내 눈에 흙이 들어오기 전에(내가 죽기 전에) 내 앞에 나타나지 마라"는 말을 한다. 부모들이 이런 말을 할 때 부모의 마음을 제대로 알지 못하는 자녀는 "부모가 되어서 어떻게 자식을 이렇게 저주할 수 있지?"라고 한다. 하지만 이렇게까지 말하는 부모의 마음은 자식을 미워해서 저주하는 것이 아니라 '어찌하든지 잘못된 길을 떠나서 빨리 돌아오라'라는 간절한 사랑이 들어 있다. 그런데 미련한 자식들은 부모가 자기들을 저주했다고 말하며 실제 부모의 품을 떠나고 평생을 부모님의 말 때문에 상처받았다고 한다. 예수님께서 이렇게 무서운 말씀을 하시지만 그 말씀의 본질은 사단에게 속고 있는 삶을 끝내고 빨리 하나님께로 돌아오라는 간절한 부르심이다. 이러한 예수님의 마음을 실제 알 수 있는 곳이 골고다 언덕이다. 스스로도 알지 못하는 죄 때문에 사단에게 사로잡혀 온갖 저주를 받다가 지옥으로 달려갈 인생들을 구원하시려고 발가벗겨져서 십자가에 못 박혔을 때 유대인들은 예수님을 조롱하며 저주하는데 예수님께서는 "하나님 저들이 사단에게 속아서 자기들이 하는 것이 무엇인지 모릅니다. 저들의 죄를 용서하소서"(눅 23:34) 하며 기도하셨다. 이것이 예수님의 본마음이시다. 유대인들은 예수님을 통하여 드러나는 하나님의 의로움을 인정하지 않고 자기들의 의로움만을 내세우고 있다. 바울이 바라본 유대인들은 하나님께 대한 열심은 있지만 '하나님의 의'를 모르고 '자기들의 의'를 앞세우며 하나님의 말씀에 순종하지 않았다(롬 10:2-3). 예수님 당시 유대인들은 하나님께서 예수님을 통하여 주시는 말씀에 순종하며 하나님과 동행하는 믿음이 없었다. 그들은 자기들 멋대로 살면서(하나님께서 주신 말씀에 순종하지 않고 자기 의를 앞세우려고 말씀을 이용하는 삶) 성전에 올라와 형식적인 예배를 드리며 입술로 하나님의 이름을 부르면 그것이 좋은 믿음이라고 착각하여 우쭐

거리고 있었다. 유대인들이 그들의 잘못된 삶을 믿음이라 착각하였기 때문에 '하나님께서 보내신 메시아를 믿을 수 없었던 것'이다.

그런데 유대 관원들 중에 몇 사람이 예수님을 믿었는데 바리새인들 때문에 드러내놓고 믿는다고 시인하지 못한다. 왜냐하면 그들이 예수님을 하나님으로부터 보냄 받은 그리스도로 시인하는 순간 그들은 회당(유대 공동체)에서 쫓겨나기 때문이다. 그들은 예수를 그리스도로 믿는 것이 드러나면 유대인들의 공동체에서 쫓겨날까 두려웠다. 예수님은 이들이 예수님을 믿는다 하면서 속으로 숨기는 이유를 "하나님의 영광보다 사람의 영광을 더 사랑하기 때문"이라고 하였다(42-43절). 이들은 눈에 보이는 사람들에게 인정받는 것 때문에 두려움을 가지고 믿음 안에 깊이 들어오지 못하고 있다(갈 1:10. 참된 믿음은 매사에 사람을 의식하지 않고 하나님의 기쁨을 구하는 삶을 사는 것). 오늘날 대부분의 교인들이 이러한 믿음을 가지고 있으면서 자기들은 믿음이 좋다고 생각하는데 실상은 좋은 믿음이 아니기 때문에 삶의 자리에서 사단에게 눌리고 세상의 모든 환경을 하나님의 영광으로 바꾸지 못한다. 이러한 형식적인 믿음으로는 아무 일도 할 수 없어서 하나님은 이들의 힘없는 믿음을 흔들어 진정한 믿음으로 세우려 하신다.

요 12:44-50 예수님을 믿는 것은 예수님을 이 땅에 보내신 하나님을 믿는 신실한 믿음이다. 하나님을 믿는다 하면서 하나님께서 보내신 아들 예수 그리스도를 부인하는 것은 그들 마음 안에 하나님이 없기 때문이다. 마음 안에 하나님이 살아계신 성도는 하나님께서 보내주신 예수님을 그리스도로 믿는 자들이다(요일 2:22-23). 예수님을 그리스도로 고백하는 믿음은 예수님을 믿을 뿐 아니라 예수님을 이 세상에 보내주신 하나님을 정확하게 믿는 믿음이다. 예수님은 "나를 보는 사람은 나를 보내신 하나님을 보는 것이다"(45절)라고 말씀하신다. 그렇다면 하나님도 육체를 가지셨다는 말씀인가? 이것은 육체의 눈으로 보는 것이 아니라 '마음의 눈'으로 보는 것을 의미한다(엡 1:18. 바울은 성도들에게 '마음의 눈'이 열려질 때 하나님을 보게 되고, 하나님께서 예비하신 것들을 볼 수 있다고 한다. 성도들에게 제일 중요한 것은 '마음의 눈'이 열리는 것이다). 성도들에게 제일 중요한 기도 제목은 삶의 현장에서 만난 문제 해결보다 '마음의 눈'이 열려서 우리를 구원하신 예수님을 바라보고 아버지 하나님의 얼굴을 바라보는 것이며, 하나님께서 구원받은 성도들의 삶에 부어주시려고 예비하셨고 예수님께서 소유하고 계신 하늘에 속한 신령한 은혜를 제대로 바라보는 것이다. 이렇게 '마음의 눈'이 열어져서 하나님의 얼굴을 바라본 성도들은 어디를 가서 무슨 일을 만나든지 당당하게 승리를 선포하고, 특별히 그들이 '마음의 눈'을 열어서 바라본 하나님의 비밀한 은혜들을 의심하지 않고 당당하게 선포하여 자기들의 삶의 현장으로 가져오게 된다. 하나님께서는 예수님을 통하여 구원받은 성도들이 이러한 믿음으로 살아내기를 원하신다. 하나님께서 보내신 예수님을 믿는 성도들의 삶의 현장에는 모든 어둠이 물러가고(흑암의 세력. 창 1:2-3. 하나님께서 세상을 창조하실 때 흑암 때문에 가득했던 혼돈과 공허함을 "빛이 있으라"라는 말씀으로 몰아내셨다) 하늘빛의 축복이 시작된다(46절). 예수님께서는 세상을 심판하려고 오신 것이 아니라, 십자가와 부활을 통해 죄 문제를 해결하시고 마귀를 멸하시며 하늘의 영원한 생명을 주셔서 하나님의 자녀라는 신분을 회복해 주려고 오셨다. 예수님께서 자기를 따르는 제자들을 향하여 "너희는 세상의 빛이다"(마 5:14)라고 하셨다. 예수님을 믿는 모든 성도는 흑암의 세력을 당당하게 밟아 이기며 하나님을 세상에 나타내 보이는 '하늘의 빛'이다. 이 빛은 성도들이 흑암의 세력을 밟아 이기며 승리하는 빛은 성도들 스스로가 힘쓰고 애써서 만들어 내는 것이 아니라 '하늘의 빛'으로 오신 예수님을 마음 안에 담고 있기 때문에 저절로 드러나는 빛이다. 그래서 성도들이 빛의 근원이 되시는 예수님에게서 멀어지면 빛의 힘은 약해지고 점점 흑암에 점령당하게 된다.

세상의 어둠을 비추는 빛으로 오신 예수님을 마음 안에 영접하고, 예수님을 마음의 주인으로 모셔놓고 있으면 예수님 때문에 저절로 하나님의 빛이 성도들에게서 흘러나와 어둠의 세력들이 소리 지르며 도망가게 된다(어두운 지하에 전기 스위치를 켜 전등에 빛이 들어오면 어둠은 한순간에 사라진다). 교회를 열심히 다니고 성경을 연구하여 알고 기도를 많이 한다 할지라도 삶의 현장에서 어둠이 떠나지 않는다면 우리의 믿음에 심각한 문제가 있는 것이다. 예수님께서는 "나(예수 그리스도)를 믿는 사람마다 어둠에 머물지 않게 하려는 것이다"(46절)라고 말씀하신다. 성경 말씀대로 예수 그리스도를 믿으면 어둠이 그 성도의 삶에 머물 수 없을 뿐 아니라(하늘의 참 빛으로 오신 예수님과 어두움의 주인 마귀는 절대로 함께 할 수 없다) 이러한 믿음을 가진 성도들이 가는 곳마다 어둠은 떠나가고, 이러한 믿음을 가진 성도들이 바라보는 곳에는 하나님의 빛의 역사가 강력하게 일어나게 된다. 성도들은 하늘의 빛을 만들기 위해 무엇인가를 열심히 하는 자들이 아니다. 오직 빛의 근원이 되시는 예수님과 더욱 친밀하여 하늘의 빛을 반사하면 된다. 우리는 지금 예수님과 얼마나 친밀한가? 예수님께서는 세상을 심판하시려고 오신 것이 아니고 구원하시려고 오셨다. 예수님께서도 그 무엇도 심판하시지 않는데 오늘 예수님을 믿는 성도들은 자신이 예수님보다 높아져서 만나는 사람마다 심판하려고 한다. 성도들은 하나님 아버지의 마음을 정확히 알아야 하고, 하나님 아버지의 마음을 우리에게 전하려고 오신 예수님과 친밀하여 하나님 아버지의 마음을 우리 마음 안에 정확하게 받아내야 한다.

나는 악인이 죽는 것을 기뻐하지 아니하고 악인이 그의 길에서 돌이켜 떠나 사는 것을 기뻐하노라 이스라엘 족속아 돌이키고 돌이키라 너희 악한 길에서 떠나라 어찌 죽고자 하느냐 겔 33:11

이스라엘 백성들이 교만하여 하나님을 대적하는데도 불구하고 하나님께서는 그러한 이스라엘을 심판하는 것을 기뻐하지 않으시고 어찌하든지 돌이켜 살려내시는 것을 기뻐하셨다. 이러한 하나님 아버지의 마음을 그대로 가지고 오신 예수님께서는 "나는(예수 그리스도) 세상을 심판하러 온 것이 아니라 세상이 나를 통하여 구원받게 하려고 왔다"(요 3:17)라고 하셨다. 이러한 예수님을 흘려보내 주변을 살리자.

09

발을 씻어주시는 예수님(요 13:1-11)

¹ 〈제자들의 발을 씻으시다〉 유월절 전에 예수께서 자기가 세상을 떠나 아버지께로 돌아가실 때가 이른 줄 아시고 세상에 있는 자기 사람들을 사랑하시되 끝까지 사랑하시니라 ² 마귀가 벌써 시몬의 아들 가룟 유다의 마음에 예수를 팔려는 생각을 넣었더라 ³ 저녁 먹는 중 예수는 아버지께서 모든 것을 자기 손에 맡기신 것과 또 자기가 하나님께로부터 오셨다가 하나님께로 돌아가실 것을 아시고 ⁴ 저녁 잡수시던 자리에서 일어나 겉옷을 벗고 수건을 가져다가 허리에 두르시고 ⁵ 이에 대야에 물을 떠서 제자들의 발을 씻으시고 그 두르신 수건으로 닦기를 시작하여 ⁶ 시몬 베드로에게 이르시니 베드로가 이르되 주여 주께서 내 발을 씻으시나이까 ⁷ 예수께서 대답하여 이르시되 내가 하는 것을 네가 지금은 알지 못하나 이후에는 알리라 ⁸ 베드로가 이르되 내 발을 절대로 씻지 못하시리이다 예수께서 대답하시되 내가 너를 씻어 주지 아니하면 네가 나와 상관이 없느니라 ⁹ 시몬 베드로가 이르되 주여 내 발뿐 아니라 손과 머리도 씻어 주옵소서 ¹⁰ 예수께서 이르시되 이미 목욕한 자는 발밖에 씻을 필요가 없느니라 온 몸이 깨끗하니라 너희가 깨끗하나 다는 아니니라 하시니 ¹¹ 이는 자기를 팔 자가 누구인지 아심이라 그러므로 다는 깨끗하지 아니하다 하시니라

✖ ✖ ✖

요 13:1-5 하나님의 사랑은 조건이 있는 사랑이 아니라 무조건 끝까지 베풀어주시는 사랑이다. 요한복음은 예수님께서 십자가에 못 박히셔야 할 '유월절'을 유독 강조한다. 성경에서 '첫 유월절'은 하나님의 백성들이 400년 동안 종살이 하던 애굽을 탈출하고 홍해를 건너 하나님께서 아브라함에게 약속하신 가나안 땅에 들어갈 준비를 하기 위해 광야에 들어간 사건이다(행 7:38. 유월절 어린 양 되시는 예수님을 영접하여 구원받은 성도들이 영광의 하나님 앞에 서기 위해 '교회라는 이름의 광야'에 들어와 하나님께서 원하시는 영광으로 변화되는 훈련을 받는다). '첫 유월절'은 예수님을 통하여 하나님께서 행하시는 '영원한 구원의 그림자'였다. 하나님께서 계획하신 '영원한 구원'을 시작하시려고 하늘 영광을 버리고 사람의 몸을 입으신 예수님께서 유월절 어린 양이 되셔서 도살장으로 끌려가시면서(사 53:7) '마지막 유월절'을 완성하려 하신다. 첫 유월절 현장에서 유월절 희생으로 죽은 어린 양의 피가 이스라엘 백성들의 집 좌우 설주와 인방에 뿌려졌을 때 사망의 저주가 떠나고 400년 동안 종살이하던 것에서 완전히 해방된 것처럼, 어린 양 되시는 예수님께서 흘려주신 피가 성도들의 삶의 현장에 뿌려져 덮여지고 예수님의 십자가 성도들의 마음 안에 든든하게 세워지면 성도들이 그동안 고통받던 죄의 저주와 마귀의 짓눌림에서 완전히 해방된다.

유월절이 시작되기 전 예수님께서는 아버지 하나님께로 돌아갈 시간이 된 것을 아시고 세상에 있는 자기의 사람들을 끝까지 사랑하시는데 사단에게 사로잡혀 속고 있던 백성들은 그들의 마음이 열리지 않아 예수님을 통해 드러나는 하나님의 사랑을 받아들이지 못한다(요 1:11-12). 예수님을 믿는다는 것은 사단에게 속아서 굳어진 마음을 완전히 깨뜨리고 열어서 십자가에 못 박히시면서 우리를 구원하신 예수님의 한없는 사랑을 받아들이는 것인데, 종교생활에 바쁜 교인들은 예수님 당시의 유대인들처럼 마음을 열지 못하여 하나님의 완전한 사랑이신 예수님을 마음 안에 담아내지 못하고 있다. 이것만큼 하나님의 마음을 아프게 하는 일은 없다. 예수님께서는 우리를 사랑하실 때 말로만 사랑한다 하시지 않고 자기의 생명을 십자가에 던져 죽기까지 사랑하셨는데 과연 예수님의 죽음으로 하나님의 사랑은 끝났을까? 이 말씀은 '죽음으로 사랑이 끝난 것이 아니라 죽음을 마다하지 않을 만큼 우리를 사랑하셨다'라는 뜻이다.

예수님께서 이 세상에 오셔서 하늘의 사랑을 나타내실 때 자신을 믿고 순종하는 자들과 예수님을 섬기는 천사들만 사랑하셨다면 예수님의 사랑을 쉽게 이해할 수 있는데, 예수님은 자신을 거부하며 대적하는 자들까지 품고 끝까지 사랑하셨다. '끝까지 사랑하셨다'라고 할 때 '끝'은 무엇인가가 사라지고 없어지는 '마지막'

이 아니라, 완전하게 완성하여 이루어내는 '다 이룸'을 의미한다. 다시 말하면 죄인들이 자기들의 죄를 스스로 해결하지 못하여 영원한 멸망으로 끌려가는 '멸망의 끝'이 아니라 하나님의 구원을 가장 완전하게 완성하여 하나님의 품 안으로 들어가게 하는 '구원의 완성'을 표현하려고 '끝까지 사랑(하나님의 구원을 가장 완전하게 완성)하였다.'라고 표현한 것이다. '끝까지 사랑하신' 예수님의 은혜와 구원의 능력이 예수님을 믿는 성도들에게 나타날 때 마귀는 깨어지고, 예수님의 사랑을 완전히 받아낸 성도들이 만난 모든 문제는 하나님의 영광으로 변화된다. 예수님은 성도들에게 끝(완성)이시다. 성도들은 삶의 현장에서 어떤 문제를 만나든지 예수님이 나의 구원자(처음)이며 하나님의 영광을 위한 완전한 승리자(끝)라는 고백으로 예수 그리스도를 마음에 품으면 무슨 일을 만나든지 만사형통하며 승리하게 된다.

예수님의 엄청난 사랑이 흘러나오는 마지막 만찬 시간에 가룟 유다에게 마귀가 찾아와 예수님을 팔아넘기려는 생각을 그의 마음에 넣어주었다. 유다가 비록 예수님과 한 상에 둘러앉아 식사를 하고 있을지라도 하나님께서 입혀주시는 전신갑주(자기의 전체를 하나님의 능력으로 무장하는 믿음의 옷)를 입지 못하였기 때문에(엡 6:10-17) 사단이 그의 마음에 불화살을 쏘아대는 것을 막을 수 없었다. 구원받은 성도들은 교회에 나오는 것으로 만족하지 말고 하나님께서 입혀주기 원하시는 성령의 전신갑주로 완전하게 무장되어 있어야 한다. 성령의 전신갑주를 입고 믿음의 방패를 제대로 들고 있는 성도들은 사단이 어떤 불화살을 마음을 향해 쏘아대도 모두 막아낼 수 있다.

📖 모든 것 위에 믿음의 방패를 가지고 이로써 능히 악한 자의 모든 불화살을 소멸하고 엡 6:16

십자가를 앞에 두신 예수님은 십자가에 가시기 전에 하나님의 끝없는 사랑을 제자들에게 몸소 보여주신다. 예수님은 대야에 물을 가져오셔서 제자들의 발을 씻겨주시는데, 이것은 "하나님께서 심판하는 영과 소멸하는 영으로 시온의 딸들의 더러움(죄악)을 씻어 정결하게 할 때가 되었다"(사 4:4)는 예언을 성취하시는 행위이시다. 거룩하신 하나님 앞에 서는 성도들은 아버지 하나님을 닮은 거룩함을 회복해야 하는데(레 11:45. "내가 거룩하니 너희도 거룩할 지니라") 하나님 앞에 설 수 있는 거룩은 이 세상에는 전혀 없다. 오직 예수 그리스도께서 십자가에서 흘려주신 보혈이 우리들의 모든 죄를 씻어 정결하게 하고 그 위에 하나님께서 하늘의 거룩을 옷 입혀준다. 에덴 동산에서 죄가 드러난 아담과 하와가 무화과나무 옷으로 자기들의 죄를 덮으려고 몸부림친 것처럼 사단은 구원받은 성도들이 예수님의 보혈을 의지하지 말고 세상의 방법으로 죄 문제를 해결하고 가짜 영광과 거룩을 만들어 하나님 앞으로 나가라고 속인다. 사단에게 속아 하나님께서 입혀주시지 않은 이 세상의 가짜 거룩을 가지고 하나님 앞에 서면 그 누구라도 다 죽게 된다(레 10:1-3). 우리들의 모든 죄악을 씻는 것은 예수님의 피 밖에는 없고, 남겨진 죄의 흔적들을 태워 소멸하는 것은 예수님을 통하여 하나님께서 허락하시는 성령의 불 밖에는 없다. 예수님은 당신을 팔아먹기로 작정한 가룟 유다의 발까지 씻어주려 하신다(2절). 이처럼 하나님은 예수님의 이름을 의지하여 하나님의 이름을 부르는 누구든지 그들에게 있는 죄를 씻어 용서해 주시고 그 위에 하나님의 영광을 입혀주신다. 가룟 유다는 지금 예수님과 함께 같은 상에서 음식을 나누어 먹고 있다. 아무리 사악한 자라도 같은 상에서 음식을 나눈 사이라면 악을 저지를 수 없는데, 유다는 사단에게 그의 마음이 사로잡혀 있기 때문에 예수님과 한 상에서 음식을 나누면서도 사악한 마음을 고치지 못한다.

대부분 사람들이 자기의 마음과 생각의 주인은 자기라고 하는데 지금 나의 마음과 생각은 누가 사로잡고 있는가? 가룟 유다처럼 눈에 보이지 않는 사단에게 잡혀서 조종받는 사람들이 이러한 말을 한다. 구원받은 성도들의 마음의 주인은 항상 아버지 하나님이 되셔야 한다. 예수님께서 식사 이후에 대야에 물을 떠서 제자들의 발을 씻기기 시작하셨는데, 예수님 당시 유대 관습은 발을 씻어야 할 필요가 있는 사람들은 음식을 먹으려고 식탁 앞으로 가기 전에 먼저 손과 발을 씻는 것이었다. 제자들은 식사 전에 이미 발을 씻었기 때문에 그들은 모두 깨끗하였다. 그런데 예수님은 식사 전이 아니라 식사를 마치고 난 후에 제자들의 발을 씻어주시려고 일어나셔서 대야에 물을 떠 가지고 오신 것이다. 이것은 제자들이 스스로 씻어 자기들은 정결한 줄 알지만 하나님 앞에 서기 위해 그들의 가장 낮은 부분을 다시 씻을 필요가 있는 것을 말씀하시는 것이다.

요 13:6-11 만물의 주인 되시는 예수님께서 죄인들의 더러운 발을 씻기실 때 예수님의 권위가 무너지지 않았고 오히려 죄인들을 끝까지 사랑하시는 하나님 아버지의 거룩한 마음이 흘러나왔다. 제자들의 발을 차례로 씻기시던 예수님의 손길이 베드로에게 왔을 때 베드로는 "주님! 주님께서 제 발을 씻기시렵니까?"(6절)하고 물었다. 베드로의 물음을 들으신 예수님께서 "내가 하고 있는 일을 네가 지금은 알지 못하지만, 이후에는 깨닫게 되리라"(7절)라고 답하셨다. 예수님께서 제자들의 발을 씻겨주시는 것은 그때는 알 수 없는 하나님의 신비한 비밀이었던 것이다. 예수님께서 왜 제자들의 발을 이렇게 씻겨주셔야 했을까? 바울은 구약의 말씀을 인용하여(사 52:7) "좋은 일들에 대하여 아름다운 소식을 전하는 자들의 발이 얼마나 아름다운가?"(롬 10:15)라고 하였는데, 예수님께서 십자가에서 곧 완성하실 복음의 좋은 소식을 전해야 할 제자들의 발이 죄에 덮여 있는 것을 씻어 하나님께서 보시기에 아름다운 모습으로 만드시는 것이다. 예수님께서 십자가에 못 박혀 모든 것을 해결하실 거룩한 손으로 제자들의 발을 어루만져 씻기셔서 아름답고 거룩하게 변화된 발은 "나는 길이요"(요 14:6)라고 말씀하신 예수님과 함께 원수 마귀를 밟으며 걷게 되며 승리하도록 축복하시는 것이다.

오늘날에도 교회만 다니는 것이 아니라 사단에게 속아서 죄가 가득하여 더러운 발을(창 3:15) 예수님 사랑의 손으로 만짐 받고 씻김 받은 거룩한 성도들은 발을 거룩하게 씻겨주신 예수님의 손을 잡고 하나님께서 통치하고 다스리시는 승리를 향하여 발걸음을 옮기게 된다(사 52:7). 이러한 승리의 걸음은 예수님의 보혈로 정결하게 되고 성령의 기름 부으심으로 거룩함을 입은 성도만이 걷게 된다. 하나님께서 모세와 여호수아를 만나실 때 "너희가 선 곳은 거룩한 곳이니 네 발에서 신을 벗으라"(출 3:5, 수 5:15)라고 하셨는데, 성도들은 눈에 보이지 않게 그들의 아름다운 발을 덮고 있는 죄의 더러운 신발을 예수님의 피로 씻어내어 하나님의 거룩함으로 무장해야 한다. 성도들은 "내가 너희의 발을 씻겨주는 이유는 이제부터 너희의 발은 승리의 기쁜 소식을 전하는 아름다운 발이 되어야 하고, 깨끗한 발로 하나님의 거룩한 은혜 앞으로 당당히 나와 하나님께서 부어주시는 은혜를 받고 그 힘의 능력으로 갈급한 영혼들을 향하여 당당히 나가는 아름다운 발이 되게 하려고 씻겨주는 것이다." 하시는 예수님의 간절한 마음을 알아야 한다. 마리아가 예수님께 찾아와 예수님의 발에 향유를 붓고 눈물로 예수님의 발을 씻어드렸을 때 예수님께서는 "온 천하에 어디서든지 이 복음이 전파되는 곳에서는 이 여자가 행한 일을 말하여 그를 기억하리라"(마 26:13)라고 하셨다.

예수님께서는 구원받은 성도들이 삶의 모든 자리에서 하나님의 영광을 드러내며 승리하는 발걸음이 되게 하시려고 친히 성도들의 발을 피 묻은 손으로 어루만져 주신다. 장례를 앞둔 예수님의 발을 씻긴 마리아의 손길은 복음이 가는 곳 어디든지 기억하게 하리라 하셨듯이 이제는 예수님의 피 묻은 손길로 죄와 악을 씻김 받은 성도들의 발걸음은 어디를 가든지 하나님의 영광을 모두에게 드러내는 승리의 발걸음이 될 수밖에 없다. 이제는 어디를 가든지 두려워 떠는 비겁한 발걸음을 내딛지 말자. 예수님께서 이미 우리의 발을 씻어 정결하고 거룩하게 하시고 승리의 영을 부어주시고 마귀를 밟으며 당당히 나가라 하셨기 때문에 우리의 발걸음을 붙드시는 예수님을 바라보며 당당하게 하나님의 영광을 위한 승리를 선포하며 믿음의 발을 내어 딛자.

예수님께서 베드로의 발을 씻기실 차례가 되어 베드로의 발을 잡으려 하자 베드로는 "주님 제 발을 절대로 씻기지 못합니다. 영원히 그렇게 할 수 없습니다"(8절) 하였다. 다른 제자들은 예수님의 말씀에 순종하여 말없이 발을 내밀었지만, 베드로는 예수님께서 제자들의 발을 씻기시는 것이 합리적이지 않다고 생각했기 때문에 완강하게 거부한다. 믿음생활에서 예수님과의 관계를 멀리하게 하는 최고의 적은 하나님의 말씀에 전적으로 순종(고후 1:20. 아멘. 성도들이 아멘 할 때 하늘 하나님께서 영광 받으신다)하지 못하고 '자기의 의'를 내세우는 것이다. 그때 예수님께서 "내가 너를 씻겨주지 않는다면 너는 나와 함께 나누어야 할 몫(하나님께서 약속하신 유산)이 없다"(8절)라고 말씀하시고 이 비밀을 알게 된 베드로가 "주님 제 손과 머리까지 씻겨주소서"(9절) 하며 달려들었다. 하나님 앞에 서게 될 때 성도들이 정결하지 못하면 하나님께서 나누어주시는 하늘의 상급을 받지 못할 뿐만 아니라 이 땅에서 믿음생활을 할 때에도 응답과 축복을 받아내지 못한다. 하나님 나라에서 영원한 유산을 상속받고, 이 땅을 사는 동안 응답과 축복을 누리는 존재가 되게 하시려고 예수님은 제자들의 발을 손수 씻겨주시는 것이다. 구원받은 성도들을 정결하게 하시려고 십자가에서 흘려주신 피를 들고 성도들 앞에 서서서 "내가 너를 정결하게 해 주려고 내 피를 가지고 왔다"라고 하시는 예수님을 만나 보혈의 능력을 경험하는 믿음이 되어야 한다. 예수님의 말을 듣고 간절하게 달려드는 베드로의 순수한 마음을 받으신 예수님께서 "목욕을 한 사람은 온몸이 깨끗하니 발만 씻으면 된다"라고 하셨다.

에덴 동산에서 죄를 지은 아담과 하와가 쫓겨날 때 하나님께서 사단을 저주하시면서 "너(사단)는 여자의 후손(예수 그리스도) 발꿈치를 상하게 할 것이다"(창 3:15)라고 하셨는데, 사단은 예수님의 발꿈치만 물은 것이 아니라 예수 그리스도를 영접하여 구원받은 성도들의 영혼을 저주할 수 없어서 발꿈치를 깨물어 자꾸만 넘어뜨리려 한다. 예수님께서 함께하시는 성도들의 영혼은 그 누구도 공격할 수 없다. 하지만 성도들이 하나님의 영광을 드러낼 승리를 누리려고 세상으로 나가려 할 때 사단은 자꾸만 성도들의 발꿈치를 물어 넘어뜨리려 한다. 이러한 것을 아시는 예수님께서 자신의 손길로 씻어주시고 싸매셔서 사단이 절대 물지 못하도록 성도들의 발을 지키시며 보호하시는 것이다. 매 순간 넘어지며 사단에게 조롱받았던 나의 연약한 발을 예수님의 손에 올려드리자. 예수님의 피가 가득한 손길이 우리의 발을 잡는 순간 모든 걸음마다 마귀가 밟혀 깨어지며 하나님의 영광이 가득 풀어지는 승리의 걸음이 된다.

10

발꿈치를 들지 마라(요 13:18-30)

¹⁸ 내가 너희 모두를 가리켜 말하는 것이 아니니라 나는 내가 택한 자들이 누구인지 앎이라 그러나 내 떡을 먹는 자가 내게 발꿈치를 들었다 한 성경을 응하게 하려는 것이니라 ¹⁹ 지금부터 일이 일어나기 전에 미리 너희에게 일러 둠은 일이 일어날 때에 내가 그인 줄 너희가 믿게 하려 함이로라 ²⁰ 내가 진실로 진실로 너희에게 이르노니 내가 보낸 자를 영접하는 자는 나를 영접하는 것이요 나를 영접하는 자는 나를 보내신 이를 영접하는 것이니라 ²¹ 〈너희 중 하나가 나를 팔리라(마 26:20-25; 막 14:17-21; 눅 22:21-23)〉 예수께서 이 말씀을 하시고 심령이 괴로워 증언하여 이르시되 내가 진실로 진실로 너희에게 이르노니 너희 중 하나가 나를 팔리라 하시니 ²² 제자들이 서로 보며 누구에게 대하여 말씀하시는지 의심하더라 ²³ 예수의 제자 중 하나 곧 그가 사랑하시는 자가 예수의 품에 의지하여 누웠는지라 ²⁴ 시몬 베드로가 머릿짓을 하여 말하되 말씀하신 자가 누구인지 말하라 하니 ²⁵ 그가 예수의 가슴에 그대로 의지하여 말하되 주여 누구니이까 ²⁶ 예수께서 대답하시되 내가 떡 한 조각을 적셔다 주는 자가 그니라 하시고 곧 한 조각을 적셔서 가룟 시몬의 아들 유다에게 주시니 ²⁷ 조각을 받은 후 곧 사탄이 그 속에 들어간지라 이에 예수께서 유다에게 이르시되 네가 하는 일을 속히 하라 하시니 ²⁸ 이 말씀을 무슨 뜻으로 하셨는지 그 앉은 자 중에 아는 자가 없고 ²⁹ 어떤 이들은 유다가 돈궤를 맡았으므로 명절에 우리가 쓸 물건을 사라 하시는지 혹은 가난한 자들에게 무엇을 주라 하시는 줄로 생각하더라 ³⁰ 유다가 그 조각을 받고 곧 나가니 밤이러라

✖✖✖

요 13:18-22 예수님은 제자 중 한 사람이 발꿈치를 들고 자기를 팔 것이라고 말씀하셨다. 가룟 유다가 예수님 앞에서까지 발꿈치를 들고 일어나(시 41:9. 짐승이 뒷발질하는 모습을 빗대어서 배신당할 때 쓰는 말) 예수님을 팔 수밖에 없는 이유는 사단에게 그의 발꿈치를 물렸기 때문이다(창 3:15). 에덴 동산에서 아담과 하와의 발꿈치를 물어 무너뜨렸던 사단은 예수님의 제자 유다의 발꿈치를 물어 예수님을 팔아버리게 하였고 예수님의 발꿈치까지 물었지만 예수님은 자신의 발꿈치를 물고 있는 사단의 머리를 부활의 능력으로 짓밟아 깨뜨리셨다(히 2:14). 사단은 오늘도 구원받은 성도들의 발꿈치를 물려고 달려든다. 눈에 보이지 않는 사단에게 발꿈치를 물려 예수님을 팔려는 유다를 보시며 예수님의 마음은 얼마나 아프셨을까? 예수님께서 마음 아파하시며 "사단에게 발꿈치를 물려서 내 앞에 있으면서도 은혜를 받지 못하고 발꿈치를 물고 있는 사단에게 영향받아 나를 파는 사람이 여기 있다"라고 말씀하시는데도 유다는 사단에게 그의 마음이 잡혀 있기 때문에 돌이킬 줄을 모르고 오히려 예수님보다 높아지려고 발꿈치를 높이 든다. 하나님께서 사단에게 준 사명은 믿음의 사람들의 발꿈치를 무는 것이다.

구원받은 성도들의 발꿈치는 예수님의 피 묻은 손으로 씻김 받아 거룩한 상태로 변화시켜 놓아야 하고, 평안의 복음의 신발을 신고 완전하게 보호받아야 한다. 여기에 더하여 이 땅에 다시 재림하실 예수님을 닮아서 우리의 발은 더 이상 사단이 물 수 없는 풀무에 연단한 빛난 주석으로 무장되어 있어야 한다(계 1:15). 예수님께서는 제자들의 발을 자신이 곧 십자가에 못 박혀 피 흘릴 손으로 씻겨주시고 난 후에, "내가 너희들의 발을 씻겨주었으니, 나에게 씻김 받은 너희들은 서로 발을 씻겨야 한다"(14절)라고 하셨다. 성도들의 발은 예수님의 보혈 능력으로 거룩하게 변하여 하나님께서 아름답다고 인정하시는 기쁨의 소식(복음)을 전하는 발이 되어야 한다(사 52:7). 우리의 발걸음을 하나님께서 인정하시고 기뻐하시는 복음의 발로 무장한 성도들은 모든 걸음마다 평안하게 마귀를 밟으며(롬 16:20) 생명의 기적을 일으킬 뿐 아니라, 주변에 아직 이러한 발로 무장되지 못하고 사단에게 물림 받는 성도들의 발을 사랑으로 끌어안고 씻어주어 함께 승리하는 발걸음을 걷게 된다. 십자가를 앞에 두시고 사단에게 발꿈치를 물려 자신을 배반할 유다를 바라보시는 예수님의 마음은 너무 괴롭다. 예수님은 자신이 목숨을 내놓을 권한과 내놓았던 목숨을 다시 얻을 권한까지 가지신 분이신데(요 10:18) 왜 마음이 이렇게 괴로우셨을까? 예수님은 자신이 짊어지셔야 할 십자가 고난 때문에 마음이 괴로우신 것이 아니라, 사단에게 속아서 예수님을 배신하는 유다 때문에 마음이 괴로우셨던 것이다. 그렇다면 예수님께서 마음이 괴로우신 것 때문에 하나님께서 예수님에게 주신 사명이 훼방을 받았는가?

전혀 아니다. 대부분 많은 성도가 사단에게 속아서 마음이 힘들고 어려우면 하나님께서 주신 사명을 내버리고 하나님을 등지고 하나님과 멀어진다. 이제는 사단이 쏜 불화살 때문에 시험받는 연약한 우리의 마음은 십자가에 못 박고, 예수 그리스도의 마음을 온전히 우리 마음 안에 이식받자. 예수님의 마음을 이식받은 성도들은 삶의 자리에서 여러 가지 일을 만나고 수없이 많은 시험 받을 만한 말을 들어도 잠시 괴로움이 있을 수 있지만 오히려 더욱 하나님을 신뢰하고 나에게 그러한 말과 행동을 한 사람들을 불쌍히 여기며 축복해야 한다.

또한 예수님의 마음을 이식받은 성도들은 예수님처럼 무슨 일을 만나든지 사단에게 발꿈치를 물리지 않아서 언제든지 높아지려 하지 않고 철저하게 자기를 낮추어 하나님의 영광을 하늘로부터 끌어내리게 된다(빌 2:5-11). 그러나 사단에게 발꿈치를 물리면 여지없이 자기의 발꿈치를 높이 들어 예수님보다 높아지려 한다(사 14:12-15. 하나님보다 더 높아지려는 마음을 보신 하나님께서 그들을 음부의 가장 밑바닥에 던져버리신다). 성도들이 교회에서 많은 헌신을 하고 기도하는 겉모습보다 더 중요한 것은 그들이 예수님보다 높아지려고 발꿈치를 들려는 마음을 가지지 않는 것이다. 아무리 발꿈치를 들지 말라고 훈계하여도 사단에게 발꿈치를 물리면 그들 인생의 발꿈치를 하나님을 향하여 높이 든다. 이들은 예수님 앞에서 자신도 모르게 발꿈치를 높이 들고 있는 가룟 유다와 똑같은 자들이다.

요 13:23-30 마지막 만찬 시간에 예수님께서 사랑하시던 제자 요한은 예수님의 품에 기대어 누워있다(23절). 예수님께서 괴로워 하시며 "너희 중에 한 사람이 나를 팔 것이다"라고 말씀하셨고, 예수님의 말씀 때문에 제자들이 서로 당황하는 순간에도 요한은 하나님 아버지의 사랑이 흘러나오는 예수님의 품을 의지하여 누워 있다. 하나님을 배반하여 멸망하였던 이스라엘이 회복되는 비밀을 하나님께서 이사야 선지자를 통하여 알려주셨다. "상황 형편을 말하지 않고 오직 하나님 한 분만 인정하고 신뢰하며 하나님의 품에 안겨 하나님께서 부어주시는 하늘의 평강을 배불리 먹어내라 이때 모든 원수가 떠나가는 승리를 누리게 된다"(사 66:10-14)라고 약속하셨다.

하나님으로부터 특별하게 선택받은 이스라엘이 망하는 이유는 하나님께서 부어주시는 은혜를 전혀 받지 못하여 그들의 심령이 '물 없는 동산'처럼 메말라 있기 때문이다(사 1:30-31). 그런데 이렇게 은혜를 받아내지 못하여 멸망 당한 이스라엘이 회복되는 비밀은 하나님께서 가슴을 풀어헤치고 그들을 안아서 하늘의 풍성한 은혜를 먹여주시는 것이다. 예수님을 영접하여 구원받았지만 삶의 현장에서 마귀에게 짓눌림 받으며 망하는 이유는 하나님께서 예수 그리스도를 통하여 부어주시는 하늘의 은혜를 받아내지 못했기 때문이다. 구원받은 성도들이 하나님의 영광을 위해 승리하는 비밀은 하나님께서 예수님을 통하여 부어주시는 하나님의 은혜로 풍성하게 회복되는 것이다(렘 31:12. "여호와의 물 댄 동산" 같은 믿음). 예수님께서 마지막 식사를 끝내시고 아픈 마음으로 자기를 팔 사람이 누구인지를 말하시고 제자들은 예수님을 팔아넘길 자가 누구인지 찾고 있는 급박한 상황에 요한은 아무런 영향을 받지 않고 예수님 품 안에 더 깊이 파고 들어가서 하나님의 사랑을 받아내고 있다. 구원받은 성도들에게 여러 가지 힘들고 어려운 삶의 형편을 주신 하나님께서는 그들이 만난 상황 형편에 휘둘리지 않고 하나님의 사랑을 받아내기 위해 요한처럼 예수님 품을 더욱 파고들기를 원하신다. 예수님의 심각한 말씀을 들은 제자들이 서로를 돌아보며 예수님을 팔아넘길 자가 누구인지 찾는다. 그때 예수님께서 "내가 떡 한 조각을 떼어 포도주에 적셔 주는 그 사람이다"라고 하시며 유다에게 떡 한 조각을 떼어 포도주에 적셔 주셨다(26절). 그 순간 마귀가 유다를 완전하게 사로잡았고, 이 모습을 보신 예수님께서 "네가 하려는 일을 속히 하라"(27절)고 하셨다. 유다는 예수님께서 직접 주관하시는 '예수님의 만찬' 자리에서 예수님께서 직접 떼어주시는 떡과 포도주를 받아먹으면서도 자기의 마음 안에는 사단을 용납하였다. 유다는 예수님께서 베풀어 주시는 '예수님의 만찬'을 하면서 사단에게 자기의 발꿈치를 물린 것을 속히 깨닫고 예수님의 보혈로 사단에게 물린 것을 씻어버리고 요한처럼 하나님께서 값없이 부어주시는 은혜를 먹어내기 위해 예수님의 가슴(사랑)에 기대야 했다.

지금도 자기들은 예수님을 영접하여 구원받았고 예배드리며 예수님의 만찬을 하는 믿음이기 때문에 사단이 자기의 발을 물고 있

을 것이라고는 꿈에도 생각하지 못하는 성도들이 있다. 하지만 실
상 그들의 마음을 주관하는 것은 예수님이 아니라 사단인 사람들
이 더러 있다. 예수님의 말씀 거울로 나를 돌아보자. 내 마음을 주
관하고 다스리시는 이는 과연 누구일까? 예수님께서 내 마음을 주
관하신다면 상황과 형편에 상관없이 하늘의 기쁨과 평안에 사로
잡혀 하나님만 찬양한다. 하지만 눈에 보이지 않는 사단에게 사로
잡혀 있다면 상황과 형편을 핑계 대고 원망하고 불평하며 다른 사
람들을 정죄한다. 이러한 모습이 나에게서 보인다면 보혈을 덮어
사단에게 속았던 것을 끊고 회개하며 예수님의 보혈을 의지하여
하나님의 사랑과 은혜가 흘러나오는 예수님의 품을 찾아야 한다.

11

길과 진리와 생명이신 예수님(요 14:1-6)

¹ <내가 곧 길이요 진리요 생명이니> 너희는 마음에 근심하지 말라 하나님을 믿으니 또 나를 믿으라 ² 내 아버지 집에 거할 곳이 많도다 그렇지 않으면 너희에게 일렀으리라 내가 너희를 위하여 거처를 예비하러 가노니 ³ 가서 너희를 위하여 거처를 예비하면 내가 다시 와서 너희를 내게로 영접하여 나 있는 곳에 너희도 있게 하리라 ⁴ 내가 어디로 가는지 그 길을 너희가 아느니라 ⁵ 도마가 이르되 주여 주께서 어디로 가시는지 우리가 알지 못하거늘 그 길을 어찌 알겠사옵나이까 ⁶ 예수께서 이르시되 내가 곧 길이요 진리요 생명이니 나로 말미암지 않고는 아버지께로 올 자가 없느니라

✖✖✖

요 14:1 십자가를 앞에 두신 예수님께서 제자들의 마음속에 예수님이 주시지 않은 두려움이 자리 잡으려 하는 것을 보시고 "너희는 마음에 근심하지 말라"(쉬운 말로 표현하면 마음이 산란해지지 않게 하라)고 간곡히 당부하신다. '마음에 근심하다'는 말의 원어는 '타랏소'(물을 휘저을 때 수면의 상태나 호수의 물이 출렁이는 모습)인데 '마귀가 성도들의 마음을 방해하고 흔들어서 놀라고 두려워하며 흔들리는' 상태를 뜻한다. 사단이 성도들을 공격할 때 제일 먼저 하는 것은 하나님을 신뢰하고 감사하는 마음을 모든 방법을 동원하여 '산란한 마음'으로 바꾸는 것이다. 예수님께서 제자들과 갈릴리 바다에서 배를 타고 건너편으로 가실 때 미친바람이 불어와 배를 삼키려 한다. 이때 제자들은 한 배에 타고 있었던 예수님에게 집중하지 못하고 미친바람과 배를 삼키려 하는 거센 파도 때문에 '마음이 산란'하여 "이제 우리는 죽는다"하며 소리 지른다. 하지만 예수님은 미친바람에도 배를 뒤집을 거센 파도에도 영향받지 않고 '하나님만 신뢰하는 마음'으로 바람과 파도를 꾸짖어 잔잔하게 하셨다(눅 8:22-25).

성도들의 '마음이 산란한 것'은 누구 때문도 무엇 때문도 아니라 하나님께 집중하지 못하도록 마귀가 만들어 놓은 상황과 형편에 자기의 마음을 빼앗겼기 때문이다. 구원받은 성도들이 삶의 현장에서 사단을 밟고 그들이 만난 모든 일을 하나님의 영광으로 바꾸려면 반드시 사단에게 속아서 '산란해진 마음'을 끊고 하나님께 집중하며 감사하며 찬양하는 마음을 회복해야 한다. 아무리 기도하여도 '마음이 산란한 상태'라면 사단을 이길 수 없고, 문제들을 하나님의 영광으로 바꿀 수 없는 것을 예수님께서 너무 잘 아시기 때문에 "마음을 산란하게 하지 말고 하나님을 믿어라"라는 말씀을 주셨다. 하나님을 믿는 것은 마음이 하나님에게 사로잡혀 있어서 하나님께서 주시는 하늘의 기쁨과 평안이 충만한 상태를 유지하는 것이다.

> 하나님의 나라는 먹는 것과 마시는 것이 아니요 오직 성령 안에 있는 의와 평강과 희락이라 롬 14:17

참된 믿음은 상황과 형편에 영향받지 않고 기분이나 감정에 흔들리지 않으며 우리를 구원하시고 마음에 평안을 주시는 하나님께 집중하면서 하나님만 찬양하며 당당하게 승리를 선포하는 것이다(행 16:25-26). 사단은 어찌하든지 성도들의 마음에 하나님께서 주시지 않은 마음(두려움과 근심)을 심으려고 하는데(딤후 1:7) 이러한 비밀을 미리 알고 있었던 솔로몬은 "무릇 지킬만한 것보다 더욱 너의 마음을 지켜야 한다. 하나님만 신뢰하고 기뻐하는 마음으로부터 생명의(하늘의) 축복이 시작되기 때문이다"(잠 4:23)라고 하였다. 대부분 많은 성도가 믿음생활에서 '마음의 중요성'을 깨닫지 못하고 마음을 지키지 못하기 때문에 하나님께서 가장 귀하게 여기시는 마음을 사단에게 너무 쉽게 노략질당한다. 바울은 구원받은 성도들이 하나님께서 입혀주시는 전신 갑옷을 입을 때 마음을 상징하는 가슴에 의의 흉배를 붙이고 여기에 더하여 믿음의 방패를 들어 마음을 완전하게 보호하라고 당부한다(엡 6:13-17). 구원받은 성도들이 삶의 자리에서 하나님을 경험하지 못하고 마귀에게 잡혀 쓰러지는 대부분의 원인은 기도를 하지 못해서가 아니라 마음이 하나님께 집중되지 못하고 산란하여(염려와 근심이 가득하여) 마귀에게 끌려다니기 때문이다. 예수님께서는 이제 잠시 후면 로마 군인들에게 잡혀 십자가를 지시고 제자들을 떠나셔야 하는데, 제자들의 '믿음 상태'(산란한 마음)가 너무 엉망이다. '마음이 산란한 상태'로는 예수님을 볼 수 없고, 예수님이 보이지 않으면 곧 사단에게 사로잡혀 사단에게 끌려다닐 수밖에 없다. 이러한 제자들을 하나님 앞에 바르게 세우기 원하시는 예수님은 제일 먼저 제자들의 마음 상태를 확인하신다. 예수님과 마지막 저녁 식사를 끝낸 제자들의 마음 상태가 교회에서 찬양하며 예배를 드릴 때는 믿음이 좋은 것 같은데 삶의 자리에서는 곧 무너지는 오늘날 교인들의 마음 상태와 너무 똑같다. 그렇다면 이 말씀은 그 당시 제자들에게 뿐만 아니라 구원받은 성도들에게도 꼭 필요한 말씀이다.

성도들은 자신의 외형을 고치고 세상 명품을 가지려고 몸부림칠 것이 아니라 사단에게 속아서 산란한 상태로 있는 마음을 확실하게 고치는 것에 최우선을 두어야 한다. 성도들이 예수 그리스도의 말씀에 순종하여 예수님께서 십자가에서 흘려주신 예수님의 피를 받아먹을 때(요 6:53-56. 내가 십자가에서 흘릴 피를 마셔라) 하나님께 집중할 수 없는 '산란한 마음'의 원인들이 드러난다. 이때 놀라지 않고 더욱 예수님의 피를 마음 안에 담아낼 때 사단이 만들어 놓은 '산란한 상태의 마음'이 믿음으로 먹어낸 예수님의 피에 씻어져 정결한 상태로 회복되며, 정결하게 회복된 성도의 마음에 하나님께서 하늘의 평안과 강력한 성령의 불을 내려주신다(롬 14:17). 삶의 모든 자리에서 하나님께서 주신 하늘의 기쁨과 평안을 누리며 찬양하는 것이 예수님께서 십자가에 못 박히시며 우리를 구원하신 목적을 이루어가는 것이다(사 43:21). 하나님께서는 사단에게 속아 산란했던 마음을 정결하게 씻고 마음에 하나님께서 주시는 평안을 담고 하나님께 집중하여 찬양하며 당당하게 승리를 선포하는 성도들을 찾으신다.

요 14:6 예수님께서는 불안해하는 제자들을 향하여 "내가 하나님께로 가서 너희들과 함께 살 집을 준비할 것이다"라고 말씀하신다(2-3절). 예수님께서 하신 말씀은 예수님 당시 유대인들의 결혼 풍습을 알면 곧 풀려지는 비밀이다. 예수님 당시 유대인들은 남자가 결혼적령기가 되면 자기와 결혼할 여자의 집으로 홀로 찾아가 여자의 부모를 만나 결혼하고 싶은 여자의 몸값을 흥정하여 그 여인을 산다(고전 6:19-20. "너희는 너희의 것이 아니라 값으로 산 것이 되었으니 그런즉 너희 몸으로 하나님께 영광을 돌리라" 하나님이셨던 예수님께서 사람들과 결혼하시려고 하늘을 버리고 이 땅에 홀로 오셔서 자기의 생명을 값으로 지불하시며 우리를 사셨다). 유대 사회에서 결혼은 남자가 여자를 샀다고 해서 완성되는 것이 아니라 부모로부터 완전한 독립을 해야 한다. 남자로 태어나서 철이 든 이후에 최선을 다해 모은 돈으로 여인을 샀지만 여인의 값을 지불하고는 곧 여인의 집을 떠난다. 왜냐하면 아직 두 사람이 함께 살아야 할 집이 없어서 이제부터 남자는 여자와 함께 살아야 할 집을 구해야 하기 때문이다. 여자의 값을 지불하고 여인의 집을 떠난 남자는 또다시 최선을 다하여 집을 준비하고, 부모로부터 독립하여 살 집이 준비되면 자기의 모든 친구와 함께 여인을 데리러 온다(마 25:1-13. 열 처녀의 비유. 구원받은 성도와 함께 살 집을 준비하신 예수님은 십자가에 못 박히며 구원한 성도들과 마지막 혼인 잔치를 하려고 모든 천사를 동원하여 나팔을 불며 이 땅에 다시 오시는데 이것이 예수님의 재림이시다).

십자가에서 생명 값을 지불하시고 우리를 사신 예수님은 지금 우리와 함께 거할 하늘의 집을 준비하신다. 그동안 성도들이 해야 할 일은 신랑 되시는 예수님과의 결혼식을 위해 입어야 할 예복을 준비해야 하고, 예수님 오시는 길을 밝히는 등불을 켤 수 있도록 등에 넣을 기름을 준비해야 한다(교회만 열심히 다니는 것이 끝이 아니다). 예복을 준비하지 못한 믿음과 기름을 준비하지 못한 믿음은 재림하시는 예수님을 신랑으로 맞이하지 못하고 혼인 잔치 밖으로 쫓겨나 슬피 울며 이를 간다(마 22:1-14, 마 25:1-13). 신랑 되시는 예수님께서 구원받은 성도들과 함께 거할 집을 다 완성하시면 하늘에서 내려와 예수님을 그리스도로 영접하여 구원받은 이후에 신랑 되시는 예수님을 맞을 예복을 준비하고 기름을 준비한 성도들을 이제는 예수님께서 영접하여 예수님께서 예비하신 집에 들어가게 하신다(3절). 예수님께서 자신이 준비하신 집을 가지고 이 땅에 내려오실 때 예수님의 집에 들어가 예수님과 함께 혼례에 참여할 수 있는 사람은 이 땅에서 먼저 신랑 되시는 예수님을 마음 안에 영접한 자들이다(요 1:12). 예수님께서 하늘로 올라가 성도들과 함께 살아야 할 집을 준비하고 자신이 하늘에서 내려와 (재림) 성도들과 혼인 잔치하는 비밀까지 말씀하실 때 도마가 예수님을 향하여 "예수님 도대체 어디로 가십니까? 그 길을 우리는 알지 못합니다"라고 말했을 때 예수님께서 "내가 길이요 진리요 생명이니 나를 통하지 않고는 하나님께 가지 못한다"라고 대답하셨다. 구약의 배경이 없는 우리들은 예수님께서 이 말씀을 왜 하셨는지 알 수 없지만 구약의 배경을 가진 제자들은 예수님께서 하시는 말씀을 듣고 성막을 주신 하나님 아버지의 마음을 깨닫고 감탄했어야 했다. 400년 동안 애굽에서 종살이하던 이스라엘 백성들을 하나님께서 구원하신 이후 광야 생활을 할 때 하나님께서 모세를 통하여 성막을 지으라 하셨고, 성막 가장 안쪽 은밀한 곳 지성소에 하나님께서 모세를 통하여 내려주신 '언약의 돌비석'을 담아 놓을 궤를 만들게 하셨다. 그런데 이 궤 안에는 '언약의 돌비석' 외에 '아론의 싹이 난 지팡이'와 광야 40년 생활 동안에 아침마다 하나님께서 하늘을 열고 내려주신 하늘의 떡 '만나'를 함께 담아놓았다(히 9:4).

예수님께서 "내가 곧 길이요 진리요 생명이니..." 하는 말씀을 하시는 순간 제자들은 지성소 안에 있는 언약궤의 실체를 만났다고 놀라 넘어져야 할 순간이다. 예수님께서 나는 "길이다"(광야 길을 걸을 때는 반드시 지팡이가 필요한데 아론의 싹 난 지팡이는 '모든 사람이 가는 죽음의 길로 인도하지 않고 생명의 길로 인도하는 능력이다'라는 하나님의 계시다), "진리다"(이 세상에 변하지 않는 것은 없다. 변함이 없는 것이 '진리'인데, 그것은 하나님께서 주신 언약의 말씀이다. 하나님께서 모세를 시내 산으로 불러 하늘의 진리 말씀을 돌에 새기셔서 사람과 언약을 맺었다), "생명이다"(이스라엘 백성들이 애굽에서 나와 광야 생활을 할 때 40년 동안 아침마다 하늘을 열고 내려주신 하늘의 떡 '만나'를 먹고 살았듯이 예수님을 먹으면 영원한 생명을 얻게 된다)라고 했을 때, 하나님께서 언약궤 안에 비밀스럽게 담아놓았던 하나님의 실체를 자기들이 보고 있음을 감격하여 찬양하며 감사해야 했다. 그런데 제자들은 예수님께서 자신들을 떠나신다는 말씀에 마음을 빼앗겨서 "내가 저 언약궤에 숨겨져 있던 구원자의 실체다"라는 예수님의 말씀을 제대로 들을 정신이 없다. 우리는 지금 무엇에 정신이 팔려 우리를 사랑하시며 도와주신다는 예수님의 음성을 듣지 못하고 있는가? 예수님께서 구원받은 성도들과 함께 머물 집을 세우시기 위해 하늘로 가신다는 말씀을 하실 때 이 비밀을 제대로 알지 못한 도마가 "예수님 어디로 가시는지 우리가 알지 못합니다. 어떻게 그 길을 안다고 하십니까?"(5절)라고 질문 했을 때 예수님께서 주신 답이 "내가 곧 길이며 진리이고 생명이니 나를 통하지 않고는 아버지 하나님께 가지 못한다"였다. 아담의 범죄 이후 모든 인생은 사단에게 사로잡혀 사망의 길 위에서 있고 어떤 몸부림을 쳐도 사망의 늪에 더 깊이 빠질 뿐이다. 예수님은 십자가를 통하여 하나님께로 가는 생명의 새 길을 열어 놓으셨다(히 10:19-20). 예수님을 통하지 않고 하나님의 이름을 부르며 하나님께 가려는 자들을 예수님은 자신의 육체로 막으셨다(휘장의 비밀). 예수님을 통하여 하나님의 생명을 먹어내지 않고 하나님께 나가면 누구든지 반드시 죽게 되고 영원한 심판을 받기 때문이다(레 16:1-2). 하지만 예수님께서 십자가에 못 박히시며 열어 놓으신 그 길을(찢겨진 휘장) 통하는 성도들은 누구든지 하나님의 은혜 앞에 당당히 나갈 수 있다.

하나님께서 모세를 통하여 돌판에 말씀을 새겨주신 후 '너희가 이 말씀을 듣고 지키면 너희는 제사장 나라가 되고 모든 민족 위에 뛰어난 복을 받으리라'라는 언약을 세우셨다. 하지만 죄 때문에 마귀에게 사로잡힌 이스라엘은 이 약속을 지킬 수 없었다. 그런데 예수님은 하나님께서 약속하신 모든 말씀을 이루려고 오셔서 하나님께서 주신 약속을 완전하게 성취하셨다(요 19:30). 예수님께서 완전하게 성취하신 말씀을 마음에 담고 하나님께 감사하면 하늘에서 이루어졌던 말씀이 일점일획도 변하지 않고 성도들의 삶에 그대로 이루어지게 된다. 에덴 동산에서 첫 사람 아담이 사단에게 속아서 하나님께서 먹여주신 영원한 생명이 사망을 당하였는데 아담 이후의 인생은 그 누구도 영원한 생명을 소유하지 못해 하나님께 갈 수 없었다. 예수님께서 부활하신 이후 제자들에게 오셔서 아담이 잃어버린 영원한 생명을 제자들의 마음 안에 완전하게 심어주셨다(요 20:19-22. 창 2:7에 하나님께서 아담에게 주셨는데 사단에게 속아 잃어버린 하늘의 영원한 생명을 예수님께서 구원을 완성하시고 부활의 능력으로 사단의 머리를 깨뜨리신 이후 제자들에게 찾아오셔서 하나님의 영원한 생명을 먹여주셨다).

제자들이 예수님의 입에서 나온 하늘의 생명을 먹은 것처럼, 예수 그리스도의 복음을 듣고 마음을 열어 예수님을 받아먹은(영접) 성도들은 하나님의 영원한 생명을 소유하게 된다. 믿음의 핵심은 하나님께서 예수님을 통하여 먹여주신 하늘의 영원한 생명을 마음 안에 소유하고 사는 것이다(요일 5:11-12). 마음 안에 하나님의 영원한 생명을 소유한 성도들은 세상에서 승리자가 되며(요일 5:4) 이 믿음을 가진 성도들이 무엇을 기도하든지 하나님은 그 모든 기도를 들으시고 완전한 응답을 주신다.

그를 향하여 우리가 가진 바 담대함이 이것이니 그의 뜻대로 무엇을 구하면 들으심이라 요일 5:14

12

성령을 보내주시는 예수님(요 14:10-20)

¹⁰ 내가 아버지 안에 거하고 아버지는 내 안에 계신 것을 네가 믿지 아니하느냐 내가 너희에게 이르는 말은 스스로 하는 것이 아니라 아버지께서 내 안에 계셔서 그의 일을 하시는 것이라 ¹¹ 내가 아버지 안에 거하고 아버지께서 내 안에 계심을 믿으라 그렇지 못하겠거든 행하는 그 일로 말미암아 나를 믿으라 ¹² 내가 진실로 진실로 너희에게 이르노니 나를 믿는 자는 내가 하는 일을 그도 할 것이요 또한 그보다 큰 일도 하리니 이는 내가 아버지께로 감이라 ¹³ 너희가 내 이름으로 무엇을 구하든지 내가 행하리니 이는 아버지로 하여금 아들로 말미암아 영광을 받으시게 하려 함이라 ¹⁴ 내 이름으로 무엇이든지 내게 구하면 내가 행하리라 ¹⁵ 너희가 나를 사랑하면 나의 계명을 지키리라 ¹⁶ 내가 아버지께 구하겠으니 그가 또 다른 보혜사를 너희에게 주사 영원토록 너희와 함께 있게 하리니 ¹⁷ 그는 진리의 영이라 세상은 능히 그를 받지 못하나니 이는 그를 보지도 못하고 알지도 못함이라 그러나 너희는 그를 아나니 그는 너희와 함께 거하심이요 또 너희 속에 계시겠음이라 ¹⁸ 내가 너희를 고아와 같이 버려두지 아니하고 너희에게로 오리라 ¹⁹ 조금 있으면 세상은 다시 나를 보지 못할 것이로되 너희는 나를 보리니 이는 내가 살아 있고 너희도 살아 있겠음이라 ²⁰ 그 날에는 내가 아버지 안에, 너희가 내 안에, 내가 너희 안에 있는 것을 너희가 알리라

✖✖✖

요 14:10-14 예수님께서는 자신이 하나님 아버지 안에 있고, 하나님은 자신의 마음 안에 계시다고 하시면서 "나의 아버지께서(하나님) 너희에게 말씀하셨더라면 내가 지금 하는 말과 똑같은 말을 하셨을 것이다"(10절)라고 하신다. 이렇게 말씀하시는 예수님의 의도는 자신과 자신을 보내신 하나님은 본질적으로 완전하게 동등하다(똑같다)는 것을 제자들에게 깨닫게 하시려는 것으로 '내가 하는 말은 나를 보내신 하나님께서 하시는 말씀이며, 내가 하는 모든 일도 나 자신의 일이 아니라 나를 보내신 하나님께서 하시는 일이다'라는 의미이다. 예수님께서 이렇게 말씀하시는 의미를 그 당시에 제자들은 알지 못했지만 후에 이 말씀의 비밀을 깨달은 베드로가 "만일 누가 말을 하려거든 너희 안에 함께하시는 하나님께서 말씀하시는 것 같이 하여라"(벧전 4:11)라고 기막힌 말을 한다. 성도들이 나의 의지와 생각을 십자가에 못 박고(갈 2:20) 예수 그리스도를 주인 삼고, 예수님처럼 하나님께서 마음 안에서 감동 주시는 그대로 말씀을 선포하는 것이 이 말씀의 비밀이다. 성도들은 삶의 자리에서 내 생각과 의지를 말하거나 기분, 감정을 폭발시키는 자가 아니라 내 안에 주인 되시는 하나님께서 원하시는 말씀을 선포하여 마귀를 밟아 이기며 삶의 모든 형편을 하나님께서 나타나 일하시는 하늘 기적으로 바꾸는 자들이다. 예수님께서는 '아버지 하나님과 자신이 하나이기 때문에 자신이 행한 모든 말과 행동은 자기 안에 함께하시는 하나님과 더불어 했기 때문에 자신의 입에서 나온 말은 모두 하나님의 말씀이며 자신이 행한 모든 사역은 자신의 일이 아니라 자신 안에 함께하시는 하나님께서 하신 일'이라고 표현하신다.

예수님을 믿는 것은 교회를 다니는 것이 전부가 아니다. 예수님을 영접하는 순간 성도들은 하나님의 품에 안겨져 있고, 성도들 마음 안에 하나님께서 들어오셔서 함께하시며 하늘의 비밀을 알려주시는 놀랍고 신비한 영적 세계에 들어와 있는 것이다(히 3:5-6, 고전 2:9-12). 예수 그리스도를 믿는 성도들이 순간순간 예수 그리스도께서 마음에 주인이 되신 것을 확인하며 보혈을 먹어낼 때 하나님의 품 안에 안겨 있는 자신을 확인하게 되고, 자기 안에 예수 그리스도가 주인이신 것을 보게 된다(요 :53-56). 이것을 정확하게 믿는 성도들은 어디를 가도 함께하시는 하나님 때문에 담대할 수 있고, 하나님께서 하늘을 열고 부어주시는 하늘의 은혜들을 당당하게 받아내게 된다(약 1:17). 예수님을 믿는 것은 예수님처럼 항상 하나님의 품 안에 안겨 있으면서, 나의 마음 안에 하나님을 품고 하나님께서 알려주시는 하늘의 비밀을 선포하여서 하나님께서 나타나 일하시는 하늘의 신비한 열매들을 세상에 나타내는 것이다(12절).

예수님께서 사역의 모든 자리에서 하나님을 나타내 보여 준 것은 자신 스스로 한 것이 아니라 하나님 안에 예수님이 들어가 계셨고, 예수님 안에는 하나님께서 함께하시며 예수님을 통하여 나타나셨기 때문이다. 예전 조용필이 부른 유행가 중에서 '당신의 눈 속에 내가 있고, 내 눈 속에 당신이 있을 때 우리 서로가 행복했노라'(돌아오지 않는 강)라는 노래가 있었다. 세상 노랫말이지만 성도들이 깊이 깨달아야 할 비밀이 숨어있다. 사람의 관계에서도 서로 행복하려면 각자의 눈에 상대방을 담고 항상 바라보아야 한다는 것이다. 구원받은 성도들은 믿음의 눈을 열어 하나님을 바라보는 차원을 넘어(엡 1:18) 자신을 구원해 주신 하나님의 마음 안에 자신이 들어가고, 자신의 마음 안에는 하나님께서 들어오셔서 하늘의 비밀을 알려주시며 인도해 주셔야 한다. 이렇게 살아내는 것이 예수님께서 십자가에 못 박히시며 성도를 구원하신 목적이다. 예수 그리스도를 영접하여 하나님의 마음 안에 들어가 있고, 자신의 마음속에 하나님을 품은 성도들이 하나님께서 하늘을 열고 부어주시는 은혜를 누리며 승리하게 된다. 성도들이 예수님께서 말씀하신 이 비밀을 깨닫고 육체의 눈에는 보이지 않을지라도 어디를 가서 무엇을 하든지 하나님께서 우리를 안아주시고 보호하시기 때문에 사단이 우리를 어찌할 수 없다는 확신과 우리 안에 하나님께서 함께하시며 모든 일을 도와주시기 때문에 우리는 반드시 승리한다는 믿음의 확신을 가지고 하나님의 이름을 부르며 기도할 때 그 기도는 반드시 응답이 된다(13-14절, 요일 5:14).

예수님께서는 어디에서 무슨 사역을 하시든지 항상 아버지 하나님과 함께 하셨다. 마지막 십자가에서 온 인류의 죄악을 담당하셨을 때 "엘리 엘리 라마 사박다니"(마 27:46. 아버지여! 아버지여! 왜 나를 버리셨나이까? 예수님께서 짊어지신 우리들의 죄악 때문에 거룩하신 하나님께서 예수님에게서 등을 돌리셨다. 구원받은 성도들이 보혈로 덮여지지 않아 죄악이 남아 있다면 하나님께서 성도들의 삶의 현장에 은혜를 풀어내시지 못하신다) 하신 것 외에는 하나님께서 완전하게 예수님과 한 몸과 한마음이 되어서 사역해 주셨다. 예수 그리스도를 영접하여 구원받은 성도들도 어디를 가서 무엇을 하든지 항상 하나님과 한 몸이 되고 한마음이 되어서 하나님께서 도와주시는 은혜 안에서 모든 일을 하나님의 영광을 드러내는 승리로 바꾸어야 한다. 성도들이 삶의 현장에서 우리를 구원하신 예수님과 한 몸을 이루고 하나님께서 아버지 되셔서 나와 함께하신다는 확신을 가지고 문제를 끌어안고 기도할 때 하나님께서 기뻐하시며 하늘을 열고 완전한 응답을 허락하시는 것이다.

요 14:15-20 예수님의 제자들은 항상 예수님을 사랑한다고 고백하였는데 그런 제자들을 향하여 예수님은 "사랑은 입술에서 나오는 번지르한 말이 아니라 삶의 현장에서 내가 너희에게 가르쳐준 말씀에 순종하는 삶이다"(너희가 나를 사랑한다면 나의 계명을 지킬 것이다) 하신다. 성도들이 이 땅을 살면서 예수님과 하나님께 드릴 수 있는 최고의 사랑 표현은 하나님께서 주신 말씀에 전적으로 순종하는 삶이다(신 28장의 비밀). 입술로는 하나님을 사랑한다 하면서 하나님께서 주신 말씀에 순종하지 못하는 것은 하나님을 사랑하는 것이 아니다. 하나님께서 성도들을 구원하시고 성경 말씀을 주신 목적은 '너희가 이 말씀대로 살아서 나를 경험하며 하늘에서 이루어진 말씀이 너희 삶에서 이루어지는 축복을 누려라'이다. 그런데 하나님께서 말씀을 주신 목적을 모르는 많은 성도가 성경을 지식으로 깨달아 알면 은혜를 받았다 말하며 말씀을 지식으로 아는 것이 믿음이라 착각하고 있다. 말씀을 지식으로만 알고 순종하지 못하는 것은 '교만'이며(고전 8:1-2) 이러한 '교만'은 '멸망의 앞잡이'(최고로 빠르게 망한다)라고 하나님은 말씀하셨다.

> 사람의 마음의 교만은 멸망의 선봉이요 겸손은 존귀의 길잡이니라
> 잠 18:12

예수 그리스도를 영접하여 구원받은 성도들이 하나님께서 주신 말씀에 순종하는 삶을 살 때 하나님께서는 세상이 감당할 수 없는 강력한 은혜를 부어주시고, 하나님께서 부어주시는 은혜를 누리는 성도들에게는 사단이 다가와 찌르거나 넘어뜨리지 못한다. 그런데 믿음이 있다고 자부하는 많은 성도가 삶의 현장에서 사단에게 찔리고 넘어진다. 왜 그럴까? 그들이 생각하는 믿음이 진짜가 아니기 때문이다. 하나님께서 인정하는 믿음은 예수님께서 생명을 걸고 우리를 사랑하신 것처럼 우리도 생명을 걸고 예수님을 사랑하는 것인데, 그것은 입술로 사랑한다고 말하는 것을 뛰어넘어 성경에 기록된 대로 예수님께서 피로 값 주고 사 주신 말씀을 마

음 안에 담고 기쁨으로 순종하는 삶이다. 하나님께서는 우리를 사랑하실 때 말로만 하시지 않고 그의 독생자를 십자가에 못 박으시며 "내가 너희를 이렇게 사랑했다"(롬 5:8)라고 하셨다.

이와 같이 성도들이 하나님을 진정으로 사랑한다면 하나님께서 주신 말씀에 순종하면서 '이것이 내가 하나님을 사랑하는 증거입니다.' 하면서 하나님께 대한 자신의 사랑을 입증해야 한다. 하나님께 대한 사랑 고백을 말씀 순종을 통하여 확인하신 예수님께서는 하나님께 다른 보호자(성령)를 예수님 자신을 대신하여 보내달라고 기도하신다(16-17절). 그런데 이러한 기도는 십자가를 앞에 두고만 하시지 않고 지금도 이러한 믿음의 성도들을 하나님께 올려드리며 성령을 보내셔서 완전하고 강력하게 지키셔서 하나님의 영광을 위한 승리를 풀어달라고 하나님의 보좌 우편에서 강력하게 중보하며 기도하신다.

누가 정죄하리요 죽으실 뿐 아니라 다시 살아나신 이는 그리스도 예수시니 그는 하나님 우편에 계신 자요 우리를 위하여 간구하시는 자시니라
롬 8:34

성도들은 어디를 가서 무엇을 하든지 절대로 혼자(고아)가 아니다(롬 8:15. 성도들은 더 이상 무서워하는 종의 영을 받은 자가 아니라 양자의 영을 받았기 때문에 하나님을 아빠 아버지라 부른다). 사단이 성도들을 속일 때 항상 "너는 혼자야. 아무도 너를 도와주지 않아." 하면서 '고아

의 영'을 가지고 와서 넘어뜨린다. 이제 사단에게 속았던 '고아의 영'을 끊고, 예수님 때문에 우리 안에 허락해 주신 '아들의 영'을 사용하여 당당히 승리하자(갈 4:6-7. 하나님을 아빠라 부르는 영을 받은 성도들이 사단에게 속지 않고 당당하게 하나님을 아빠라 부르며 하나님의 은혜 앞으로 나갈 때 하나님의 영광을 세상에 드러낼 하나님의 유산을 상속받으며 승리한다).

성도들이 보호자 없이 홀로 사는 상태가 되지 않도록 하시려고 예수님께서 하늘로 올라가셔서는 예수님께서 하신 약속을 붙잡고 하나님의 이름을 부르며 기도하는 남겨진 성도들에게 성령을 보내주셨다(행 2:1-4). 예수님께서 약속하셔서 보내주시는 성령은 반드시 예수 그리스도를 영접하여 구원받은 후에 예수님을 사랑하는 믿음으로 예수님께서 피로 값 주고 사신 말씀을 지켜 순종하는 믿음의 사람들이 받아낼 수 있다. 그동안 교회에서는 이러한 비밀을 가르치지 않고 "무조건 기도만 하면 받을 수 있다"라고 말을 하였었기 때문에 잘못된 믿음을 고치려는 생각 없이 기도만 하다가 "아무리 기도해도 성령을 받지 못했다"라는 푸념을 하게 했었다. 예수님께서 하나님께 기도하셔서 보내주시는 성령은 "진리의 영이며 세상은 받아내지 못하고 오직 구원받은 성도들을 보호하는 영"이라고 하신다. 성도들 스스로가 주인이었던 것을 버리고 우리 안에 함께하시는 성령을 의지할 때 예수님처럼 아버지 하나님을 볼 수 있고 아버지를 알아낼 수 있다.

내 아버지께서 모든 것을 내게 주셨으니 아버지 외에는 아들을 아는 자가 없고 아들과 또 아들의 소원대로 계시를 받는 자 외에는 아버지를 아는 자가 없느니라 마 11:27

성도들이 아무것도 할 수 없는 나를 내려놓고 성령을 의지할 때 하나님께서 예비하신 것들을 알게 되고, 성령을 의지하여 기도할 때 하나님께서 하늘에서 예비한 것들을 응답으로 누리며 승리하게 된다(고전 2:9-12). 구원받은 성도들 안에 함께하시는 성령은 '진리의 영'이시다. 마귀가 왕 노릇하며 죄가 가득한 이 땅을 살아가는 성도들이 육체를 가지고 살지만 우리를 구원하시고 우리 안에 함께하시는 '진리의 성령'에 사로잡히면 어디를 가서 무슨 형편을 만날지라도 거짓을 버리고 하나님의 영광을 모두에게 드러낼 참된 믿음의 말을 선포한다(엡 4:25, 29). 예수님을 영접하여 구원받고 예수님의 간절한 기도 때문에 '진리의 성령'에 사로잡혀 있는 성도들은 삶의 모든 자리에서 하나님께서 주신 '진리의 말씀'만 선포하여 하나님의 영광을 세상에 드러낸다.

13

하늘의 평안을 주시는 보혜사(요 14:25-31)

²⁵ 〈보혜사〉 내가 아직 너희와 함께 있어서 이 말을 너희에게 하였거니와 ²⁶ 보혜사 곧 아버지께서 내 이름으로 보내실 성령 그가 너희에게 모든 것을 가르치고 내가 너희에게 말한 모든 것을 생각나게 하리라 ²⁷ 평안을 너희에게 끼치노니 곧 나의 평안을 너희에게 주노라 내가 너희에게 주는 것은 세상이 주는 것과 같지 아니하니라 너희는 마음에 근심하지도 말고 두려워하지도 말라 ²⁸ 내가 갔다가 너희에게로 온다 하는 말을 너희가 들었나니 나를 사랑하였더라면 내가 아버지께로 감을 기뻐하였으리라 아버지는 나보다 크심이라 ²⁹ 이제 일이 일어나기 전에 너희에게 말한 것은 일이 일어날 때에 너희로 믿게 하려 함이라 ³⁰ 이후에는 내가 너희와 말을 많이 하지 아니하리니 이 세상의 임금이 오겠음이라 그러나 그는 내게 관계할 것이 없으니 ³¹ 오직 내가 아버지를 사랑하는 것과 아버지께서 명하신 대로 행하는 것을 세상이 알게 하려 함이로라 일어나라 여기를 떠나자 하시니라

✖✖✖

예수님께서는 하나님의 뜻을 이루시기 위해 십자가를 짊어지실 준비(죽을 준비)가 되셨지만 예수님이 가시는 길을 모르는 제자들은 예수님을 떠나보낼 준비가 전혀 되어있지 않았다. 안타까운 이별을 앞에 둔 예수님께서 아무것도 모르는 사랑하는 제자들에게 가장 중요한 말씀을 주신다. 이 말씀은 예수 그리스도를 영접하여 구원받은 성도들이 이 세상을 살면서 승리하는 비밀이기도 하다. 예수님께서는 육체로는 제자들을 떠나시지만 예수님 안에 가득했던 '진리'(요 1:14. 말씀이 육신을 입고 오셔서 하나님의 영광을 이 땅에 풀어내신 분)로 자신이 떠나는 그 자리를 완전하게 채워주기 원하셨다. 떠나시는 예수님을 대신하여 제자들의 마음 안에 채워주시는 '보혜사 성령'을 의지할 때 그들이 알지 못했던 하나님의 길이 열리게 되고 예수님이 말씀하셨지만 깨닫지 못했던 말씀들이 보이고 믿어지며, 세상이 주지 못하고, 마귀가 빼앗을 수 없는 하늘의 평안함으로 마음을 충만하게 채워진다. 이 땅에 남겨진 제자들이 '보혜사 성령'을 의지하여 하나님의 얼굴을 바라보게 하며, 평안한 믿음으로 마귀를 밟아 이기게 하시려는 예수님의 마음을 깨닫자. 이제 예수 그리스도를 영접하여 구원받은 우리가 예수님께서 제자들을 통하여 당부하신 실제 믿음으로 완전하게 무장해야 한다.

요 14:26 예수님을 대신하여 아버지 하나님께서 보내주시는 '보혜사 성령'은 하나님께서 성도들에게 비밀스럽게 주시려고 준비하신 은혜를 가르쳐 주시고(고전 2:9-12) 성경 말씀 속에 숨어있는 하나님의 비밀을 깨닫게 해 주신다(딤후 3:16-17). 만약 예수님께서 제자들을 떠나지 않는다면 하나님께서는 성령을 보내주시지 않는다. 예수님께서 구원을 완성하시고 이 세상에 남아 계시지 않고 떠나시는 것이 인간의 눈으로 보면 슬픔이지만 영적인 눈으로 보면 성도들 마음 안에 '보혜사 성령'이 부어지기 때문에 성도들에게는 오히려 축복이다(요 16:7). 예수님이 떠나시기 전에는 예수님께서 계신 자리에서만 하나님의 기적을 볼 수 있었는데, 예수님께서 구원을 완성하시고 하늘에 오르시자 하나님께서는 구원받은 성도들에게 예수님을 대신하여 '보혜사 성령'을 보내주셨고 이 '보혜사 성령'은 예수님께서 행하셨던 하나님의 기적을 성도들이 삶의 현장 어디서든지 동일하게 경험하게 해주신다.

성도들의 삶의 현장에서 예수님께서 행하신 것처럼 하나님께서 나타나 일하시는 신비한 기적은 성도들 스스로의 힘과 방법 때문이 아니라 성도들이 예수 그리스도를 영접할 때 예수님을 대신하여 마음 안에 들어오신 '보혜사 성령'을 의지하는 자리에 나타나게 된다. 또한 성도들이 '보혜사 성령'을 의지하지 않고 성경을 보는 것은 성경을 기록한 하나님의 관점에서 보는 것이 아니라 사람의 관점에서 보는 것이기 때문에 너무 위험하다. 성도들이 성경 말씀 앞에 섰을 때 내가 성경을 보고 연구하고 가르치려는 교만한 마음을 내려놓고 우리 마음 안에 함께하시는 '보혜사 성령'을 의지하여 말씀을 주신 하나님을 만나고자 하는 겸손한 마음으로 성경 앞에 서면 성경을 통하여 하나님의 얼굴을 볼 수 있고, 하나님 아버지의 마음을 알 수 있고 하나님께서 일하시는 비밀들을 풀어낼 수 있다. '보혜사'는 헬라어 '파라클레토스'인데 위로자, 중보자, 변호자라는 뜻으로 성도들 곁에서 위로해주시고 변호해 주시는 분이라는 뜻이다. 이단 신천지에서는 교주 이만희가 '보혜사'라고 주장하는데, 성경에서 '보혜사 성령'의 대표적인 사역을 보면 구원받은 성도들이 힘들고 어려운 삶의 현장에서 하나님께 마땅히 기도할 바를 알지 못하여 힘들어서 주저앉아 있을 때 성도들 마음 안에서 성도들을 대신하여 하나님께 말할 수 없는 탄식으로 성도들이 승리하여 하나님의 영광을 드러내도록 성도들을 대신하여 기도하신다(롬 8:26). 과연 이만희가 이러한 일을 하는 자인가? 예수님을 영접하여 구원받은 성도들을 자신의 유익을 위해 거짓 교리로 도둑질해 가서 저들을 영원한 멸망으로 끌고 가는 자이다. 성도들이 삶의 자리에서 여러 가지 문제를 만나 기도하지 못하고 주저앉아 있을 때 성도들을 대신하여 성도들 마음 안에서 눈물로 탄식하며 기도해 주시는 분이 예수님을 대신하여 하나님께서 성도들에게 보내주신 '보혜사 성령'이시다. 또한 성도들이 하나님의 영광을 위한 기도를 하지 못하고 사단에게 속아서 하나님께서 받을 수 없는 기도를 할 때 성도들의 마음 안에서 성도들을 대신하여 하나님의 뜻이 이루어지도록 기도해 주시는 분이 '보혜사 성령'이시다(롬 8:27). 예수님께서 구원을 완성하시고 하늘에 오르시며 홀로 남겨지는 제자들을 걱정하시며 보내주신 '보혜사 성령'을 마음 안에 품고 의지하는 것이 성도들에게 최고의 축복이다. 예수님께서는 구원받은 성도들에게 하나님께서 보내주시는 '보혜사 성령'을 가리켜 "내 이름으로 보내실 성령"(26절)이라고 하신다. 하늘의 모든 영광을 버리고 하나님의 뜻에 순종하여 이 세상에 오셨고, 하나님의 말씀에 순종하여 죄가 전혀 없이 거룩하신 하나님이셨지만 온 인류의 죄악을 담당하시고(사 53:6) 십자가에서 돌아가시면서 "내가 하나님께서 계획하신 구원을 다 이루었다"(요 19:30)라고 하시며 하나님의 구원을 완성하셨다. 십자가에 못 박히셔서 돌아가신 것이 끝이 아니라 3일 만에 무덤에서 다시 살아나시며 이 세상에서 왕 노릇하는 마귀의 머리를 완전하게 짓밟아 깨뜨리시며 승리하셨다(창 3:15, 히2:14). 그리고 제자들과 함께 40일 동안 이 땅에 계시다가 마지막 승천하시면서 하나님과 인간 사이에 죄 때문에 막혀 있는 하늘을 완전하게 열어 놓고 모두가 보게 하셨고(행 1:9-11) 이렇게 모든 것을 다 이루어 놓으신 예수님을 의지하여 기도하면 '보혜사 성령'을 받게 된다고 약속하셨다(행 1:4-8). 예수님께서 주신 약속을 붙잡고 기도한 제자들에게 하늘이 열리고 하나님의 성령이 강력하게 부어졌다(행 2:1-4). 예수님을 이 땅에 보내신 하나님께서 예수님을 통하여 일하실 때를 아신 예수님께서 하나님의 뜻에 순종하여 요단강에서 요한에게 침례/세례 받으시고 물에서 올라오실 때 하늘이 열리며 "이 사람은 나의 사랑하는 아들이요 내가 기뻐하는 자라"(마 3:16-17)는 하나님의 음성이 들려지며 성령이 강력하게 부어졌다.

예수님은 하나님께서 하늘을 열고 부어주시는 성령을 의지하여 하나님께서 맡겨주신 모든 사역을 이루어내셨다. 이것을 경험하신 예수님께서 제자들과 이별을 앞두시고 자기가 하나님으로부터 받았던 성령을 받아야 한다고 제자들에게 약속을 주시는 것이다. 예수님께서 약속하신 '보혜사 성령'은 이렇게 하나님의 구원을 완성하시고 하나님 우편에서 구원받은 성도들을 위해 간절히 중보하시는 예수님을 통하여 받게 된다(롬 8:34). 예수 그리스도가 아니면 그 누구도 구원받을 수 없고, 예수 그리스도가 아니면 성령을 받아 낼 수 없으며, 예수 그리스도가 아니면 하나님 나라에 갈자가 아무도 없다. '성령'은 하나님과 분리될 수 없으며 예수 그리스도와도 분리될 수 없다. 하나님 아버지와 구원자이신 예수 그리스도, 성령은 언제나 하나이시다. 예수님은 하나님 아버지의 일을 이 땅에 행하셨고, 예수님을 대신하여 '보혜사'가 하나님의 비밀을 구원받은 성도들에게 알려주시고 '보혜사'를 통하여 풀어진 하나님의 비밀을 믿는 성도들에게 성령께서 일하여 주심으로 하나님의 뜻이 성도들을 통하여 이 땅에서 이루어지게 된다. 이 비밀이 풀어지고 믿어지면 신천지와 같은 이단에게 절대 속지 않는다.

요 14:27 예수님은 세상이 줄 수 없는 평안을 제자들에게 주셨다. 예수님이 주시는 평안을 받은 자들은 마음에 근심과 두려움이 사라지고 하나님을 신뢰하며 당당하게 마귀를 밟아 이기며(롬 16:20) 하나님의 영광을 모두에게 보여 줄 승리를 선포하여 누리게 된다. 예수님께서 십자가에서 모든 것을 다 이루시고 돌아가셨다가 3일 만에 부활하시고 제자들이 모여서 떨고 있는 다락방에 찾아오셔서 처음으로 하신 말씀은 "너희에게 평안이 있을지어다"(요 20:19, 21)였다. 부활하시고 제자들을 처음 만나시는 예수님이 제자들에게 하실 말씀이 얼마나 많았을까? 그 많은 말씀 중 첫마디가 "너희에게 평안이 있을지어다"였다면, 이 말씀이 오늘날 구원받은 성도들에게 얼마나 중요한지 빨리 깨달아야 한다. 예수님께서 십자가를 지시기 전에 하신 말씀이 "너희에게 평안을 주노라"이고, 부활하신 후 제자들이 모두 모여 있는 자리에서 하신 첫 말씀이 "너희에게 평안이 있을지어다"였다. 그런데 예수님께서 주시는 평안은 "세상이 줄 수 없는 것"이라 하시면서 예수님이 주시는 평안을 받으면 마음에서 근심과 두려움이 사라진다고 하셨다. 예수님이 말씀하신 평안은 예수님께서 이 세상에 오셔서 하나님으로부터 받아서 스스로 누리셨던 평안이었다(눅 8:22-25).

전 2:24-26을 보면 사람이 먹고 마시며 수고하는 가운데(일상생활)에서 가장 으뜸이 되는 것이 마음에 기쁨과 평안을 누리는 것이라 하였다. 하나님은 하나님께서 주시는 평안을 누리는 자에게 죄인들이 수고하여 쌓아 놓은 모든 것들을 옮겨서 누리게 해주신다. 하나님께서 하늘을 열고 부어주시는 평안을 누리는 것이 하나님을 가장 기쁘게 해 드리는 것이며(참된 믿음) 이러한 믿음을 소유한 성도들에게 하나님께서는 하나님을 제대로 믿지 못하는 자들이 수고하여 쌓아 놓은 것을 모두 옮겨주셔서 누리게 해주신다. 이 말씀은 성도들이 어떻게하면 하나님을 기쁘시게 하고, 어떻게 하면 저절로 되는 축복을 누리는지 알려주시는 축복의 근원이 되는 말씀이다. 성도들이 이 땅을 살면서 하나님의 마음을 기쁘게 해 드리는 비밀이 하나님께서 부어주시는 평안을 마음에 담고 누리는 것이다. 하나님께서 구원받은 성도들이 마음에 평안을 누리는 것을 보시면 가만히 계시지 않고 성도들이 구하지 않은 부분에까지 완전한 응답을 주시는데, 성도들이 수고하지 않았는데도 불구하고 생각지 않은 응답과 축복이 풀어지게 해주신다.

하나님은 한나를 통하여 이스라엘을 제대로 세울 사무엘을 주시려 하시는데 하나님의 계획을 모르는 한나가 상황과 형편에 속아서 마음에 번민하고 통곡하며 슬퍼하였다. 주변 상황에 속고 사람들의 말에 속아서 슬픔 가운데 통곡하며 기도할 때 하나님은 한나를 향하여 계획하신 것을 풀어내지 않으셨다. 한나가 아들을 얻으려고 마지막 방법으로 하나님께 서원하며 기도하였지만 한나의 간절한 서원에도 하나님께서는 침묵하셨다. 그러나 사단에게 속았던 불안하고 답답한 마음을 풀고 하나님께서 부어주시는 은혜를 누리고 하나님 안에서 평안과 기쁨을 회복하였을 때 하나님께서 계획하신 사무엘을 잉태하게 허락해 주셨다(삼상 1:9-20). 하나님의 자녀들에게 하나님께서 부어주시는 은혜와 마음의 평안이 이렇게 중요한 것이다. 지금은 하나님께서 은혜를 부어주시는 때인데(고후 6:2) 나는 은혜를 받아 누리고 있는가? 예수님께서 그토록 주기 원하셨던 평안으로 내 마음이 채워져 있는지 돌아보자.

14

참포도나무이신 예수님(요 15:1-11)

[1] 〈나는 포도나무요 너희는 가지라〉 나는 참포도나무요 내 아버지는 농부라 [2] 무릇 내게 붙어 있어 열매를 맺지 아니하는 가지는 아버지께서 그것을 제거해 버리시고 무릇 열매를 맺는 가지는 더 열매를 맺게 하려 하여 그것을 깨끗하게 하시느니라 [3] 너희는 내가 일러준 말로 이미 깨끗하여졌으니 [4] 내 안에 거하라 나도 너희 안에 거하리라 가지가 포도나무에 붙어 있지 아니하면 스스로 열매를 맺을 수 없음 같이 너희도 내 안에 있지 아니하면 그러하리라 [5] 나는 포도나무요 너희는 가지라 그가 내 안에, 내가 그 안에 거하면 사람이 열매를 많이 맺나니 나를 떠나서는 너희가 아무 것도 할 수 없음이라 [6] 사람이 내 안에 거하지 아니하면 가지처럼 밖에 버려져 마르나니 사람들이 그것을 모아다가 불에 던져 사르느니라 [7] 너희가 내 안에 거하고 내 말이 너희 안에 거하면 무엇이든지 원하는 대로 구하라 그리하면 이루리라 [8] 너희가 열매를 많이 맺으면 내 아버지께서 영광을 받으실 것이요 너희는 내 제자가 되리라 [9] 아버지께서 나를 사랑하신 것 같이 나도 너희를 사랑하였으니 나의 사랑 안에 거하라 [10] 내가 아버지의 계명을 지켜 그의 사랑 안에 거하는 것 같이 너희도 내 계명을 지키면 내 사랑 안에 거하리라 [11] 내가 이것을 너희에게 이름은 내 기쁨이 너희 안에 있어 너희 기쁨을 충만하게 하려 함이라

✖✖✖

요 15:1-3 하나님께서 맡기신 구원의 역사를 완성하시기 위해 십자가를 향하여 발걸음을 옮기셔야 할 예수님께서 다시 제자들에게 영적인 비밀들을 풀어내신다. "예수님 자신은 참포도나무이며 하나님은 모든 것을 주관하시며 공급해 주시는 농부이시고 구원받은 성도들은 예수님에게 붙어서 하나님께서 주시는 열매들을 맺는 가지라고 하신다"(1,5절)라고 말씀하셨다. 예수님께서 자신을 '참포도나무'라고 말씀하신 것은 '가짜 포도나무'도 있다는 뜻인데 예수님께서 말씀하시는 '포도나무'에는 엄청난 비밀이 숨겨져 있다. 구약의 어느 곳에서 포도나무의 비밀이 시작되었는지 그 근본을 알아보자. 야곱이 마지막 하나님의 부르심을 받기 전에 자녀들을 하나씩 끌어안고 축복할 때 유다를 향하여서 "그는 자기의 어린 나귀를 포도 줄기에, 새끼 나귀를 좋은 포도나무에 매고 포도주로 자기의 옷을 포도의 붉은 즙으로 자기의 겉옷을 빤다"(창 49:11. 쉬운성경 번역) 하면서 그 당시로서는 전혀 알아듣지 못할 영적인 축복을 선포하였다.

야곱이 유다를 끌어안고 축복한 것이 하나님께서 보여주신 '참포도나무' 축복의 시작이다. 야곱이 유다를 끌어안고 예언으로 선포하는 '포도나무'는 '예수 그리스도'를 의미한다. 성경에서 '나귀' 는 부정한 짐승인데 '포도나무'(예수 그리스도)에 매인다는 것은 예수 그리스도의 복음에 저주받을 인생들이 매여 구원 안으로 들어오는 것을 의미한다. 포도나무에서는 포도주가 나오고 말씀이 육신을 입고 오신 예수님에게서 나오는 것은 '피'다(계 19:13). 예수님께서 십자가에 못 박혀 돌아가시고 난 후에 로마 군병이 창으로 예수님의 옆구리를 찔렀을 때 피와 물이 흘러나왔다(요 19:34). 구원받은 성도들은 예수님께서 못 박히신 십자가에 나의 과거를 함께 못 박아 깨뜨리고 예수님께서 흘려주신 보혈로 나의 마음과 삶을 완전히 덮어 모든 죄를 씻고 하나님만을 바라보면서 하나님께서 열어주신 하늘의 비밀 속으로 들어가야 한다. 하나님께서 보셨을 때 세상의 포도나무는 가짜다. 하나님께서 인정하시는 '참포도나무'는 영원한 멸망으로 달려갈 인생들을 십자가에 묶어(못 박아) 저주에서 풀어내고, 십자가에 못 박혀 흘려주시는 피로 죄 문제를 해결하여 하나님의 품 안으로 인도하고 하늘의 열매를 맺게 해주시는 예수 그리스도 한 분이시다. 예수님을 영접하여 구원받은 성도들은 '참포도나무' 되시는 예수님께서 모든 일을 도와주시기 때문에(롬 8:28) 삶의 모든 자리에서 하나님께서 기다리시는 '극상품 포도 열매'를 맺어야 한다. 구원받은 성도들이 하나님께서 기다리시는 열매를 맺지 못하면 하나님의 심판을 받게 된다(사 5:1-8). 하나님께서 특별하게 선택하여 주신 이스라엘이 비참하게 망하는 이유가 여기에 있다. 하나님은 아무것도 아닌 이스라엘을 선택하시고 그들 마음에 가득한 돌을 제하시고(신 29:18. 독초와 쓴 뿌리를 제하시고) 극상품 포도나무를 이스라엘 안에 심으시고 극상품 포도 열매 맺기를 기다리셨다. 그런데 하나님께서 원하시는 극상품 포도 열매는 찾을 수 없고 그들 속에 처리하지 못한 독초와 쓴 뿌리 (죄와 상처) 때문에 들포도만 가득 맺었다.

하나님께서 이스라엘 백성들이 극상품 포도 열매(엡 1:3. 구원받은 성도에게 예수님을 통하여 허락되는 하늘의 신비한 은혜와 축복)를 맺지 못하고 마귀가 원하는 들포도를 맺은 것을 한탄하시며 특별하게 선택하신 이스라엘을 심판하신다. 이 말씀을 좀 더 쉽게 예레미야 선지자가 다시 풀어낸다. "내가 순전한 참 종자 곧 귀한 포도나무 (참포도나무)로 심었거늘 나에게 대하여 이방 포도나무의 악한 가지가 됨은 어찜이뇨? 주 여호와 내가 말하노라 네가 잿물로 스스로 씻으며 수다한 비누를 쓸지라도 네 죄악이 오히려 내 앞에 그저 있으리라"(렘 2:21-22). 하나님께서 '죄'라고 판단하시며 심판하시는 것은 하나님께서 맺으라 하시는 삶의 열매(극상품 포도 열매. 하나님께서 예수님을 통하여 주시는 하늘의 은혜와 응답)들을 맺지 못하고 마귀가 주는 열매를 맺으며 마귀에게 짓눌려 고통스럽게 사는 것이다. 예수 그리스도를 영접한 자들을 하나님의 자녀라고 부르는 것은 '오직 하나님께서 주시는 하늘의 열매만 맺는 자'라는 의미이다. 하나님께서는 하나님의 자녀들을 향하여 하늘에서부터 하늘의 열매를 맺을 수밖에 없는 은혜들을 부어주시며, 삶의 현장에서 항상 하나님의 영광을 모두에게 나타낼 하늘의 열매를 맺으라 하시고 그 열매가 나오기를 기다리신다. 하나님은 하늘 농부이시기 때문에 하늘의 열매들을 맺을 수밖에 없는 하늘의 은혜를 공급해 주시는데, 오직 참포도나무 되시는 예수님을 통하여 가지의 믿음으로 예수님에게 붙어 있는 성도들에게 그 모든 것을 공급해 주신다. 이것이 하나님께서 예수 그리스도를 십자가에 못 박으시며 성도들을 구원하시고 예수님과 '한 몸'을 이루게 하신 목적이다. 참포도나무에서 나온 열매로 빚은 포도주를 마시면 사단이 주고 세상으로부터 오는 온갖 슬픔과 두려움이 해독되고 하나님이 주시는 기쁨과 평안으로 취하여 하나님이 주시는 승리를 누리게 된다(시 23:5, 엡 5:18. 성도들은 예수 그리스도를 통하여 하나님이 주시는 성령의 새 술에 취해야 한다). 가짜 포도나무에서 나온 열매로 빚은 가짜 포도주에 취하면 많은 실수로 하나님께서 주신 것들을 사단에게 빼앗기지만, 하나님께서 인정하시는 참포도나무 되시는 예수님을 통하여 빚은 '성령의 새 술(보혈)'에 취하면 어디를 가든지 마귀를 밟아 이기며 항상 열린 하늘 아래서 하나님의 영광을 누리는 승리자가 된다.

예수님은 참포도나무이시고 구원받은 성도들은 예수님에게 붙어서 하나님이 공급해 주시는 열매를 맺는 가지이며 하나님 아버지는 농부이시다. 바울은 이 말씀을 다르게 표현했는데 "나는 심고 아볼로는 물을 주었으되 오직 하나님은 자라게 하셨나니 그런즉 심는 이나 물주는 이는 아무것도 아니로되 오직 자라게 하시는 이는 하나님이시라"(고전 3:6-7)라고 하였다. 구원받은 성도들이 하늘의 신령한 은혜와 응답을 누리도록 믿음을 성장시키고, 그 믿음이 성장된 만큼의 열매를 허락하시는 분이 아버지 하나님이시다. 구원받았다는 것은 예수님과 한 몸을 이룬 것인데, 아무리 예수님께서 우리에게 하늘의 열매를 주려 하여도 하나님께서 허락하실 때 그것들이 풀어지게 되는 것이다. 하나님은 구원받은 성도들이 예수님과 한 몸을 이루어 붙어 있는 것을 가장 기뻐하신다. 이러한 믿음을 확인하신 하나님께서 구원받은 성도들과 한 몸을 이루신 예수님을 통로 삼으셔서 하나님께서 기뻐하는 믿음을 소유한 성도들에게 하늘에 속한 신령한 모든 것들과 성령의 은혜와 응답들을 풀어주신다. 하나님은 성도들의 삶의 현장에 예수님을 통하여 하늘의 열매를 주시는데, 하나의 열매만 맺어도 엄청난 것인데 더 많은 열매들을 맺게 해 주기 원하신다(2절).

요 15:4-11 성도들이 예수님 안에 머무르고 성도들 마음 안에 언약의 말씀이 살아 있을 때 성도들이 하나님께 올려드리는 기도는 무엇이든지 다 응답을 누리게 된다. 이러한 믿음의 기도를 통하여 성도들이 삶의 현장에서 하나님께서 원하시는 열매를 맺을 때 하나님께서 영광을 받으신다. 예수님께서 하나님의 말씀에 순종하여 하나님 안에 머무른 것처럼, 성도들은 예수님께서 주신 말씀에 순종하는 믿음으로 예수님 안에 거하는 믿음이 되어야 한다. 예수님은 포도나무 비유를 통하여 포도나무와 가지가 붙어 있는 것처럼 예수님과 성도는 항상 붙어 있어야 한다고 말씀하신다(4-5절). 가지들은 아무리 능력이 있다 하여도 포도나무로부터 생명의 수액을 공급받지 못한다면 가지 스스로는 어떤 열매도 맺지 못한다. 하지만 아무리 연약한 가지라도 포도나무 줄기에 제대로 붙어 있기만 하면 줄기를 통하여 생명의 수액이 공급된 만큼 저절로 열매를 맺게 된다.

성도들이 아무리 연약하다 할지라도(하나님은 우리가 사단에게 끌려 다니며 사단이 원하는 열매를 맺는 존재이며 하나님을 위해서는 아무것도 할 수 없는 존재라는 것을 이미 아신다) 예수님에게만 붙어 있으면 하나님의 영광을 위한 열매들을 맺는다. 야곱이 자기의 자식들을 품고 축복할 때 납달리를 축복하는 내용을 보면 "납달리는 놓인 암사슴이라 아름다운 소리를 발하리라"(창 49:21)고 하였는데 이것을 70인역(기원전 300년경에 히브리어로 된 구약 성경을 유대의 성경학자들이 최초로 헬라어로 번역한 성경) 번역으로 보면 "납달리는 뻗어나가는 줄기, 그 열매로 아름다움을 낳는다"로 되어 있다. 영적인 줄기가 되는 예수님에게 붙어 있는 성도들이 하나님께서 주신 열매를 맺어 모든 사람에게 하나님을 나타내며 이 땅에 하나님의 나라를 확장해 나간다는 의미이다.

예수님은 야곱을 통하여 예언된 말씀을 풀어서 자신이 '참포도나무'이고 성도들은 예수님에게 붙어 있는 '가지'이며, 가지에 붙어 있으면 하나님께서 주시는 하늘의 열매를 저절로 맺는다고 말씀하신다. 성도들이 삶의 현장에서 하나님께서 주시는 열매를 맺으려 할 때 참포도나무 되시는 예수님 없이는 아무것도 할 수 없다. 그런데 사단은 이러한 영적인 비밀을 감추고 예수님과 상관없는 열매를 맺으라고 성도들을 자꾸만 속이는 것이다. 예수님과 상관없는 열매가 성도들에게 맺어졌다면 그것은 하나님께서 진노하시며 심판하시는 들포도인 것이다. 성도들의 삶의 현장에는 오직 예수 그리스도를 통하여 하나님께서 공급해주셔서 맺어진 하늘의 열매들로만 충만해야 한다. 구원받았을지라도 예수님과 한 몸이 되지 못하여 하늘의 열매가 없는 성도들은 농부들이 말라비틀어져서 열매 없는 가지를 잘라 태우듯이 마지막에 심판을 받게 된다(6절). 예수님의 제자들은 하나님의 영광을 모두에게 드러낼 열매를 많이 맺는 자들이다(8절). 성도들이 삶의 현장에서 하나님께서 계획하신 열매를 많이 맺기 위해서 예수님은 사랑하는 자녀들에게 말씀 안에(하나님의 사랑, 하나님이 부어주시는 평안)만 머물러 있으라고 하신다(7절). 대부분 많은 성도가 예수님과 말씀을 지식으로 알면 이것이 믿음이라 착각하는데, 마귀들도 예수님을 알고 말씀을 안다(행 19:15). 마귀가 할 수 없는 것은 하나님의 말씀(하나님의 사랑과 평안) 안에 깊이 머물러 있는 것인데, 하나님의 말씀 안에 깊이 머물 수 있는 것은 예수 그리스도를 영접하여 하나님의 자녀가 된 성도들의 특권이다. 그런데 이러한 엄청난 특권을 모르고 교회만 다니면서 예수님의 이름을 부르고 성경을 알면 믿음이라 착각하는데 이러한 착각에서 벗어나 하나님께서 예수 그리스도를 십자가에 못 박으시며 우리를 구원하신 목적대로 예수님의 보혈을 힘입어 하나님의 사랑과 평안의 깊은 곳으로 들어가야 한다.

성도들이 예수님의 말씀대로 그리스도 안으로(보혈에 덮여 있는 믿음) 들어오면 세상으로부터 오는 모든 욕망이 사라지고, 예수님처럼 하나님께서 이 땅에 풀어내실 하나님의 말씀을 마음에 품고 하나님께서 원하시는 기도를 하게 된다(7절). 성도들이 무릎 꿇고 열심히 기도를 많이 하는 것보다 중요한 것은 우리들이 올려드리는 기도를 하나님께서 인정하시고 기뻐하시는 것이다. 하나님께서 받지 못할 기도는 아무리 많이 할지라도 응답을 받을 수 없기 때문이다. 하지만 하나님께서 기뻐 받으시는 기도는 한마디만 올려드려도 곧 응답을 받는다. 예수 그리스도의 보혈에 덮여져 있는 믿음을 가진 자는 개인의 욕망이나 사단의 유혹이 떠나가고 그 마음이 순결하여 하나님께서 이 땅에 이루어내실 하나님의 계획(하늘의 씨앗. 하나님의 말씀)을 마음에 심는다. 이렇게 하나님의 계획을 마음에 품은 성도들이 자기들의 계획이 아닌 하나님께서 마음에 심어주신 하늘 씨앗을 꺼내어 하나님께 감사하면서 선포하면 그 기도를 기쁨으로 받으신 하나님께서 그들이 기도한 것에 응답을 주시고, 그들이 기도하지 못한 영역에까지 완전한 기적으로 응답해 주신다. 성도들이 이 세상을 살아가는 힘의 근원은 우리를 구원하신 예수님의 사랑 안으로 들어가는 것이다. 예수님의 사랑을 힘입어 그리스도 안에 머물러 있으면(보혈의 능력을 믿고 보혈로 덮여 있는 믿음) 나도 모르게 삶의 현장에서 그리스도 사역이 풀어져 예수 그리스도의 열매들이 나오게 된다. 예수님은 자신이 하나님의 사랑 안에 들어가 하나님께서 주신 모든 사역을 완성한 것처럼 예수님을 믿는 성도들은 예수님의 사랑 안으로 들어오라고 당부하신다. 죄악이 넘쳐나고 사단이 왕 노릇하는 이 세상에서 성도들에게 가장 안전한 곳은 예수님의 사랑 안이다. 예수님께서 제자들과 함께 계실 때에는 예수님을 통하여 하늘의 기적과 열매들이 저절로 왔지만, 예수님은 이제 곧 떠나신다. 이러한 제자들에게 예수님께서 눈에 보이지 않을지라도 예수님께서 행하셨던 기적을 행하고 예수님처럼 하늘의 열매를 맺는 비밀을 알려주시는 것이다. 예수님께서 이렇게 제자들에게 당부하시는 목적은 "나의 기쁨이 너희 안에 있어서 너희 기쁨을 충만하게 하려 함이라"(11절)고 하신다. 구원받은 성도들은 삶의 자리에서 눈앞에 보이는 형편 때문에 마음에서 올라오는 기분과 감정에 지배당하는 자들이 아니라 하나님께서 예수님을 통하여 주신 기쁨을 주체하지 못하며 기쁨 안에서 당당하게 승리를 선포하는 자들이다.

> 항상 기뻐하라 쉬지 말고 기도하라 범사에 감사하라 이것이 그리스도 예수 안에서 너희를 향하신 하나님의 뜻이니라 살전 5:16-18

이렇게 기쁨 안에서 승리를 선포하며 기도할 때 사단이 깨어지며, 사단이 가지고 왔던 모든 문제들이 변하여 하나님의 영광으로 바뀌어 '예수님을 통하여 이 땅에 드러나는 하늘의 신비한 열매'가 되는 것이다. 이제부터 하나님께서 주시는 평안과 예수님께서 주시는 하늘의 기쁨으로 마귀를 밟아 이기며, 사단이 준 모든 상황과 형편을 하나님의 영광으로 바꾸는 완전한 승리자가 되자.

15

나의 친구이신 예수님(요 15:12-21)

¹² 내 계명은 곧 내가 너희를 사랑한 것 같이 너희도 서로 사랑하라 하는 이것이니라 ¹³ 사람이 친구를 위하여 자기 목숨을 버리면 이보다 더 큰 사랑이 없나니 ¹⁴ 너희는 내가 명하는 대로 행하면 곧 나의 친구라 ¹⁵ 이제부터는 너희를 종이라 하지 아니하리니 종은 주인이 하는 것을 알지 못함이라 너희를 친구라 하였노니 내가 내 아버지께 들은 것을 다 너희에게 알게 하였음이라 ¹⁶ 너희가 나를 택한 것이 아니요 내가 너희를 택하여 세웠나니 이는 너희로 가서 열매를 맺게 하고 또 너희 열매가 항상 있게 하여 내 이름으로 아버지께 무엇을 구하든지 다 받게 하려 함이라 ¹⁷ 내가 이것을 너희에게 명함은 너희로 서로 사랑하게 하려 함이라 ¹⁸ 세상이 너희를 미워하면 너희보다 먼저 나를 미워한 줄을 알라 ¹⁹ 너희가 세상에 속하였으면 세상이 자기의 것을 사랑할 것이나 너희는 세상에 속한 자가 아니요 도리어 내가 너희를 세상에서 택하였기 때문에 세상이 너희를 미워하느니라 ²⁰ 내가 너희에게 종이 주인보다 더 크지 못하다 한 말을 기억하라 사람들이 나를 박해하였은즉 너희도 박해할 것이요 내 말을 지켰은즉 너희 말도 지킬 것이라 ²¹ 그러나 사람들이 내 이름으로 말미암아 이 모든 일을 너희에게 하리니 이는 나를 보내신 이를 알지 못함이라

✖✖✖

요 15:12-17 예수님은 제자들(구원받은 성도들)을 향하여 하나님은 농부이시고, 자신은 하나님께서 예비하신 모든 것을 성도들에게 공급해 주는 참포도나무이니 구원받은 성도들은 오직 나(예수님)에게만 붙어 있는 가지가 되어서 하나님의 영광을 세상에 보여 주는 열매를 맺으라고 말씀하신 이후에 "내가 너희를 사랑한 것 같이 너희도 서로 사랑하라"(12절)라는 계명을 주신다. 예수님께서 선포하시는 '사랑'이 얼마나 중요한지를 알았던 바울은 "믿음, 소망, 사랑 이 세 가지는 항상 있을 것인데, 그중에 제일은 사랑이라"(고전 13:13) 하였고, "사랑은 율법(모든 말씀)의 완성이다"(롬 13:10)라고 선포한다. 이렇게 본다면 '사랑'이 있는 곳에는 부족한 것이 없고, '사랑'이 없는 자리는 그 어느 것도 유익한 것이 없다. 악마도 하나님을 믿고 떨지만 그들에게는 하나님의 전부가 되는 '사랑'이 없다(약 2:19). 야고보 사도는 하나님을 표현할 때 한마디로 "하나님은 사랑이시라"(요일 4:7-16)라고 고백한다. '사랑'의 근본이 되시는 하나님께서 주신 '사랑'을 성도들이 마음 안에 품었을 때 믿음과 소망이 불이 일어나듯 일어난다.

하나님을 사랑하는 성도는 하나님께서 주신 마음으로 자기를 사랑하게 되고, 이웃을 나의 몸처럼 사랑하게 된다. 하지만 하나님을 사랑하지 못하는 자들은 자신도 사랑하지 못하고 이웃도 사랑할 수 없으며 진실한 믿음 안으로 깊이 들어가지 못한다. 성도들이 입술이 아닌 온 마음으로 사랑의 근본이 되시는 하나님을 사랑하면(이것이 하나님께서 인정하시는 참믿음) 나 스스로를 귀하게 여기며 사랑하게 되고 모든 사람을 아끼고 사랑하여 하나님께 올려드릴 수 있다(진정한 전도가 여기에서 나온다). 예수님께서는 "이것이 너희에게 주는 나의 계명이다. 내가 너희를 사랑한 것처럼 너희도 서로 사랑하라"라고 하신다. 예수님께서 제자들에게 주신 가장 완벽한 계명이 '서로 사랑하는 것'이다. 예수님께서는 우리를 사랑하실 때 입술로만 하시지 않고 자기의 목숨을 내어놓으셨다. 예수님께서 성도들에게 요구하시는 사랑은 '목숨을 내어놓은(서로를 위해 죽을 수 있는) 사랑'이다. 구원받은 성도들이 예수님께서 주시는 말씀을 실천할 때 성도와 예수님과의 관계는 '친구'로 발전된다고 예수님께서 말씀하신다. 예수님은 구원받은 성도들과 '친구'의 관계를 맺으려고 십자가에서 자기 목숨을 버리셨다(13절). 십자가에 달리셔서 자기 목숨을 버리면서 우리를 구원하신 예수님께서 "이제부터 너희들이 내가 주는 말씀대로 순종하는 믿음 안으로 들어오면 너희들은 나의 친구다"(14절)라고 당당하게 선포하시고는 왜 성도들을 친구 삼기 원하시는지 그 비밀을 말씀하신다. "내가 너희를 더 이상 종이라 부르지 않는다. 종은 주인이 하는 일을 모르기 때문이다. 나는 너희를 친구라 하는데 내가 내 아버지께 들은 것을 다 너희에게 알게 하였음이라"(15절)라고 하신다.

예수님을 '주님'(주인님)이라 부르며 달려드는 제자들을 향하여 예수님께서는 "너희들은 더 이상 '종'(하인)이 아니다"라고 하신다. 예수님께서 주인이라면 예수님을 "주님" 하며 따라오는 제자(성도)들은 종이다. 예수님께서는 구원받은 성도들에게 왜 자기가 '주인'이 아니고 '친구'여야 하는지 그 비밀을 말씀하신다. "내가 친구가 되어서 너희가 알지 못하는 하나님의 비밀을 다 알려주고 그것이 성취되도록 도와줄 것이다." 구원받은 성도들은 더 이상 죄 아래에서 마귀에게 짓눌리며 고통받는 '마귀의 종'이 아니고 예수님의 하인도 아니며 예수님을 통하여 하나님께서 부어주시는 은혜를 받아내고 앞날을 형통의 축복으로 바꾸며 승리를 누려야 할 '예수님의 친구'다. 예수님은 구원받은 성도들을 친구 삼으시려고 십자가에 못 박히시며 구원하셨다. 예수님께서 십자가에 못 박히시며 성도들을 구원하신 것은 '예수님과 한 몸 관계를 맺은 친구'(참포도나무에 붙어서 하나님께서 주시는 열매만 맺는 가지)가 되는 것이다. 이것을 위해 예수님께서 먼저 우리를 선택하셨고, 예수님께서 선택하신 목적대로 우리가 예수님의 진실한 친구가 될 때 하나님께서 그토록 맺혀주기 원하시는 하늘의 열매들이 성도들의 삶의 현장에 맺혀진다.

그런데 예수님을 통하여 성도들의 삶에 열려지는 하나님의 열매는 한 번으로 끝나는 것이 아니라 지속적으로 계속 넘쳐나게 된다(16절). 예수님은 성도들의 삶의 현장에 하나님만이 주실 수 있는 하늘의 열매를 맺게 해 주시려고 십자가에 못 박히시며 우리를

구원하셨고, 구원받은 성도들과 한 몸 관계를 맺는 진실한 친구가
되기를 원하신다. 성도들의 삶의 현장에 예수님을 통하여 주시는
하나님의 열매가 없다면 아직 예수님과 한 몸을 이루는 친구 관계
가 바르게 세워지지 않았기 때문이다. 형편을 원망하며 다른 사람
을 탓하는 것이 아니라 사단에게 속아서 아직도 예수님과 한 몸을
이루지 못하고 예수님과 친밀한 친구 관계를 회복하지 못한 것을
회개해야 한다. 하나님께서 아브라함을 믿음의 조상으로 세우시
고 늘 함께하시고 순간순간 찾아와 하늘의 비밀을 말씀하시며 세
상이 감당할 수 없는 은혜를 주셨던 비밀이 무엇일까? 아브라함은
단순하여 자기의 생각을 내려놓고 하나님께서 말씀하시면 "아멘"
하고 믿었다(창 15:6). 이것을 의롭다고 여기신 전능하신 하나님께
서 아브라함을 자기의 '벗'(친구)으로 받아주신 것이다. 그 비밀을
야고보가 깨닫고 "이에 성경에 이른바 아브라함이 하나님을 믿으
니 이것을 의로 여기셨다는 말씀이 이루어졌고 그는 하나님의 벗
이라 칭함을 받았나니"(약 2:23)라고 밝혔다. 하나님은 천사에게
조차도 자기의 비밀을 알려주지 않으셨는데, 친구 아브라함에게
는 모든 일에 비밀이 없이 다 풀어주시고 알려주셨다. 전능하신
하나님께서 아브라함을 향하여 "이 사람은 나의 친구다"라고 선
포하시는데, 그 누가 아브라함을 대적할 수 있을까? 하나님의 친
구였던 아브라함에게만 하나님의 은혜와 축복이 부어진 것이 아
니라 아브라함의 자손들까지 하나님의 축복을 더불어 누렸다. 아
브라함의 자손 이스라엘 백성들이 가나안 땅에 살던 거민들을 내
어 쫓고 가나안 땅을 차지할 수 있었던 비밀도 그들의 조상 아브

라함이 하나님의 친구였기 때문이다(대하 20:7).

아브라함을 통하여 구원받은 우리가 하나님의 친구가 된다는 것이 얼마나 귀한 축복인지를 깨달아야 한다. 오늘날 구원받은 성도님들이 예수님을 향하여 "주님"이라 부르며 예수님 앞에 나가려 하는데 예수님은 손을 내 저으며 "나는 너의 친구가 되려고 십자가에 못 박히며 너를 구원하였다. 제발 나와 친구가 되자"라고 하신다. 아브라함이 하나님의 친구가 된 순간부터 그의 삶이 달라진 것처럼 구원받은 성도들이 예수님과 진정한 친구가 되는 순간부터 예수님은 하늘의 비밀 전부를 알려주시고 그 비밀들이 성도들의 삶에 풀어지도록 강력하게 도와주신다. 이러한 믿음 안으로 들어와 한 몸을 이루고 친구가 되신 예수님의 이름을 부르는 성도들에게 예수님을 통하여 허락되는 하늘의 열매들이 풍성하게 맺어지게 된다. 이제부터 삶의 현장 모든 자리에 나의 의지와 상관없이 하나님께서 예수님을 통하여 맺어주시는 하늘의 열매만 풍성하게 누리며 승리하자.

요 15:18-21 친구 되시는 예수님을 통하여 그동안 경험하지 못한 하나님 아버지의 은혜와 예수님의 사랑을 경험한 성도들은 절대로 가만히 있을 수 없고 자신이 경험한 사랑으로 주변에 있는 영혼들을 사랑하여 살려낼 수밖에 없다(17절). 예수님께서 십자가에 못 박히시며 성도들을 구원하여 친구 삼으신 것은 세상의 말로는 표현할 수 없는 강력한 하늘사랑을 부어주시는 것이다. 성도들의 삶의 목적은 친구 되시는 예수님께서 부어주시는 하나님의 사랑을 받아내는 것이다. 예수님을 통하여 하나님의 사랑을 공급받으면 무엇이든 다 사랑하게 되고 그 사랑의 능력으로 모두를 살려내어 하나님께 올려드리게 된다. 그런데 성도들이 예수님을 통하여 하나님의 사랑을 누리고 있으면 좋은 일만 있는 것이 아니고 눈에 보이지 않는 어둠의 세력들이 성도를 시기하며 미워하기 때문에 생각지 못한 고난과 어려움이 찾아온다. 이것은 사단이 성도들을 미워하는 것이 아니라 성도들의 친구가 되셔서 하늘의 비밀을 알려주시고 하늘에 속한 신령한 은혜를 부어주시는 예수님을 미워하기 때문에 일어나는 현상이다.

사울이 바울로 변화되기 전, 그는 스데반 집사가 구약의 말씀을 풀어서 복음을 전할 때 귀를 막고 복음을 듣지 않고 그리스도의 복음을 담대하게 선포하는 스데반 집사를 돌로 쳐 죽이는 데 앞장을 섰던 사람이었다(행 6-7장). 그리고 이러한 능력을 인정받아 대제사장에게서 다메섹에 숨어있는 예수님을 믿는 자들을 잡아 오라는 공문을 가지고 의기양양하게 다메섹으로 갈 때 그 길에서 예수님이 사울을 찾아와 소리 지르신다.

 사울아 사울아 네가 어찌하여 나를 박해하느냐 행 9:4

겉으로 보여지는 상황은 사울이 스데반 집사를 핍박하여 죽이고 이제는 숨어서 예수님을 믿는 성도들을 잡으려고 다메섹으로

가는 중이므로 사울은 예수님을 직접 만난 적이 없다. 그런데 예수님은 이러한 사울을 찾아오셔서 사울이 자신을 핍박한다고 하신다. 사울이 사단에게 속아 스데반 집사를 죽게 한 것은 예수님을 죽게 한 것이요, 예수님을 믿는 자들을 잡아 핍박하려는 것을 예수님을 핍박하는 것이라고 예수님께서 말씀하신 것이다. 이처럼 사단이 예수님을 믿는 자들을 핍박하여 넘어뜨리는 것은 성도 자체를 넘어뜨리는 것이 아니라, 그 안에 함께하시며 하늘의 사랑을 부어주고 하늘의 열매를 맺게 하시는 하나님을 대적하는 것이다. 하나님은 사단이나 세상이 성도들을 핍박하고 넘어뜨리려 할 때 결코 잠잠히 계시지 않고 더욱 강력하게 성도들을 붙잡고 더 강한 하늘의 사랑을 부어주신다.

성도들이 삶의 현장에서 하나님의 은혜를 누리고 예수님의 사랑을 먹으려 할 때 힘들고 어려운 일을 만나고, 자신을 어렵게 하는 사람을 만났을 때 겉으로 드러난 현상 때문에 힘들어 좌절하지 말고 예수님의 말씀을 기억하며 사단을 깨뜨릴 강력한 믿음으로 맞서자. "내 안에 함께하시고 하늘의 사랑을 부어주시는 예수님을 시기하고 하나님의 영광을 대적하려는 일과, 사람 뒤에 숨어 발악하는 악한 영들에게 속지 않는다. 이제 예수님의 이름의 능력으로 너를 대적하니 너는 나에게서 떠날지어다"하며 당당하게 승리를 선포하자. 이제 세상이 우리를 미워하고 핍박할 때 두려워 말자. 그것은 우리들이 예수님과 한 몸이 되어 믿음생활을 잘하고 있다는 증거이기 때문이다. 성도들이 세상에서 미움을 받지 않는다면 교회는 다닐지라도 한 몸 관계가 회복되지 못하여 예수님이 진실한 친구가 아니며, 정확하게 예수님에게 속하지 못하였고, 하늘로부터 내려오는 은혜를 받지 못해 사단이 시기할 대상이 안 되었다는 것이다. 성도들이 사단의 질투를 두려워하지 않고 당당하게 이기는 방법은 성도들의 친구라 말씀하시는 예수님에게 더욱 밀착되어 예수님의 사랑을 강력하게 받아내면 된다.

> 우리의 시민권은 하늘에 있는지라 거기로부터 구원하는 자 곧 주 예수 그리스도를 기다리노니 빌 3:20

하나님의 자녀들은 육신은 비록 이 땅에 살지만 소속은 '하나님 나라'에 있다. 이러한 비밀을 알았던 아브라함은 평생 동안 집을 만들지 않고 장막(천막)에 거하면서 이 세상에서 외국인처럼 나그네처럼 살면서(히 11:13-16) 하나님께서 부르실 본향(하나님의 나라)을 사모하는 믿음으로 살았다. 성도들이 아브라함처럼 이러한 마음으로 보혈을 의지하고 하나님의 이름을 부를 때 하나님의 얼굴을 볼 수 있다. 하지만 대부분 많은 성도가 육신으로 살고 있는 이 세상이 전부라는 생각으로 하나님께서 예수님을 통하여 예비하신 나라를 생각조차 하지 않고 살아간다. 이러한 껍데기 믿음이기 때문에 예수님의 이름을 부르며 기도하여도 항상 먹고 마시고 입는 것만 구한다.

그러므로 염려하여 이르기를 무엇을 먹을까 무엇을 마실까 무엇을 입을까 하지 말라 이는 다 이방인들이 구하는 것이라 너희 하늘 아버지께서 이 모든 것이 너희에게 있어야 할 줄을 아시느니라 마 6:31-32

　구원받아서 예수님의 이름을 부르지만 이 세상의 것만 구하는 힘 없는 믿음이기 때문에 마귀가 성도들의 기도를 두려워하지 않고, 이러한 껍데기 믿음 때문에 하나님께서 하늘을 열고 응답하실 수 없으시다. 하지만 비록 이 세상에 살지만 하늘에 속한 하나님의 자녀라는 확신으로 하늘에서 이미 완성되었고 이 땅에서 회복될 하나님 나라의 영광과 하나님의 뜻을 구하는 기도를 하면 하나님께서 기뻐하시며 하늘을 열고 믿음의 성도들이 기도한 그대로 응답을 주시며 더 크고 비밀한 하늘 영광까지 풀어주신다. 하지만 성도들에게는 사단의 여러 가지 훼방이 있는데, 성도들이 예수의 이름을 불러 하나님의 영광을 선포하여 기도할 때 사단의 훼방이 있다는 것은 하나님께서 원하시는 바른 신앙으로 하나님 앞에 서 있는 모습을 사단이 시기한다는 의미이다. 사단이 성도들을 핍박하고 넘어뜨리려 할 때 하나님은 절대 잠잠히 계시지 않고 하나님의 능력의 오른팔로 성도를 안아주시고, 사단의 훼방과 핍박이 오히려 하나님의 영광으로 바뀌게 축복해 주신다.

16

믿음 때문에 받는 핍박(요 16:1-11)

¹ 〈성령의 일〉 내가 이것을 너희에게 이름은 너희로 실족하지 않게 하려 함이니 ² 사람들이 너희를 출교할 뿐 아니라 때가 이르면 무릇 너희를 죽이는 자가 생각하기를 이것이 하나님을 섬기는 일이라 하리라 ³ 그들이 이런 일을 할 것은 아버지와 나를 알지 못함이라 ⁴ 오직 너희에게 이 말을 한 것은 너희로 그 때를 당하면 내가 너희에게 말한 이것을 기억나게 하려함이요 처음부터 이 말을 하지 아니한 것은 내가 너희와 함께 있었음이라 ⁵ 지금 내가 나를 보내신 이에게로 가는데 너희 중에서 나더러 어디로 가는지 묻는 자가 없고 ⁶ 도리어 내가 이 말을 하므로 너희 마음에 근심이 가득하였도다 ⁷ 그러나 내가 너희에게 실상을 말하노니 내가 떠나가는 것이 너희에게 유익이라 내가 떠나가지 아니하면 보혜사가 너희에게로 오시지 아니할 것이요 가면 내가 그를 너희에게로 보내리니 ⁸ 그가 와서 죄에 대하여, 의에 대하여, 심판에 대하여 세상을 책망하시리라 ⁹ 죄에 대하여라 함은 그들이 나를 믿지 아니함이요 ¹⁰ 의에 대하여라 함은 내가 아버지께로 가니 너희가 다시 나를 보지 못함이요 ¹¹ 심판에 대하여라 함은 이 세상 임금이 심판을 받았음이라

✖✖✖

요 16:1-4 예수님은 자신이 떠나고 나면 제자들에게 무서운 환란이 찾아오는데 그때 믿음에서 떨어지지 말라(실족)고 말하신다. "내가 이제부터 너희들에게 이 말을 하는 이유는 곧 생각하지 못했던 어려움이 찾아올 것인데, 그때 너희들이 실족(믿음에서 떨어져 나감)지 않게 하려는 것이다"(1-2절). 예수님은 십자가에 달리시기 전 제자들과 마지막 저녁 식사를 마치시고 이 세상에서 승리할 수밖에 없는 은혜와 축복의 말씀을 주신 이후에, 하나님께서 기뻐하시는 믿음으로 제대로 서 있으면 사람의 힘으로는 감당하기 어려운 고난이 찾아올 것이라 말씀하신다(성도들에게 이러한 상황을 주시는 목적은 더욱 하나님만 의지하게 하려는 것이다). 예수님께서 주신 이 말씀을 받아서 바울도 "하나님의 자녀들은 하나님께서 하늘을 열고 부어주시는 하늘의 것을 받아낼 상속자들인데, 그리스도와 함께 하나님의 영광을 받아내기 위하여 그리스도의 고난에도 함께 동참해야 한다"(롬 8:17)라고 말씀한다.

예수님께서 제자들(성도)이 믿음의 자리에 제대로 서 있으면 고난이 찾아올 것이라고 말씀하시고, 바울 또한 성도들이 하나님의 영광을 누리려면 먼저 그리스도께서 받으셨던 고난에 동참해야 한다고 가르치는데 대부분 믿는 성도들은 자기들의 삶의 현장에 영광과 형통이 찾아오기만을 소망하고 고난에는 동참하려 하지 않는다. 하나님은 믿음의 사람들에게 하나님의 영광을 모두에게 보여 줄 '형통'을 약속하셨는데, 하나님께서 의도하시는 '형통'과 성도들이 생각하는 '형통'은 많은 차이가 있다. 하나님께서 말씀하시는 '형통'은 성도들의 삶의 현장에 사단이 가져온 여러 가지 장애물과 같은 문제들을 예수님을 믿는 믿음으로 깨끗하게 제거하고 문제가 제거된 자리에 주변에 있는 모든 사람이 하나님을 인정할 수밖에 없는 하늘의 축복으로 채우는 것이다.

그런데 성도들이 생각하는 '형통'은 자신이 나가는 인생길에 고난과 문제가 절대로 없고 고속도로처럼 모든 것이 완벽하게 열려져 있는 상태이다. 하나님께서 성도들에게 약속하신 '형통'이 풀어지려면 성도들의 삶의 현장에 힘들고 어려운 문제들이 먼저 있어야 한다. 성도들의 삶의 현장에 문제가 찾아왔을 때 이것을 사람의 눈으로 보면 원망과 불평거리이다. 하지만 영적인 눈을 열어 하나님의 눈으로 그 문제를 보면, 나는 아무것도 할 수 없지만 내 안에 함께하시는 예수님의 이름의 능력으로 문제의 근원이 되는 마귀를 대적하여 이기고 그 문제를 하늘의 기적과 축복으로 바꾸는 '하늘 기적'(형통)의 출발점이라는 것이 보이게 된다. 이렇게 영적인 눈이 열린 성도는(엡 1:18) 문제 앞에서 절대로 실족하지 않고 시험이 와도 낙망하지 않고 감사하며 당당하게 승리를 선포한다. 하나님께서는 이렇게 믿음으로 무장한 성도들을 찾으신다.

예수님 이후에 유대인들은 예수님을 믿는 성도들을 유대인 공동체에서 쫓아내어 핍박하고 그래도 말을 듣지 않으면 죽였는데, 그들은 이러한 일을 하나님께 대한 충성이라고 생각했다(행 6-7장. 사울이 구약 말씀을 펼쳐 그리스도의 복음을 전할 때 그들은 귀를 막고 듣지 않았다. 그래도 스데반 집사가 당당하게 복음을 전하자 그들은 돌을 던져 스데반 집사를 죽였다. 이렇게 예수 그리스도의 복음에 잡혀 살아가며 복음을 증거하는 성도들을 핍박하고 죽이는 것을 하나님께 대한 충성이라고 생각하였다). 유대인들이 예수 그리스도를 믿는 성도들을 핍박하고 죽이는 이유는 예수 그리스도를 이 땅에 보내신 하나님 아버지의 마음을 알지 못하고 예수 그리스도의 복음을 모르기 때문이다(2-3절). 바울은 이러한 사람들에 대하여 "그들은 하나님께 대한 열성이 있지만, 그 열성은 하나님께서 주신 지혜로 풀어지는 것이 아니라 인간의 생각에 바탕을 두어서 사단에게 속아서 하나님을 대적하는 잘못된 열성이다"(롬 10:2-3)라고 하였다.

유대인들은 자신들이 외우고 가르치는 말씀이(그리스도의 복음이 빠진 말씀) 진리라고 하는데, 제자들이 예수 그리스도의 복음을 선포하자 많은 유대인이 유대교에서 떠나 그리스도의 복음 안으로 들어가는 것이 너무 두려워 제자들과 성도들을 핍박한다. 예수님께서 제자들에게 하신 예언은 예수님 자신이 먼저 십자가에 달려 고난을 받으시고 죽으신다는 것이었다. 바리새인과 대제사장 무리들은 하나님께 충성한다는 명분으로 유월절 기간에 예수님을 십자가에 못 박아 잔인하게 죽였다. 만약 유대인들이 하나님께서

'임마누엘'(하나님께서 우리와 함께 계심)을 위해 하늘을 열고 보내주신 예수님을 알아보고 환영하며 예수님과 제자들을 핍박하지 않고 함께 회당에서 예배를 드렸다면 그들은 꺾이지 않은 참올리브나무 가지로 남아서 하나님의 영광이 가득한 열매들을 맺었을 것이다(롬 11:17-21). 예수님께서는 유대인들이 사단에게 속아서 인간적인 열성으로 제자들과 성도들을 핍박할 것을 미리 아시고 많은 고난이 찾아올지라도 실족하지 말고 승리하라고 제자들에게 말씀을 주신다. 제자들에게 어려움을 준 것은 이방인이 아니라 하나님께 선택받았다고 자부하는 유대인들이었다. 지금도 성도들에게 어려움을 주는 것은 교회 밖에 있는 사람들이 아니라 먼저 믿었다고 자부하지만 하나님께서 부어주시는 은혜를 누리지 못하고 복음의 비밀이 없는 자들이다. 혹시 나는 먼저 믿었다고 자부하지만 다른 믿음의 지체들을 힘들게 하는 자가 아닌지 돌아보자. 예수님께서는 예수님을 정확하게 믿으면 여러 가지 고난이나 핍박이 올 것을 말씀하시며 이러한 일이 일어날 때 실족(믿음에서 떠나지 마라) 하지 말라고 당부하셨다. 성도들이 고난을 만났을 때 도와주시려고 예수님께서 자신을 대신하여 '보혜사 성령'을 보내주신다고 하신다. 예수님에게서 이 말씀을 직접 받고 말씀의 비밀을 체험한 야고보가 성도들에게 어려움과 고난이 찾아왔을 때 승리하는 비밀을 풀어냈다. '믿음생활을 할 때 이유 없는 시험과 고난을 만나면 온전히 기뻐하여라. 그때 고난의 자리에서 예수님이 주시는 인내를 경험하게 된다.' 성경적인 인내는 무조건 참는 것이 아니라 십자가에서 모든 것을 다 이루시고 승리하신 예수님을 만나 예수님의 승리를 내 것으로 가져오는 것이다.

> ✒️ 내 형제들아 너희가 여러 가지 시험을 당하거든 온전히 기쁘게 여
> 기라 이는 너희 믿음의 시련이 인내를 만들고 내는 줄 너희가 앎이라 인내를
> 온전히 이루라 이는 너희로 온전하고 구비하여 조금도 부족함이 없게 하려
> 함이라 약 1:2-4

예수님을 믿는 믿음 때문에 고난이 찾아올 때 승리하는 비밀은 예수님께서 하나님의 사랑 깊은 곳으로 들어가신 것처럼, 영적인 문제와 세상의 모든 문제를 다 해결하시고 완전한 승리를 선포하신 예수님을 직접 만나서 하나님의 사랑과 은혜를 경험하는 것이다. 예수님의 말씀처럼 말로 표현하지 못할 고난을 받았지만 승리를 누렸던 베드로가 "사랑하는 자들아 너희를 연단하려고 오는 불 시험을 이상한 일 당하는 것같이 이상히 여기지 말고 오히려 너희가 그리스도의 고난에 참여하는 것으로 즐거워하라 이는 그의 영광을 나타내실 때에 너희로 즐거워하고 기뻐하게 하려 함이라 너희가 그리스도의 이름으로 치욕을 당하면 복 있는 자로다 영광의 영 곧 하나님의 영이 너희 위에 계심이라"(벧전 4:12-14) 하며 고난에서 승리하는 비밀을 알려주고 있다. 예수님에게서 승리의 말씀을 직접 받고 말씀에 순종하면서 사단이 주는 모든 고난을 이기며 승리한 베드로와 야고보처럼, 예수님께서 주신 말씀에 순종하여 삶의 현장에서 만나는 고난과 시험이 하나님의 영광으로 모두에게 드러내는 승리의 열매로 바꾸는 믿음이 되자.

요 16:5-11 제자들은 예수님께서 자기들의 곁을 떠나신다는 사실과 자기들 앞에 고통이 기다리고 있다는 예수님의 말씀을 듣고 근심이 가득하다. 이러한 제자들(성도들)에게 "내가 하나님의 나라에 가는 것이 너희에게 유익이다. 내가 이곳에 남아 있으면 보혜사 성령이 오실 수 없고, 내가 하나님 앞에 가면 하나님께서 너희를 돕는 보혜사 성령을 보내주시기 때문이다"(7절)고 하신다. 이 땅에 '종의 모습'으로 오셔서 하나님의 말씀에 순종하여 구원을 완성하신 예수님께서 하늘에 오르시지 않고 이 땅에 계속 계시면 제자들에게나 성도들에게 성령이 오실 수 없다. 예수님은 하나님께서 약속하신 구원을 이루려고 '종의 모습'으로 이 땅에 오셨고 하나님의 말씀에 온전히 순종하시며 '종의 사역'을 완성하셨다. 십자가에서 구원을 완성하신 이후에는 '종의 모습'이 아니라 하나님의 영광을 모두에게 부어주시는 '보혜사 성령'으로 구원받은 성도들에게 오신다. 예수님의 말씀을 통하여 하나님께서 일하시는 순서를 잘 살펴보자. '내가 떠나지 않으면 보혜사 성령이 너희에게 오시지 않는다. 그러나 내가 하나님께 올라가면 하나님께서 너희에게 성령을 보내주신다.' 이것이 하나님께서 일하시는 순서다. 구원을 완성하신 예수님을 하나님께서 하나님의 나라에 부르시고, 예수님을 대신하여 구원받은 성도 모두에게 함께하며 도와주시는 '보혜사 성령'을 보내주시는 것이다. 구원을 완성하신 예수님께서 하나님의 영광 앞에 가셔서 구원받은 성도들이 예수님처럼 하나님의 은혜와 사랑을 누리도록 하나님께 간절히 기도하시고(롬 8:32-39) 예수님께서 기도하신 그대로의 은혜와 사랑이 부어지도록 예수님을 대신하여 '보혜사 성령'께서 성도들을 강력하게 도와 주신다.

그렇다면 성령께서 예수님이 계실 때 함께 계셨다면 더욱 좋았을 터인데, 왜 성령은 예수님이 계실 때 오시지 않았을까? 예수님은 성령에 대하여 소개하실 때 '진리의 영' 또는 '거룩한 영'이라고 하신다. 죄 문제를 해결하지 못한 그 자리에는 '거룩한 영'이 함께 할 수 없었고, 사단에게 속아서 거짓이 왕 노릇하는 자리에는 '진리의 영'이 나타나실 수 없었다. 지금도 구원받은 성도들에게 성령이 나타나 일하시지 못하는 이유이다. 예수님께서는 예수님을 대신하여 성도들에게 보냄 받은 성령이 성도들의 삶의 현장에 나타나 일하시게 하려고 성도들에게 '회개'를 요청하신다(마 4:17. 구원받은 성도들이 회개하는 자리에 성령이 주인 되어 일하시기 때문에 천국의 비밀스러운 축복들이 풀어지게 된다). 구원받은 성도들이 어디에서 무슨 일을 만나든지 돕게 하시려고 하나님은 예수님을 대신하여 성령을 보내주셨다. 예수님께서 약속하신 성령이 예수님을 대신하여 오시면 제자들(성도)을 도와줄 뿐 아니라 '죄'와 '의로움'과 '심판'에 대하여 세상이 잘못 알고 있는 것을 바르게 알려주신다(8절). 예수님 당시와 오늘날 교회는 사단에게 속아서 '죄'에 대하여 너무 잘못된 생각을 가지고 있다. 사단에게 속은 사람들은 이 세상의 도덕과 윤리 기준으로 '죄'를 판단하는데, 하나님께서는 창조주 하나님을 제대로 알지 못하여 만나지 못하고 '공중 권세 잡은 자'(사단)에게 속아서 하나님께서 보내신 예수 그리스도를 마음 안에 받아들이지 못하고, 자신의 생각으로 하나님의 말씀을 대적하며 순종하지 못하고 살아가는 것을 '죄'라 하신다(엡 2:1-3). 하나님께서 인정하시지 못할 삶을 살면서 종교생활을 열심히 하며 도덕과 윤리를 잘 지키기 때문에 자신은 죄인이 아니라고 큰소리치는 종교인들이 너무 많다. 이러한 자들을 위해 요한은 "만일 우리가 죄 없다고 말하면 우리는 자신을 속이는 것이고 우리 안에 진리(예수 그리스도)가 없다"(요일 1:8)라고 하면서 "우리가 우리의 죄를 고백하면(사단에게 잡혀 있는 영혼들은 절대로 사단을 닮아 회개할 줄 모른다) 하나님은 성실하시고 의로우신 분이라서 우리 죄를 용서하시고 우리를 모든 불의에서 깨끗하게 해 주신다"(요일 1:9)라고 하였다. 성도들이 마지막에 심판받아야 할 '모든 죄'에서 깨끗하게 씻어지고 용서받는 비밀은 하나님께서 보내주신 예수를 그리스도를 마음 안에 담고, 예수님께서 그리스도 되시려고 흘려주신 보혈을 먹어내어 우리의 영혼과 마음을 채우고 덮는 것이다. 하나님께서 원하시는 '의로움'은 사람의 힘과 방법으로는 도저히 해결할 수 없는 '죄'와 '악'을 완전하게 해결하여 벗어나 하나님 앞에 당당히 서는 것이다. 예수님께서 십자가에서 흘려주신 피로 사단이 일하는 근원이 되는 '죄'를 모두 해결하여 끊으셨다. 예수님은 십자가에 못 박혀 돌아가시면서 '죄'와 '악'의 주인 사단이 숨어있는 자리(사망 안)에 찾아가셔서 '죄'와 '악'의 주인 사단의 머리를 짓밟고 승리(완전한 의로움)를 선포하셨다.

예수는 우리가 범죄한 것 때문에 내줌이 되고 또한 우리를 의롭다 하시기 위하여 살아나셨느니라 **롬 4:25**

사단은 아담 이후에 모든 영혼을 아담의 불의를 핑계 삼아 자신의 발아래 두고 강력하게 밟으며 저주하였는데, 하나님께서 인정하시는 '의로움'을 완성하신 예수님은 밟을 수 없었고 오히려 예수님의 발에 자기가 밟히게 되었다. "예수님의 의로움"이 부활을 통하여 드러났다면 예수님을 믿는 성도들에게 하나님께서 인정하시는 '의로움'은 예수님의 부활을 믿으며, 예수님께서 주신 부활의 능력으로 죄를 끊으며 마귀를 밟아 이기는 것이다. 믿음의 조상 아브라함이 하나님 앞에서 '의롭다'라고 인정받은 비밀은 하나님께서 말씀하시면 자기의 얄팍한 생각을 내려놓고 무조건 "아멘"(옳습니다)하며 믿었기 때문이다. 구원받은 성도들이 육체의 눈에 보이지 않는 하나님께서 나와 함께하시며 도와주심을 믿고, 예수님의 부활을 나의 부활로 믿는 믿음으로 이제는 마귀를 밟아 이기며 승리자가 된 것을 확신하며 당당하게 승리를 선포할 때 하나님께서 '의로운 믿음'이라고 인정해 주신다. 예수님은 마귀에게 짓눌려 고통하며 신음하는 인생들을 모두 자유하게 하시려고 이 땅에 오셨고 십자가에 못 박히셨으며 무덤에 갇히셨다가 3일 만에 부활하시고 다시 하늘로 승천하셨다. 그리고 약속하신 것을 이루시려고 오순절 날 하늘을 열고 예수님의 말씀을 믿고 감사함으로 기도하는 성도들을 찾아오셔서 예수님께서 하나님 말씀에 순종하여 침례/세례 받으실 때 하나님께서 부어주셨던 성령을 동일하게 선물로 주셨다(행 2:1-4). 예수님께서 약속하신 '보혜사 성령'은 그 당시 제자들에게 뿐 아니라 예수 그리스도를 영접하여 구원받은 성도 모두가 받아야 할 하나님의 선물이다.

17

내가 함께하니 담대하라 (요 16:21-33)

²¹ 여자가 해산하게 되면 그 때가 이르렀으므로 근심하나 아기를 낳으면 세상에 사람 난 기쁨으로 말미암아 그 고통을 다시 기억하지 아니하느니라 ²² 지금은 너희가 근심하나 내가 다시 너희를 보리니 너희 마음이 기쁠 것이요 너희 기쁨을 빼앗을 자가 없으리라 ²³ 그 날에는 너희가 아무 것도 내게 묻지 아니하리라 내가 진실로 진실로 너희에게 이르노니 너희가 무엇이든지 아버지께 구하는 것을 내 이름으로 주시리라 ²⁴ 지금까지는 너희가 내 이름으로 아무 것도 구하지 아니하였으나 구하라 그리하면 받으리니 너희 기쁨이 충만하리라 ²⁵ 〈내가 세상을 이기었다〉 이것을 비유로 너희에게 일렀거니와 때가 이르면 다시는 비유로 너희에게 이르지 않고 아버지에 대한 것을 밝히 이르리라 ²⁶ 그 날에 너희가 내 이름으로 구할 것이요 내가 너희를 위하여 아버지께 구하겠다 하는 말이 아니니 ²⁷ 이는 너희가 나를 사랑하고 또 내가 하나님께로부터 온 줄 믿었으므로 아버지께서 친히 너희를 사랑하심이라 ²⁸ 내가 아버지에게서 나와 세상에 왔고 다시 세상을 떠나 아버지께로 가노라 하시니 ²⁹ 제자들이 말하되 지금은 밝히 말씀하시고 아무 비유로도 하지 아니하시니 ³⁰ 우리가 지금에야 주께서 모든 것을 아시고 또 사람의 물음을 기다리시지 않는 줄 아나이다 이로써 하나님께로부터 나오심을 우리가 믿사옵나이다 ³¹ 예수께서 대답하시되 이제는 너희가 믿느냐 ³² 보라 너희가 다 각각 제 곳으로 흩어지고 나를 혼자 둘 때가 오나니 벌써 왔도다 그러나 내가 혼자 있는 것이 아니라 아버지께서 나와 함께 계시느니라 ³³ 이것을 너희에게 이르는 것은 너희로 내 안에서 평안을 누리게 하려 함이라 세상에서는 너희가 환난을 당하나 담대하라 내가 세상을 이기었노라

✖✖✖

요 16:21-24 아이를 잉태한 여인이 해산의 때가 가까워지면 산통 때문에 근심하지만 아이를 낳으면 아이를 얻은 기쁨 때문에 극심했던 산통을 곧 잊어버린다. 곧 십자가에 달리실 예수님께서 왜 여인의 해산과 산통이라는 비유의 말씀을 하실까? 예전에 이스라엘 사람들은 감당하기 힘든 고통이 찾아오면 이것을 임신한 여인이 해산하는 산통으로 표현했었다. 예수님께서 비유로 말씀하시는 여인의 산통과 해산의 기쁨은 예수님 자신에 대한 말씀이다. 제자들에게 유언과도 같은 마지막 말씀을 마치시면 겟세마네 동산에 오르셔서 하나님께 마지막 기도를 하시고(눅 22:39-44) 대제사장 무리에게 잡히셔서 온 인류의 죄악을 담당하시고 그 죗값을 지불하시려고 십자가에 못 박히셔야 한다. 못 박히셔야 할 십자가를 앞에 두고 예수님의 마음은 사람의 말로 형용하지 못할 극심한 고통과 두려움이 밀려왔을 것이다. 하지만 십자가 죽음이라는 예수님의 산통 때문에 예수님 안으로 들어온 모든 자들은 마귀의 짓눌림에서 벗어나 하나님의 자녀로 태어나게 되었다(시 2:7, 요 1:12, 벧전 1:3).

만약에 예수님께서 육신의 연약함과 밀려오는 두려움 때문에 구원을 이루기 위한 산통(십자가의 고난과 죽음)을 거부했더라면(눅 22:41-44) 그 누구도 하나님의 자녀로 태어날 수 없다. 예수님의 십자가 이전에는 수없이 많은 사람이 하나님의 자녀가 되려고 말할 수 없는 신음으로 하나님의 이름을 불렀지만 그 어떤 기도로도 하나님을 만날 수 없었다. 예수님께서 십자가를 앞에 두고 그의 마음이 얼마나 고통스러우셨을까? 하지만 십자가의 고통 때문에 마귀에 사로잡혀 영원한 지옥으로 달려갈 인생들이 하나님의 품 안으로 들어오는 것을 보시며 얼마나 감격이셨을까? 예수님께서 여인의 산통을 비유로 말씀하시는 근거는 사 26:17-18에 있다. "여호와여 잉태한 여인이 산기가 임박하여 산고를 겪으며 부르짖음같이 우리가 주 앞에서 그와 같습니다. 우리가 잉태하고 산고를 당하였을지라도 바람을 낳은 것 같아서 땅에 구원을 베풀지 못하였고 세계의 거민을 출산하지 못하였습니다." 하나님으로부터 특별하게 선택받았다고 자부하는(선민의식) 이스라엘 백성들이 입술로는 하나님의 이름을 부르며 예루살렘 성전까지 올라와 예배드리지만 그들의 마음은 하나님에게서 멀리 떨어져 있다. 하나님께서는 하나님에게서 멀리 떨어져 있는 이스라엘의 마음을 깨뜨려 변화시켜서 하나님만을 신뢰하는 믿음으로 회복하여 하나님께서 부어주시는 은혜 안에 거하는 신실한 백성들이 되기를 원하신다(사 26:10-11).

그런데 이러한 하나님의 마음을 모르고 자기 멋대로만 살아가는 이스라엘을 주변 강대국을 동원하여 고통스럽게 짓누르실 때 이스라엘 백성들이 여인이 산통 가운데 부르짖는 것처럼 하나님의 이름을 부르며 기도한다. 하지만 하나님께서 원하시는 변화는 거부하고 입술로만 하나님의 이름을 부르며 고통을 멈춰달라고 부르짖다 보니 하나님은 이스라엘 백성들을 외면하셨고 이스라엘 백성들이 여인의 산통처럼 엄청나게 부르짖어도 아들은 나오지 않고(응답이 없고) 바람만 낳았다. 즉 아무 열매도 없이 비참하게 망하게 되었다. 이렇게 망한 이스라엘을 회복하실 때 하나님은 이스라엘에게 다시 임신한 여인들이 출산할 때 겪는 산통의 기도를 하게 하신다(사 66:7-10). 이때 이스라엘은 하나님께서 원하심대로 자기들이 하나님과의 잘못된 관계를 시인하며 돌이켜 회개하고 하나님의 은혜만을 사모하는 믿음을 먼저 회복하였다. 하나님께서 원하시는 믿음이 회복된 이후에 여인들이 산통 하는 것처럼의 기도할 때 그들은 하나님께서 예비하신 하늘의 열매를 낳으며 승리하게 되었다(사 66:7). 하나님께서 허락하신 고통을 통하여 자기들의 잘못된 믿음을 돌이켜 하나님께서 인정하시는 믿음을 회복하고 하나님의 이름을 부르자마자 하나님은 순식간에 사람으로는 생각할 수 없는 산통의 열매를 받게 하신다.

> 이러한 일을 들은 자가 누구이며 이러한 일을 본 자가 누구이냐 나라가 어찌 하루에 생기겠으며 민족이 어찌 한순간에 태어나겠느냐 그러나 시온은 진통하는 즉시 그 아들을 순산하였도다 사 66:8

하나님께서 기뻐하시는 믿음을 회복한 이스라엘을 향하여 태의 문(하늘의 문, 응답과 축복의 문)은 절대 닫히지 않고 계속하여 하나님께서 풀어주시는 자식(하나님의 응답과 축복)을 받아내게 된다(사 66:9). 하나님은 사랑하는 자녀들이 하나님께서 하늘을 열고 풀어 내시는 이러한 자식(하늘의 응답)을 받아내게 하시려고 사랑하는 자녀들에게 여인의 산통과 같은 문제를 허락하신다. 성도들이 삶의 현장에서 만난 문제 때문에 원망하지 않고 하나님을 향하여 구로 하는 기도(엎드려 뒹굴며 소리치며 승리를 선포하는 감사의 기도)를 하면 하나님은 즉시 하늘에서 예비한 응답과 축복을 부어주신다. 성도들은 믿음 때문에 찾아오는 극심한 핍박으로 두려워하지만, 여기에서 실족(믿음을 잃어버림)하지 않고 오히려 그 고통 때문에 예수님과 더욱 가까워져 당당하게 승리를 선포하면 하나님은 성도들이 믿음 때문에 받고 있는 고통을 하나님의 영광과 축복으로 바꾸어주신다. 하나님께서 주신 기막힌 응답과 축복을 경험한 성도들은 믿음 때문에 사단이 시기해서 주는 고통과 핍박을 이제는 두려워하지 않고 더욱 예수님과 가까워지고(하나님께서 원하시는 인내) 예수님을 증거하고 싶은 마음이 생긴다. 하나님께서 마지막 때에 찾으시는 성도들은 예수님을 믿는 믿음 때문에 찾아온 고통이 찾아오면 더욱 예수님의 이름을 부르며 하나님의 영광을 선포하여 사단을 밟으며 세상이 감당하지 못할 응답을 누리는 자들이다. 바울은 갈라디아 성도들을 향하여 "나의 자녀들아 너희 속에 그리스도의 형상이 이루기까지 다시 너희를 위하여 해산하는 수고를 한다"(갈 4:19)라고 하였다. 바울을 통하여 그리스도의 복음을 제시받고 영접하여 구원받고 갈라디아 교회의 구성원이 된 성도들을 향하여 바울은 다시 해산하는 수고(잉태한 여인이 출산하는 산통, 죽을 만큼 힘든 고통)할 것이라 하는데 바울이 이렇게 죽을 만큼 힘든 고통을 견디는 이유는 무엇일까? 예수 그리스도를 영접하여 구원받고 교회에 나와서 예배드리지만 아직 '속사람'은 예수님을 닮지 못하고 죄와 상처를 가득 담고 있는 옛사람의 모습이다. 교회에 참석하여 예배는 드리지만 여전히 사단에게 짓눌림 당하는 성도들의 '속사람'을 변화시켜 하나님의 은혜 안으로 끌어드리려고 '해산의 수고'(죽을 만큼 힘든 아픔과 고통)를 자처하였다.

구원받은 성도들에게도 바울의 이 믿음 고백이 두 가지 영역에서 그대로 나와야 한다. 첫째는 아직 예수님을 받아들이지 않아 구원받지 못한 영혼들을 살려 하나님께 올려드리기 위해 우리의 마음에 그들을 품고 그들이 하나님의 영원한 생명을 얻기까지 해산하는 수고를 해야 한다. 우리는 한 영혼을 살려내는 전도를 너무 쉽게 생각하여 "교회에 가자"라는 말로 전도의 사명을 다했다고 잘못 생각한다. 사단은 사람들이 얼마든지 교회에 나가라고 용인해 준다. 사단이 발악하며 훼방하는 참된 전도는 여인이 생명을 자기 자궁에 받아들여 품듯이 하나님께서 살려내기 원하는 한 영혼을 우리의 마음에 품고 그들을 잡고 있는 사단을 제거하기 위해 우리의 생명을 걸고 기도하는 것이다. 우리의 마음에 품고 영적인 전쟁을 한 영혼들이 때가 되어 하나님 앞에 생명으로 나오려 할 때 사단이 최고로 발악하는데 이것을 두려워하지 않고 하나님의 사랑을 의지하여 우리의 마음에 품은 영혼들을 더욱 축복하면 그 영혼을 덮고 저주하던 사단의 힘이 깨어지고 하나님의 생명과 은혜 앞으로 나오게 된다. 이러한 일을 하나님께서 제일 기뻐하신다. 이렇게 한 영혼을 살려서 하나님께 올려드리는 일이 얼마나 힘들고 어려운지... 하지만 곧 다시 다른 영혼을 품어 살리기 위해 하나님의 은혜를 더욱 사모하는 믿음 자리에 들어가게 된다.

성도들이 해야 할 두 번째 해산의 수고는 바울처럼 이미 예수 그리스도를 영접하여 구원받아 교회에까지 나왔지만 아직 옛사람의 모습을 벗지 못하고 예수님을 닮지 못한 성도님들을 마음에 품고 보혈을 덮어주어 스스로는 하지 못하는 옛사람을 벗어버리고 하나님의 새사람을 입게 하는 것이다(참된 영적 전쟁). 구원받아 교회에 나온 성도들은 죽어서 천국에 간다는 말만 하는 것이 아니라 마음 안에 숨겨져 있는 죄와 상처를 끊고(속 사람의 수술) 마음 전체가 하나님의 은혜와 사랑으로, 하나님의 말씀으로 채워져 있는 참된 성도로 변화되어야 한다. 이것은 성도 스스로 할 수 없는 엄청난 영적 전쟁이다. 먼저 구원받은 성도들이 그들을 마음에 품고(여인의 산통과 고통) 축복할 때 예수님을 닮은 온전한 성도로 세워지게 된다.

요 16:32-33 예수님은 제자들이 믿음으로 훈련되고 영적인 것이 열리니 이제부터는 하늘의 비밀을 비유로 말씀하시지 않고 직접 말씀하신다고 하신다(25, 29절). 지금도 영이 열리지 못한 성도들에게는 계속 비유와 예화로 말씀을 풀어야 하지만 영이 열린 성도들에게는 성령께서 직접 하늘의 비밀을 말씀하신다. 예수님께서 사역하실 때 비유를 많이 사용하신 이유가 여기에 있다. 예수님을 향하여 달려드는 많은 사람에게 바로 하늘의 비밀을 말씀하시면 그들이 전혀 알아듣지 못하기 때문에 주변에서 쉽게 볼 수 있는 상황으로 말씀을 풀어내셔서(비유) 간신히 유대인들이 예수님의 말씀을 깨닫게 하셨다. 지금도 강단에서 하나님의 말씀을 바로 선포하지 못하고 자꾸만 예화를 이용하는 것은 성도들이 하나님의 말씀을 제대로 받아먹을 영이 열리지 않았기 때문이다. 예수님께서 구원을 완성하시고 하늘을 열고 성령을 보내주신 이후 성령에 사로잡혀 있는 성도들은 하늘의 비밀스러운 모든 말씀을 받아먹을 수 있는 자들이다. 사단에게 속아서 말씀이 어렵다고 하며 진리 말씀을 토해내는 영적인 갓난아이의 모습을 벗고 성령으로 사로잡혀 있는 장성한 믿음으로 하나님께서 주시는 하늘의 비밀을 당당하게 받아 먹자. 예수님께서 하늘의 비밀을 감추지 않고 드러내 말씀하시는 핵심은 두 가지이다. 첫째 예수님은 십자가의 때가 가까워지면 제자들이 모두 자기를 버려두고 떠날 것을 말씀하시며 이러한 제자들을 탓하지 않으신다고 미리 말씀하신다. 왜냐하면 제자들이 예수님을 버려도 하나님께서 예수님과 함께하시기 때문이다(32절). 이것이 예수님께서 사단을 밟고 이기며 세상에서 승리할 수 있었던 비밀인데, 구원받은 성도들도 세상 모든 사람이 우리를 버릴지라도 하나님 아버지께서 가슴을 열어 품고 계시며 예수님께서 성령으로 함께하시며 도와주시기 때문에 당당하게 승리를 선포해야 한다. 둘째로 구원받은 성도들은 세상에서 많은 문제를 만나지만 그때 상황과 형편 때문에 두려워하지 말고 함께하시는 하나님께서 마음 안에 담아주신 하늘의 평안을 의지하여 당당하게 승리를 선포하여 예수님처럼 하늘의 영광 가득한 승리를 누리라고 하신다(33절).

삶의 자리에서 여러 가지 일을 만났을 때 우리를 도와 승리하게 하시는 분은 아버지 하나님이시다. 그런데 성도들이 삶의 자리에서 문제를 만났을 때 하나님을 신뢰하여 하나님께서 행하실 승리를 당당하게 선포하지 못하고 사단에게 속아서 눈에 보이는 사람을 찾고 방법을 동원하려 한다. 사람들의 본성을 잘 아시는 예수님께서 하나님께서 일하시는 시간이 되면 사람의 힘과 방법이 모두 사라지는 것을 자신을 통하여 보여주셨다. 예수님이 잡히실 때 제자들이 모두 예수님을 버리고 떠나는 것은 당연한 것이라 말씀하신다. 성도들이 문제를 만났을 때 하나님께서 일하실 시간이 되면 사람의 힘과 방법은 모두 사라진다. 제발 사람의 도움이 없다고 원망하거나 불평하지 말고 이미 우리와 함께하시는 예수님께서 주시는 하늘의 평안을 누리며 우리의 삶의 현장에 나타나실 하나님을 기대하며 감사하며 당당하게 하나님의 영광을 위한 승리를 선포하자. 엘리사 선지자가 이스라엘에서 활동할 때 아람의 왕이 이스라엘을 여러 번 침공하였지만 그때마다 결정적인 패배를 하였다. 아람의 왕이 자기들 안에 첩자가 있는 줄 알고 고민할 때 신하 중에 한 사람이 말한다. "우리 중에 첩자가 있는 것이 아니라 이스라엘에는 하나님의 사람이 있는데, 그는 왕께서 침실에서 비밀스럽게 하는 말도 이스라엘의 왕에게 알려줍니다"(왕하 6:8-12)라고 하였다. 아람 왕이 자기들의 비밀을 꿰뚫고 있는 하나님의 사람 엘리사를 잡으려고 엘리사가 머물고 있는 도단성으로 밤중에 몰래 아람의 군사들을 보내어 도단성을 몇 겹으로 포위하였다. 엘리사의 사환이 아침에 일어나 눈을 들어보니 성 주변을 온통 아람의 군인들이 에워싸고 있었다.

　이러한 상황에 직면한 엘리사의 사환이 엘리사를 부르며 "아! 주인님 이제 우리는 망했습니다"(왕하 6:15)라고 하며 절망한다. 이 때 하나님의 사람 엘리사 선지자가 "두려워하지 말라 우리와 함께 한 자가 저와 함께 한 자보다 더 많으니라"(왕하 6:16) 하고 두려워 낙망하는 사환에게 안수하며 "여호와여 원합니다. 사환의 눈을 열어 나처럼 하나님께서 일하시는 비밀을 보게 하소서"(왕하 6:17) 하였다. 하나님께서 엘리사 선지자의 기도를 들으시고 사환의 영적인 눈을 열었을 때 온 산을 두르고 있던 아람의 군사와 말은 보이지 않고 하나님께서 엘리사를 지키고 승리하게 하려고 보내주신 불말과 불병거가 가득한 것만 보였다. 예수님을 영접하여 구원받은 성도들이 엘리사의 사환처럼 현실만 살피는 육체의 눈이 밝았던 것을 회개하고 예수님의 이름으로 기도하여 영적인 눈을 열어 하나님의 품에 가장 안전하게 안겨져 있는 우리의 모습과 여기에 더하여 구원받은 우리를 도와주어 승리하게 하려고 우리의 삶의 현장에 파송되어 있는 하나님의 천군과 천사들을 보아야 한다. 이러한 영적인 눈이 열려져 하나님을 바라보고 승리를 위해 보냄 받은 하늘의 군사들을 보았을 때 어느 상황이든지 절대 평안하며 당당하게 하나님의 영광을 위한 승리를 선포하게 된다.

예수님 자신을 위한 기도(요 17:1-5)

¹ 〈기도하시다〉 예수께서 이 말씀을 하시고 눈을 들어 하늘을 우러러 이르시되 아버지여 때가 이르렀사오니 아들을 영화롭게 하사 아들로 아버지를 영화롭게 하게 하옵소서 ² 아버지께서 아들에게 주신 모든 사람에게 영생을 주게 하시려고 만민을 다스리는 권세를 아들에게 주셨음이로소이다 ³ 영생은 곧 유일하신 참 하나님과 그가 보내신 자 예수 그리스도를 아는 것이니이다 ⁴ 아버지께서 내게 하라고 주신 일을 내가 이루어 아버지를 이 세상에서 영화롭게 하였사오니 ⁵ 아버지여 창세 전에 내가 아버지와 함께 가졌던 영화로써 지금도 아버지와 함께 나를 영화롭게 하옵소서

✖✖✖

예수님께서는 하나님의 때가 되어 이제 곧 십자가를 지셔야 한다. 십자가를 앞에 두신 예수님께서 제자들과 함께 저녁 식사를 마치신 후에 제자들의 발을 씻겨주시며 마지막까지 사랑하시며 섬기시는 본을 보여주셨다(13장). 마지막 저녁 식사 후 제자들의 발을 씻겨주신 예수님께서 제자들이(구원받은 성도) 사단을 이기고 하나님께서 주시는 하늘의 열매들을 맺으며 세상에서 승리하는 비밀을 알려주셨다(14-16장). 그리고 17장은 십자가 사역을 앞두신 예수님께서 하나님을 향하여 마지막 기도를 하시는데 1-5절은 십자가를 지며 하나님께서 맡기신 구원 사역을 완성해야 하는 자기 자신을 위한 기도, 6-19절은 홀로 남겨질 제자들을 위한 기도, 20-26절은 예수님을 믿는 성도들을 위한 기도이다. 십자가 형벌을 앞에 두신 예수님께서 자기 스스로를 위해 하나님께 올려드리는 기도를 통하여 성도들이 하나님께 올려드리는 참된 기도의 비밀(구원받은 성도들이 자기 자신을 위해 어떻게 기도해야 하나님께서 받으시고 응답을 주시는지)을 알아야 한다. 마지막 십자가를 앞에 두신 예수님은 너무도 당당하게 하나님을 "아버지"라 부르신다. 예수 그리스도를 영접하여 구원받은 성도들은 누구든지 하나님을 아빠 아버지라 부르며 하나님께서 약속하신 것을 당당하게 받아내도록 '아들의 영'

을 받은 자들이다(롬 8:15, 갈 4:6-7). 예수님을 믿는 것은 예수님께서 하신 일을 그대로 하는 것인데(요 14:12) 구원받은 성도들은 예수님처럼 당당하게 하나님을 "아버지"라 부르며 하나님께서 약속하신 하나님의 영광을 위한 승리를 선포하며 기도해야 한다. 하늘에 계신 하나님께서 성도들이 당당하게 선포하는 믿음의 기도를 받으시고 너무 기뻐하시면서 하나님 자신의 영광이 드러날 기막힌 응답을 허락하신다.

요 17:1 예수님은 요 16:33에서 "세상에 나가면 너희가 환난을 당한다" 하고 말씀하신 이후에 성도들이 환난과 시험을 당할 때 하나님께 피하는 방법을 가르쳐 주시려고 하나님을 향하여 몸소 기도를 시작하신다. 성도들이 삶의 자리에서 문제를 만나 하나님의 이름을 부르며 기도할 때 우리가 만난 문제에 집중하여 호소하는 것보다, 마음에 하나님께서 주신 평안을 품고 하나님의 영광을 선포하는 기도를 하면 그 자리에서 하나님을 만나며 귀한 응답을 누리며 승리한다(삼상 1장. 한나가 하나님이 주시는 응답으로 사무엘을 얻어내는 비밀). 제자들이 예수님을 만나 처음 사역을 시작할 즈음에 "예수님 어떻게 기도해야 하나님께 우리의 기도가 상달되고 쉽게 응답을 받습니까?" 하고 물었을 때 예수님께서 직접 기도하는 방법을 가르쳐 주셨다(마 6:9-13. 주기도문). 예수님께서 가르쳐 주신 주기도문의 첫 문장은 "하늘에 계신 우리 아버지여"하고 하나님을 인정하는 것이었다. 참된 믿음은 모든 상황에서 오직 하나님 한 분만 인정하며 감사하는 것인데 사단은 눈앞에 있는 상황과 마음에서 올라오는 기분 감정이 우선이라고 속인다. 성도들이 하나님 한 분만 인정하고 신뢰하면 그다음이 "하나님의 이름이 거룩히 여김을 받기 원합니다."였다. 하나님께서 기뻐 받으시는 모범 기도문을 제자들에게 가르쳐 주신 예수님께서 마지막 십자가를 앞에 두고 자기의 고난을 해결해 달라고 기도하신 것이 아니라 '하늘 아버지의 영광이 세상에 드러나기 위하여 하나님께서 나에게 영광을 부어주십니다' 하는 기도를 하였다.

예수님의 기도처럼 성도들이 삶의 현장에서 만난 문제 가운데 하나님께서 부어주시는 영광을 받아 누리면, 성도들이 만난 문제는 하나님께 영광이 되도록 하나님께서 나타나 일하시는 완전한 승리가 된다. 성도들이 삶의 자리에서 문제를 만나면 문제 해결을 위해 기도하는 것이 아니라 "이 문제를 통하여 하나님의 영광이 주변 모든 사람에게 드러나게 됩니다"라고 선포하면 된다. 예수님을 이 땅에 보내신 하나님은 모든 순간 예수님을 영광스럽게 해주셨는데, 하나님께서 예수님께 부어주신 하나님의 영광 때문에 하나님을 비난하던 사람들이 예수님 앞에서 무릎 꿇게 하셨다. 하나님과 예수님께서 서로를 영광스럽게 하는 비밀이 예수님을 영접하여 구원받은 성도들과 하나님 사이에서 동일하게 나타난다. 예수님을 십자가에 못 박으시며 우리를 구원하시고 하나님을 아버지라 부르는 영을 주신 하나님께서 하나님을 아버지라 부르며 달려드는 성도들에게 예수님에게 부어주신 것과 동일하게 하늘의 영광을 부어주신다. 성도들이 진정으로 하나님의 이름을 부르며 사모해야 하는 것은 모든 순간 하늘을 열고 부어주시는 하나님의 영광이다. 예수님께서 십자가에 못 박히셔서 고난 가운데 피 흘리심으로 사람으로서는 도저히 해결하지 못할 '죄'를 해결하심으로 하나님께서 영광 받으셨다.

그런데 예수님은 죄 문제만 해결하신 것이 아니라 죽으셨다 살아나신 부활의 능력으로 사단의 머리를 짓밟아 승리하시며 더욱 완전하게 하나님의 영광을 세상에 드러내셨다(창 3:15, 히 2:14). 이렇게 예수님을 통하여 영광 받으신 하나님께서 하늘에 있는 자들과 땅에 있는 자들과 땅 아래 있는 자들 모두가 예수님의 이름에 무릎을 꿇게 하는 가장 강력한 영광을 예수님에게 안겨주셨다(빌 2:5-11).

요 17:2-3 하나님께서 예수님에게 사람과 똑같은 육체를 입혀 이 땅에 보내시며 주신 사명은 '죄' 때문에 눈에 보이지 않는 사단에게 사로잡혀 고통받으며 비참하게 살다가 육체가 죽으면 하나님의 나라에 가지 못하고 영원한 저주를 받으러 지옥으로 달려가는 인생들에게 하나님을 만나는 근본이 되는 '영원한 생명'을 담아주는 것이다. 하나님께서 예수님을 이 땅에 보내시며 모든 육체 안에 하나님의 '영원한 생명'을 담아 살려내는 권세를 주셨다. 하나님께서 주신 '영원한 생명'의 권세 안에서 사망의 주인 마귀의 머리가 깨어지고 마귀가 가져다 놓은 모든 일이 하나님의 영광으로 바뀌어 풀어지게 된다. 그런데 하나님께서 예수님에게 주셨던

'영원한 생명'의 권세는 예수님에게서 끝나지 않고 예수님을 영접하여 하나님의 '영원한 생명'을 받아먹고 하나님을 아버지라 부르면서 예수님처럼 다른 사람들을 살려내려고 하는 성도들을 통하여 다시 나타난다(마 28:18-20. 하나님께서 하늘과 땅의 모든 권세를 나에게 주셨는데... 세상 끝날까지 너희를 통하여 하나님의 권세가 나타나리라).

예수님을 믿는 성도들에게 하나님께서 예수님을 통하여 주신 '하늘의 권세'(마귀를 밟아 이기며 마귀가 가져온 모든 문제를 하나님의 영광으로 바꾸는 능력)가 나타나는 비밀은 성도들 마음 안에 예수님 때문에 회복된 '영원한 생명'을 숨기지 않고 드러내어 전하려고 하는 자리에서 나타난다. 구원받은 성도들이 마귀를 이기며 하나님께서 주시는 귀한 응답을 받지 못하는 가장 근본적인 이유는 '영원한 생명'을 전하려 하는(하나님께서 기뻐하시는 참된 전도) 의지가 없기 때문이다. 하나님께서 예수님을 십자가에 못 박으시며 모든 사람에게 주기 원하시는 '영원한 생명'을 얻는 비밀은 먼저 유일하신 하나님을 알고, 하나님께서 온 인류의 구원을 위해 보내주신 예수 그리스도를 마음을 열고 받아들이는 것이다(영접. 요 1:12, 요일 5:1. 우리 안에 하나님의 '영원한 생명'이 늘 풍성하도록 그리스도가 되셔서 모든 문제를 해결하시고 살아계신 예수님을 매 순간 초청하여 받아먹자). 이러한 비밀을 알았던 요한이 "또 증거는 이것이니 하나님이 우리에게 영생을 주신 것과 이 생명이 그의 아들 안에 있는 것이라 아들이 있는 자에게는 생명이 있고 하나님의 아들이 없는 자에게는 생명이 없느니라 내가 하나님의 아들의 이름을 믿는 너희에게 이것을 쓰는 것은 너희로 하여금 너희에게 영생이 있음을 알게 하려 함이라"(요일 5:11-13)라고 하였다.

아무리 교회를 오래 다니며 성경을 열심히 연구하여 잘 안다 하여도 마음 안에 예수 그리스도가 없다면 그들은 하나님의 영원한 생명을 소유하지 못한 자들이다. 이러한 사람들은 종교인은 될 수 있지만 진정한 하나님의 자녀라고 할 수는 없다. 왜냐하면 하나님의 자녀는 하나님께서 아들 예수님을 통하여 주신 '영원한 생명'을 소유하고 어디서든지 당당하게 하나님을 아버지라 부르며 하나님께서 하늘을 열고 부어주시는 신령한 은혜를 누리는 자들이기 때문이다. 오늘날 교회 안에 '영원한 생명'을 소유하지 못하고 구원받았다고 착각하는 종교인들이 너무 많다. 그래서 바울은 "너희 안에 그리스도가 살아 계신지 확인하여 보아라. 만약에 영원한 생명의 주인 되시는 그리스도가 없다면 너희는 하나님께서 버린 자들"이라고 하였다.

> 너희는 믿음 안에 있는가 너희 자신을 시험하고 너희 자신을 확증하라 예수 그리스도께서 너희 안에 계신 줄을 너희가 스스로 알지 못하느냐 그렇지 않으면 너희는 버림 받은 자니라 고후 13:5

하나밖에 없는 아들 예수님을 십자가에 못 박으시며 우리 안에 첫 사람 아담이 사단에게 속아서 빼앗겨버린 '영원한 생명'을 먹여주기 원하셨던 하나님 아버지의 마음을 제대로 깨달아 알고, 하나님의 비밀이 되는 예수 그리스도를(골 2:2-3) 마음 안에 가득 채워 우리의 모든 삶을 주관하시는 완전한 주인이 되게 하자. 이것이 하나님께서 찾으시는 가장 귀한 믿음이다.

요 17:4-5 예수님께서 하나님이 맡기신 사명을 완성하여 하나님을 영화롭게 하신 것처럼, 성도들이 이 세상에서 하나님을 영화롭게 하는 비밀은 하나님께서 맡겨주신 사명을 완성하는 것이다. 하나님께서 주신 사명을 완성한 성도들이 이 땅에서의 삶을 끝내고 하나님께 부름 받았을 때 하나님은 모든 천사 앞에서 가장 영광스럽게 하나님의 영광의 품에 안아주시고, 이 땅을 살아가는 동안에도 하나님께서 맡겨주신 사명을 감당하는 성도들에게 그들을 바라보는 주변 모든 사람이 하나님의 영광을 인정할 수밖에 없는 열매를 맺도록 축복해 주신다. 예수 그리스도를 영접하여 구원받은 성도들은 누구를 막론하고 모두가 다 이 땅에서 이루어내야 할 하나님께서 맡겨주신 사명이 있다. 그런데 사단에게 속은 대부분의 성도들이 이 땅에서 이루어내야 할 하나님께서 맡겨주신 사명을 이루지 못하고, 사명이 무엇인지조차 모르고 살아간다. 자신에게 맡겨진 '하나님의 사명을 아는 성도'들은 기도가 다르고 그들의 삶이 달라진다. 하나님께서 맡겨주신 사명을 아는 성도들은 먹고 마시고 입는 것을 구하지 않고 예수님처럼 하나님께서 맡겨주신 사명을 이루기 위한 능력의 기도를 한다(마 6:31-33). 성도들이 하나님께서 맡겨주신 사명을 이루어낼 그 때에 그들이 사명을 감당하는 자리에는 사단이 절대로 훼방할 수 없는 하나님의 영광이 드러나게 된다.

사단이 왕 노릇하는 이 땅에 이루어내야 할 하나님의 사명이 있기 때문에 하늘에 있던 우리를 예수님처럼 잠시 동안 이 땅으로 보내셨고, 하나님의 시간이 되었을 때 예수 그리스도를 통하여 구원하시고, 성령을 통하여 우리를 향한 하나님의 비밀스러운 사명을 말씀하시는데 대부분 성도들이 하나님께서 일하시는 비밀을 모르고 하나님의 마음을 몰라서 "구원받았으니 이제 죽으면 천국에 간다"는 안타까운 말만 한다. 이렇게 영적으로 무지한 성도들을 바라보는 하나님의 마음은 얼마나 안타까우실까? 성도 각자에게 맡겨진 하나님의 사명을 바르게 알기 위해서는 예수 그리스도를 영접할 때 우리 안에 회복된 하나님의 '영원한 생명'을 인정하고 감사하며, 성도들 안에 하나님께서 예수님을 통하여 담아주신 '영원한 생명'을 보호하며 성도들의 영적인 눈을 열어 하나님을 바라보게 도와주시는 성령의 은혜가 필요하다. 성령께서 성도들을 도와주셔서 제대로 된 영적인 눈이 열려지면 하나님께서 하나밖에 없는 아들을 십자가에 못 박으시며 '영원한 생명'을 담아주시며 왜 자녀 삼으셨는지 하나님의 비밀(하나님께서 성도 각자에게 맡겨주신 사명)을 알게 되고, 그렇게 알게 된 하나님의 비밀을 이루기 위해 성령께서 도와주시는 은혜로 하나님께서 맡겨주신 사명을 감당했을 때 하나님께서 하늘을 열고 부어주실 선물들이 다 보여진다(엡 1:18). 말씀으로 하나님과 함께 계셨던 예수님께서 하나님의 뜻에 순종하여 사람들과 똑같은 육체를 입고 이 땅에 오셨는데(요 1:14),

이렇게 이 세상에 오신 예수님은 사람들이 우러러 볼만한 풍채도 위엄도 없으셔서 사람들이 인정하고 사랑할 만한 구석이 하나도 없었다(사 53:2). 이러한 예수님께서 세상 죄를 짊어지고(온 인류의 모든 죄를 담당) 십자가를 지실 때 모든 사람은 예수님이 무엇인가 잘못이 있기 때문이라고 비난한다(사 53:3-6). 이러한 예언의 말씀이 있기 때문에 예수님께서는 "아버지, 세상 창조되기 전에 내가 아버지와 함께 가졌던 하늘의 영화로 지금도 아버지와 함께 나를 영화롭게 하소서"(5절)라고 기도하는 것이다. 그렇다면 하나님께서 예수님과 더불어 하늘에 계시며 세상을 창조하기 이전의 모습을 보자.

> 내 영혼아 여호와를 송축하라 여호와 나의 하나님이여 주는 심히 위대하시며 존귀와 권위로 옷을 입으셨나이다 주께서 옷을 입음 같이 빛을 입으시며 하늘을 휘장 같이 치시며 시 104:1-2

하늘에 계셨던 예수님은 하나님과 함께 빛을 겉옷처럼 두르고 계셨다. 그런데 아담이 범죄한 이후에 모든 사람과 피조물까지 사단에게 사로잡혀 허무한 저주의 옷을 입고 있는데(롬 8:19-21) 모든 피조물은 죄로 인한 영원한 저주의 옷을 벗고 하나님께서 입고 계신 의와 영광의 옷이 입혀지기를 고대하고 있다. 예수님께서는 죄에 사로잡혀 사단에게 짓눌려 신음하며 영원한 지옥을 향해 달려가는 인생들을 살려낸 다음에 의와 영광의 옷을 입혀 하나님의 영광 앞에 세우시는 것이다. 예수님을 영접하여 죄에서 벗어나고 사

단의 짓눌림에서 해방되어 하나님의 영원한 생명을 회복한 성도
들은 아직도 마귀에게 잡혀 종 노릇하는 인생들을 돌아보아 살려
내야 할 사명이 있다. 이때 예수님께서 입으셨던 영화로움의 옷(빛
의 옷)이 입혀지게 된다.

제자들을 위해 기도하시는 예수님(요 17:6-19)

6 세상 중에서 내게 주신 사람들에게 내가 아버지의 이름을 나타내었나이다 그들은 아버지의 것이었는데 내게 주셨으며 그들은 아버지의 말씀을 지키었나이다 7 지금 그들은 아버지께서 내게 주신 것이 다 아버지로부터 온 것인 줄 알았나이다 8 나는 아버지께서 내게 주신 말씀들을 그들에게 주었사오며 그들은 이것을 받고 내가 아버지께로부터 나온 줄을 참으로 아오며 아버지께서 나를 보내신 줄도 믿었사옵나이다 9 내가 그들을 위하여 비옵나니 내가 비옵는 것은 세상을 위함이 아니요 내게 주신 자들을 위함이니이다 그들은 아버지의 것이로소이다 10 내 것은 다 아버지의 것이요 아버지의 것은 내 것이온데 내가 그들로 말미암아 영광을 받았나이다 11 나는 세상에 더 있지 아니하오나 그들은 세상에 있사옵고 나는 아버지께로 가옵나니 거룩하신 아버지여 내게 주신 아버지의 이름으로 그들을 보전하사 우리와 같이 그들도 하나가 되게 하옵소서 12 내가 그들과 함께 있을 때에 내게 주신 아버지의 이름으로 그들을 보전하고 지키었나이다 그 중의 하나도 멸망하지 않고 다만 멸망의 자식뿐이오니 이는 성경을 응하게 함이니이다 13 지금 내가 아버지께로 가오니 내가 세상에서 이 말을 하옵는 것은 그들로 내 기쁨을 그들 안에 충만히 가지게 하려 함이니이다 14 내가 아버지의 말씀을 그들에게 주었사오매 세상이 그들을 미워하였사오니 이는 내가 세상에 속하지 아니함 같이 그들도 세상에 속하지 아니함으로 인함이니이다 15 내가 비옵는 것은 그들을 세상에서 데려가시기를 위함이 아니요 다만 악에 빠지지 않게 보전하시기를 위함이니이다 16 내가 세상에 속하지 아니함 같이 그들도 세상에 속하지 아니하였사옵나이다 17 그들을 진리로 거룩하게 하옵소서 아버지의 말씀은 진리니이다 18 아버지께서 나를 세상에 보내신 것 같이 나도 그들을 세상에 보내었고 19 또 그들을 위하여 내가 나를 거룩하게 하오니 이는 그들도 진리로 거룩함을 얻게 하려 함이니이다

✖✖✖

요 17:6-10 예수님은 마지막 십자가를 앞에 두시고 하나님을 부를 때 '아버지'라는 호칭을 너무 많이 사용하신다. 그것은 하나님이라 부를 때보다 '아버지'라고 부를 때 하나님께서 더 좋아하시는 것을 아시기 때문이다. 하나님께서는 예수님을 이 땅에 보내시면서 누구든지 마음을 열고 예수 그리스도를 영접하면 '하나님의 자녀'가 되는 권세를 주신다고 하셨다.

영접하는 자 곧 그 이름을 믿는 자들에게는 하나님의 자녀가 되는 권세를 주셨으니 요 1:12

하나님께서 주신 약속대로 예수 그리스도를 영접하여 구원받은 성도들이 '하나님의 자녀'가 된 권세를 사용하여 예수님을 본받아서 당당하게 하나님을 '아버지'라 부르며 찬양하고 기도할 때 하나님께서 기뻐하시며 예수님에게 주셨던 것들을 하늘을 열고 부어주신다. 하나님께서 400년 동안 애굽에서 종살이 하던 이스라엘 백성들을 모세를 보내어 건져내시는 목적이 이스라엘을 아들 삼으시려는 것이었다(출 4:22. 여호와의 말씀에 이스라엘은 내 아들 내 장자라). 하지만 애굽에서 건짐 받은 이스라엘 백성 그 누구도 전능하신 하나님을 '아버지'라고 부르지 못했다. 죄인들이 하나님을 '아버지'라고 부르는 것은 망령된 행동이라고 생각하였기 때문이다. 그런데 이 땅에 오신 예수님은 하나님을 부를 때 '아버지'라 하셨다. 이것 때문에 유대인들이 참람하다 말하며 돌을 들고 예수님을 죽이려 달려들었다(요 10:30-33). 그럼에도 불구하고 예수님께서 하나님을 '아버지'라고 당당하게 부른 것은 하나님께서 받기 원하시는 가장 귀한 호칭이 '아버지'라는 것을 아셨기 때문이다. 예수님 당시 유대인들은 하나님을 '아버지'라고 부르는 것은 상상할 수 없었는데, 하나님의 마음을 아시는 예수님은 하나님을 '아버지'라 부르실 뿐 아니라 십자가 고난으로 구원한 성도들(시 2:7) 마음 안에 하나님을 '아빠, 아버지'라 부를 수 있는 '양자의 영'을 넣어주셨다(갈 4:6-7, 롬 8:15). 이것은 구원받은 성도들에게 '아버지'라고 부름 받고 싶어 하시는 하나님의 마음이다. 구원받은 성도들은 매 순간 하나님을 '아버지'라 부르며 하나님의 영광이 세상에 드러나도록 당당하게 승리를 선포해야 한다. 하나님은 구원받은 성도들이 매 순간 하나님을 '아버지'라 부르며 하나님 앞에서 서서 당당하게 승리를 선포하게 하시려고 성도들에게 여러 가지 삶의 형편을 허락하셨다. 성도들이 만난 삶의 형편은 하나님께서 '너 사단에게 속아서 넘어지지 말고 빨리 나를 아버지라 불러 보아라' 하시는 하나님의 부르심이다. 성도들이 만난 삶의 형편에서 하나님의 마음을 알고 "아버지 나를 부르셨어요. 하나님 아버지 사랑합니다." 하는 믿음의 고백을 하면 하나님은 감격하셔서 성도들이 만난 상황을 하나님의 영광으로 바꿔주신다. 사단이 가져다 놓은 삶의 형편을 십자가를 의지하는 믿음으로 당당하게 밟고 "나와 함께하시고 나를 사랑하시는 아버지 때문에 마귀는 내 발아래 밟혔고, 지금 내가 만난 상황은 아버지께서 도와주셔서 하나님의 영광이 됩니다"라고 하며 승리를 확신하는 믿음의 성도들을 하나님께서 찾으신다. 하나님의 이러한 계획을 알아차린 사단은 대부분의 사람들이 육체의 부모에게 상처를 받게 하여서 '아버지'라는 소리만 들어도 마음이 뒤집어져서 '아버지'를 부르지 못하게 한다.

성도들은 예수님을 영접하는 순간 하나님의 자녀가 되었고, 하나님을 '아버지'라고 당당하게 부를 수 있는 '양자의 영'을 받았다. 그러나 육체의 부모에게 상처를 받은 성도들은 예수님을 통하여 '양자의 영'을 받았을지라도 하나님을 '아버지'라 부르지 못하고 마음을 쥐어뜯으며 신음하면서 어둠에 짓눌려 살아간다. 육체의 부모에게 받은 말할 수 없는 아픔과 상처를 녹이고 치유하는 것은 '예수의 피'밖에는 없다. 사단에게 속아서 육체의 부모에게 받은 상처를 마음 깊이 묻어놓고 하나님의 사랑을 받지 못하는 성도들의 아픔과 상처는 예수님의 피가 닿으면 곧 녹아지고 상처의 근본이 씻어진다. 사단에게 속아서 육체의 아버지에게 받은 상처 때문에 신음하던 성도들이 예수님의 보혈 능력으로 마음 깊이 숨어있던 상처를 씻어낼 때 영적인 눈이 열려져 하나님 아버지를 볼 수 있다. 사단이 마음 안에 깊이 담아놓은 상처에서 보혈의 능력으로 치유되어 자유케 된 성도들이 하나님을 '아버지'라고 당당하게 부르며 올려드리는 찬양과 기도를 받으신 하나님은 감격하시고 하늘을 열고 신비한 은혜와 축복을 부어주신다. 예수님은 하나님으로부터 받은 말씀을 제자들에게 먹여주었고, 제자들은 예수님께서 먹여주시는 말씀에 순종하면서 예수님을 하나님께서 보내주신 분으로 알았다(8절). 이처럼 구원받은 성도들이 예수님께서 피로 값을 지불하고 사 주신 생명의 말씀을 마음에 담고(말씀이 선포될 때 마음을 열고 아멘 하는 순간 마음에 말씀이 먹어진다) 삶의 자리에서 마음에 담겨진 말씀대로 순종할 때 하나님의 자녀라는 참된 증거가 그곳에 드러난다. 예수님 당시 유대 종교지도자들은 하나님의 말씀을 연구하여 깨달으면 이것이 믿음이라 착각하고 있었다. 그런데 예수님은 하나님께서 주신 말씀 그대로 살아내셔서 성경 글자 속에 숨어계시던 하나님을 경험하시며 나타내 보이셨다. 예수님은 본인 스스로 순종하여서 경험된 하나님의 말씀을 제자들에게 가르치시며 "나를 따라 오너라"(나처럼 이렇게 해 보아라)라고 하셨다. 예수님으로부터 받은 말씀을 마음에 받아낸 제자들은 마음에 담은 말씀을 그대로 순종하며 예수님처럼 하나님을 경험하며 주변에 하나님을 나타내 보였다.

구원받은 성도들을 교회로 불러 하나님의 말씀을 주시는 것은 예전 유대인들처럼 머리로만 알고 깨닫는 수준에 머물라는 것이 아니라 예수님과 제자들처럼 하나님께서 주신 말씀을 먼저 마음에 담고 그대로 살아내서 하나님을 경험하며 주변에 하나님을 나타내 보이게 하기 위함이다. 그래서 이러한 비밀을 바르게 알았던 바울은 "하나님의 말씀을 지식으로만 알고 깨닫는 수준에 머물러 있는 것은 교만"이라 하였다(고전 8:1-2. 우리들이 성경을 아는 줄로 생각하면 마땅히 경험해야 할 하나님을 경험하지 못한 엉터리 믿음이다). 바울이 보았던 영적인 눈(마지막 하나님께서 심판하시는 눈)으로 보면 우리 모두는 다 '교만의 늪'에 빠져 살고 있다. 예수님께서 십자가에 못 박히시며 우리를 고난 가운데에서 구원하시고 말씀을 주시는 것은 머리에만 담고 깨달았다고 하며 믿음이 있는 척하는 단계를 뛰어넘어 마음을 열고 하나님께서 주시는 말씀을 받아먹고(겔 2:8-3:3) 마음에 심겨진 말씀을 그대로 살아서 하나님을 경험하며 하나님이 없다고 부정하는 세상에 하나님을 나타내라는 것이다. 성도들이 하나님께서 주신 말씀을 마음을 열고 받아먹고 순종하는 삶을 살 때 하나님을 경험하게 되고 우리가 하나님의 사람이라는 증거를 세상에 보이며 하나님의 영광을 세상에 드러내게 된다.

요 17:11-13 예수님께서 십자가에서 구원을 완성하시면 더 이상 세상에 계시지 않고 하나님 아버지께로 올라가신다. 세상에 더 이상 있을 수 없는 예수님께서 제자들을 위해 기도하시는데, 제자들을 하나님께 올려드리며 간절하게 기도하신 핵심은 하늘에서 하나님과 예수님과 성령께서 '하나'로 계셨던 것처럼 제자들도 믿음 안에서 '하나'가 되게 하는 것이다(11-12절). 예수님은 제자들을 하나님께 올려드리며 기도하실 때 자신이 하나님께 올려드리는 기도는 완전하게 응답이 되는 것을 확신하신다(거룩하신 아버지여 아버지께서 나에게 주신 이름으로 제자들을 지켜주십니다). 예수님께서 하나님께서 응답을 주실 것을 확신하시며 하늘에서처럼 제자들이 '하나'

로 연합되라고 기도하신 이유는 제자들이 하나 되지 못하게 사단이 엄청 훼방할 것을 아시기 때문이다.

이처럼 구원받은 성도들이 하늘에 계셨던 예수님처럼 '영원한 생명'과 '성령' 안에서 '하나'로 연합해야 하는데, 오히려 교회 안에 있는 믿음의 지체들이 사단에게 속아서 너무 많은 아픔과 상처를 가지고 흩어지고 있다. 예수님께서는 제자(구원받은 성도)들이 성령께서 도와주시는 은혜 안에서, 말씀에 순종하면서 하나의 몸이 되어 한마음을 품기 원하신다. 하나님은 예수 그리스도를 영접하여 구원받은 성도들이 어찌하든지 예수님 안에서 하나로 연합하기를 원하신다. 이러한 하나님의 마음을 알기 때문에 예수님은 제자들이 '하나'로 연합되도록 간절하게 기도하신 것이다. 마귀는 무슨 방법을 동원해서라도 구원받은 성도들이 '하나'로 연합하지 못하고 흩어지게 한다(전 4:11-12. 믿음의 삼겹줄은 쉽게 끊어지지 않는다). 교회 안에서 기도를 하든지, 봉사를 하든지 혼자 하는 것을 좋아하는 성도들이 있는데, 예수님께서 기도하심을 본받아 하나님을 '아버지'라고 부르는 성도들이 '하나'로 연합할 때 마귀가 두려워 떨며 떠나가고 그 자리에 하나님의 영광스러운 열매들이 넘쳐난다. 예수님께서 주신 말씀을 어기고 성도들이 삶의 현실만 바라보고 주변에서 들려오는 소리에 마음을 빼앗기면 '하나'로 연합하지 못하고 서로 다투고 갈라질 수밖에 없다. 오늘날 제일 갈등이 많고 분열이 심한 곳이 예수님의 피값으로 세워진 교회이다. 예수님은 교회와 성도들이 이렇게 심하게 분열되어 갈라질 것을 이미 보셨다.

고린도 교회의 여러 가지 문제 중에서 정말 심각한 문제는 한 교회 안에서 바울파와 아볼로파로 나누어진 것이다(고전 3:4-9. 바울이 로마 감옥에서 고린도 교회의 이러한 소식을 듣고 눈물로 기도하고 간절하게 호소 한 것은 교회와 성도는 예수님 안에서 '하나'로 연합하는 것이다). 이제 교회와 성도들이 온 마음을 다하여 기도해야 하는 것은 사단에게 속아서 갈라졌던 것을 끊고 예수님의 십자가로 모든 성도와 교회가 '하나'로 연합하여 하나님께서 부어주시는 은혜를 누리며 사단을 대적하고 세상에서 승리자가 되는 것이다. 예수님께서 간절하게 기도하신 것처럼 교회와 성도들이 예수님 안에서 '하나' 된 믿음으로 하나님만 신뢰하면 하나님께서 그들의 마음 안에 하늘의 기쁨을 충만하게 부어주셔서 어디를 가든지 절대로 멸망하지 않고 승리하게 된다. 예수 그리스도를 영접하여 구원 안에 들어와 예수님처럼 하나님을 '아버지'라 부르며 구원받은 다른 지체들과 '하나'로 연합하여 하나님의 영광을 위한 승리의 자리에 서 있는 성도들에게 예수님께서 주시는 선물이 있다. 그것은 예수님만이 소유하셨던 '하늘의 기쁨'을 예수님과 동일한 믿음을 가진 성도들 마음 안에 충만하게 채워주시는 것이다. 그렇다면 예수님께서 가지셨던 '기쁨'은 어떤 것일까?

너의 하나님 여호와가 너의 가운데 계시니 그는 구원을 베푸실 전능자시라 그가 너로 말미암아 기쁨을 이기지 못하시며 너를 잠잠히 사랑하시며 너로 말미암아 즐거이 부르며 기뻐하시리라 습 3:17

예수님께서 마음 안에 가득 담고 누리셨던 기쁨은 세상에 있는 것이 아니라 하나님을 '아버지'라 부르며 달려드는 성도들을 바라보시는 '하나님 아버지께서 누리시는 하늘의 기쁨'이다. 이 땅에 예수님을 보내신 하나님께서 예수님이 하나님을 '아버지'라 부를 때 예수님 안에 이러한 기쁨을 가득 담아주셨다. 예수님은 자기의 마음 안에 찾아오셔서 '하늘의 기쁨'을 공급해 주시는 하나님을 기뻐하며 계속 "아버지"라고 하며 하나님의 이름을 부르셨다. 마찬가지로 예수님을 영접하여 구원받은 성도들이 우리 안에 들어와 '하늘의 기쁨'을 주시는 하나님을 마음 안에 가득 담고 하나님으로부터 흘러나오는 '하늘의 기쁨'을 먹어내며 감사해야 한다. 이러한 믿음이 사단을 이기며 세상을 정복하고 다스릴 수 있는 능력의 근본이다.

요 17:14-19 제자(예수 그리스도를 영접하여 구원받은 성도)들은 세상에 몸을 두고 살지만 세상에 속한 존재가 아니라 하나님께 속한 자들이다(빌 3:20). 예수님이 재림하시기 전까지 이 땅에서 왕 노릇 하는 사단은 이 세상에 살고 있는 모든 사람을 자기 것이라 여기며 완전하게 짓누른다(행 10:38). 예수님께서 십자가에 못 박히시며 우리를 구원하신 것은 비록 육신은 세상에 살지라도 하나님께 속하여 하나님의 은혜를 누리며 살게 하는 것이다. 진정한 믿음은 육체는 이 세상에 살지만 영, 혼, 육 전체가 하나님께 속하여(살전 5:23) 하나님께서 주신 말씀을 먹으며 하나님께서 부어주시는 은혜로 승리하는 삶을 사는 것이다.

제자(구원받은 성도)들이 이러한 승리의 삶을 살게 하기 위해 진리 말씀만 먹으며, 마음 안에 먹어낸 말씀에 순종하는 거룩한 삶을 살게 해 달라고 예수님께서 기도하신다. 성도들 스스로는 예수님께서 주신 믿음을 깨뜨리기 위해 유혹하며 달려드는 마귀를 이길 수 없다. 하지만 성도들을 구원하신 예수님께서 마음 안에서 붙들어 주시고, 마지막 순간까지 하나님을 향하여 간절히 기도하신 것처럼 하나님 앞에서 성도들의 이름을 올려드리며 중보 하시는 예수님 때문에(롬 8:34) 성도들이 예수님의 이름만 의지하면 세상의 유혹을 끊고 하나님의 영광 앞으로 나갈 수 있다. 세상의 유혹을 끊고 하나님의 영광 앞으로 나가는 성도들을 사단은 미워하지만 하나님의 은혜를 사모하며 하나님의 영광을 드러낼 성도들을 하나님의 사랑에서 끊어낼 수 있는 것은 이 세상에 아무것도 없다(롬 8:35-39).

20

성도를 위한 예수님의 기도(요 17:20-26)

²⁰ 내가 비옵는 것은 이 사람들만 위함이 아니요 또 그들의 말로 말미암아 나를 믿는 사람들도 위함이니 ²¹ 아버지여, 아버지께서 내 안에, 내가 아버지 안에 있는 것 같이 그들도 다 하나가 되어 우리 안에 있게 하사 세상으로 아버지께서 나를 보내신 것을 믿게 하옵소서 ²² 내게 주신 영광을 내가 그들에게 주었사오니 이는 우리가 하나가 된 것 같이 그들도 하나가 되게 하려 함이니이다 ²³ 곧 내가 그들 안에 있고 아버지께서 내 안에 계시어 그들로 온전함을 이루어 하나가 되게 하려 함은 아버지께서 나를 보내신 것과 또 나를 사랑하심 같이 그들도 사랑하신 것을 세상으로 알게 하려 함이로소이다 ²⁴ 아버지여 내게 주신 자도 나 있는 곳에 나와 함께 있어 아버지께서 창세 전부터 나를 사랑하시므로 내게 주신 나의 영광을 그들로 보게 하시기를 원하옵나이다 ²⁵ 의로우신 아버지여 세상이 아버지를 알지 못하여도 나는 아버지를 알았사옵고 그들도 아버지께서 나를 보내신 줄 알았사옵나이다 ²⁶ 내가 아버지의 이름을 그들에게 알게 하였고 또 알게 하리니 이는 나를 사랑하신 사랑이 그들 안에 있고 나도 그들 안에 있게 하려 함이니이다

✖ ✖ ✖

요 17:20-21   예수님께서 십자가에 달리시기 전 마지막 기도를 하시는데 제일 먼저 십자가를 져야 할 자기 자신을 위해 기도하셨고(1-5절), 그다음 홀로 남겨지는 제자들을 위해 기도하셨으며 (6-19절), 마지막으로 예수님을 영접하여 믿음 안에 들어와 하나님을 아버지라 부를 성도들을 위해 기도하셨다. 구원받은 성도들을 하나님께 올려드리는 예수님 기도의 첫마디는 '믿는 자 모두가 하나 되는 것'이었다. 예수님께서 이 세상에 오시기 전 하늘에서 하나님 아버지와 성령으로 더불어 '하나'로 있었던 것처럼 구원받은 성도들도 예수 그리스도의 구원을 통하여 하나님 아버지의 사랑과 성령의 은혜 안에서 '하나'로 연합하게 해 달라고 기도하셨다. 사단의 계략으로 세상은 깨어지고 분열될지라도 예수 그리스도를 영접하여 하늘의 영원한 생명을 먹은 성도와 성도의 모임인 교회는 영원한 생명 안에서 성령을 의지하여 '하나'로 연합해야 한다.

예수님께서 십자가에 못 박히셔서 피 흘려주시고 사망을 이기신 부활의 능력으로 이 세상에 세워 놓은 교회의 특징은 하나님의 영원한 생명과 사랑 안에서 '하나로 연합'하는 것이다. 이것을 위해 예수님은 항상 마음 안에 하나님 아버지를 품고 있었고, 예수님 자신이 하나님 아버지 안에 온전히 들어가 있었듯이 구원받은 성도들도 하나님의 품 안으로 들어와 예수 그리스도와 하나가 되게 해 달라고 간절하게 기도하신다. 예수님께서 이 세상에 오셔서 하늘의 기적을 행하시며 하나님께서 맡기신 구원 사역을 완성하실 수 있었던 비밀은 예수님 마음 안에는 오직 하나님 한 분만 담겨 있었고, 이러한 예수님을 하나님께서 하나님의 마음 안에 품고 하늘의 모든 것을 예수님에게 옮겨주셨기 때문이다.

내가 내 자의로 말한 것이 아니요 나를 보내신 아버지께서 내가 말할 것과 이를 것을 친히 명령하여 주셨으니 요 12:49

이 비밀을 아시는 예수님께서 자기를 영접하여 구원받을 성도들을 하나님께 올려드리며 기도하실 때 예수님처럼 성도들이 마음 전체를 열어 하나님만 담게 해 달라고 기도하신다. 구원받은 성도들은 사단이 성도들의 마음 안에 깊이 숨겨 놓은 죄와 상처를 예수 그리스도의 보혈의 능력으로 정결하게 씻고 닫혀 있던 마음을 열어 하나님 아버지 한 분으로만 채워야 한다. 사단에게 속아서 닫혀 있던 마음을 보혈의 능력으로 씻고 정결해진 마음을 열어 하나님을 담아내고 하나님만 기뻐하는 성도들을 하나님께서 완전히 감싸셔서 예수님처럼 하나님과 하나가 되게 해 주신다. 구원받은 성도들이 이러한 믿음으로 사단을 대적하여 이기고 세상에서 승리하며 하나님께서 함께하시는 비밀을 세상에 나타내는 믿음이 되게 해 달라고 예수님께서 간절하게 기도하신다.

예수님은 자기 앞에 있는 12명의 제자들을 위해서 기도하신 것이 끝이 아니라, 예수 그리스도를 영접하여 하나님의 자녀로 신분을 바꾼 성도들을 예수님처럼 거룩해지고 성령께서 나타나 일하시는 삶에 동참시키기 위해 예수님께서 피로 값을 지불하신 말씀을 먹어내도록 간절하게 기도하신다. 예수님께서 이 땅에서 풀어내신 지혜는 자기 자신의 것이 아니라 하나님께서 공급해 주시는 하늘의 지혜였고, 사단을 밟으며 승리한 완전한 승리의 능력도 자기 자신의 것이 아니라 아버지 하나님의 것이었다. 하나님 아버지께서 이 세상에 보내신 예수님에게 주셔서 예수님을 통하여 나타났던 하늘의 모든 신비한 것들을 예수 그리스도를 영접하여 구원받고 하나님을 아버지라 부르는 성도들에게도 그대로 옮겨져서 성도들을 통하여 하나님의 신비가 이 세상에 나타나도록 예수님께서 성도들을 하나님께 올려드리며 간절히 기도하신다(21절. 기도의 비밀). 예수님을 이 세상에 보내신 하나님께서 예수님을 이 땅에 홀로 두시지 않고 항상 함께하셔서 예수님께서 하시는 모든 말씀과 사역의 현장에 친히 나타나셨듯이, 예수 그리스도를 영접하여 하나님의 자녀가 된 성도들에게도 항상 함께하시며(마 1:23. 임마누엘) 모든 일을 도와주셔서 하나님의 영광을 나타내 주신다(히 13:5-6).

내가 결코 너희를 버리지 아니하고 너희를 떠나지 아니하리라 하셨으니 그러므로 우리가 담대히 말하되 나를 돕는 이시니 내가 무서워하지 아니하겠노라 사람이 내게 어찌하리요 히 13:5-6

성도들이 해야 할 일은 삶의 현장에서 어떠한 문제를 만나든지 연약한 나를 나타내는 것이 아니라, 나를 구원하셨고 우리 안에 함께하시며 모든 일을 도와주시고 하늘의 영광을 풀어주시는 하나님을 경험하며 하나님께서 주신 승리의 열매들을 세상에 나타내는 것이다. 예수님께서 하나님께 올려드리는 기도의 핵심은 "아버지(하나님)께서 나를 보내셨다는 것을 세상이 믿게 해 주소서"(21절)였다. 예수님께서 다락방에서 제자들과 마지막 식사를 끝내시고 가룟 유다가 자신을 팔 것이라 말씀하신 이후에 제자들에게 새로운 계명을 주시면서 "너희가 서로 사랑하면 모든 사람들이 이것을 보고 너희가 내 제자라는 것을 알게 될 것이다"(요 13:35)라고 하셨다. 예수님께서는 어찌하든지 자신을 이 세상에 보내신 하나님을 나타내기 원하셨고, 자기가 하는 사역을 보면서 사람들이 하나님을 믿게 하려고 하셨다. 이것이 예수 그리스도를 영접하여 하나님의 자녀가 된 성도들이 이 세상을 살아가야 할 이유와 목적이다. 하나밖에 없는 아들 예수님을 십자가에 못 박으시며 우리를 구원하신 살아계신 하나님, 성도들의 삶의 자리에 함께하시며 모든 일을 도와주셔서 하나님의 영광이 드러나게 하셔서, 하나님이 없다고 부정하는 모든 사람에게 하나님을 나타내어 그들이 하나님을 믿게 하는 것이다.

성도들이 삶의 현장에서 문제를 만나면 그것은 반드시 하나님의 영광을 세상에 드러낼 기회이다. 하나님께서 계획하신 대로 삶의 문제를 하나님의 영광으로 바꾸려면 그 문제를 주신 하나님의 의도를 알고 하나님만 감사하며, 주변 성도들을 탓하거나 원망하지 않고 믿음으로 연합하여 함께 하나님의 영광을 선포해야 한다 (서로 사랑하라는 비밀). 이때 사단은 깨어지고 하나님께서 일하시는 엄청난 응답과 축복의 열매가 넘치게 된다. 다윗이 하나님의 성전 을 지으려는 마음만 가졌는데도 하나님께서 감격하시고 다윗과 그의 후손을 축복하신 것처럼 성도들이 하나님을 이 세상에 드러 내고 싶어 하는 제대로 된 마음을 가지고 그렇게 살려고 하면 하 나님은 감격하시고 하나님께서 하늘을 열고 주시는 하늘의 열매 가 나타나도록 성도들을 강력하게 붙잡고 축복해 주신다. 예수님 은 하나님께서 자기에게 맡기신 사명, 즉 하나님의 살아계심을 나 타내 보여서 하나님을 비난하던 자들이 하나님을 믿게 하시려고 언제나 하나님과 '하나' 되셔서 하나님께서 부어주시는 은혜 안에 만 머물러 계셨다. 하나님 아버지 안에는 예수 그리스도가 있었 고, 예수 그리스도의 마음 안에는 하나님께서 함께하셔서 하나님 과 예수님은 언제나 '하나'였다. 예수님께서는 이미 요 15장을 통 하여 구원받은 성도들은 이미 예수님의 마음 안에 들어와 있는 자라 고 말씀하셨다. 예수님을 통하여 구원받아 하나님의 마음 안에 들어 와 있는 성도들이 마음을 보혈로 씻어 정결하게 하고 정결해진 마음 안에 말씀(하나님, 예수님)이 들어와 주인이 되게 하여 구원받은 성도 와 예수님은 언제나 '하나'의 관계가 되도록 간절하게 기도하신다.

요 17:23-24 예수님께서 하나님의 뜻에 순종하여 요단강에서 침례/세례 요한에게 침례/세례를 받으셨을 때 "이는 내 사랑하는 아들이요 내가 기뻐하는 자다"(마 3:16-17)라는 하나님의 음성이 하늘에서부터 들려왔다. 하나님께서 계획하신 인류 구원을 완성하시려고 예수님께서 이 세상에 오셨고, 하나님께서 계획하신 구원을 이루실 시간이 되었을 때 예수님은 자신을 이 세상에 보내신 하나님의 말씀에 전적으로 순종하셨다. 이러한 예수님께서 구원받은 성도들을 하나님께 올려드리며 마지막 기도하실 때 "아버지께서 나를 사랑하신 것 같이 저희도(성도들) 사랑하신 것을 세상이 알아야 합니다"라고 기도하신다. 예수님께서 이 세상에 오셔서 사단을 밟아 이기고 모든 연약한 것들을 고치며 사단이 만들어 놓은 재앙과 저주의 상황을 하나님의 영광으로 바꾸신 비밀은 '하나님 아버지께서 부어주시는 사랑'을 강력하게 누리며 그 사랑이 자신을 통하여 흘러나오게 했기 때문이다. 이러한 비밀을 아시는 예수님께서 구원받은 성도들이 사단을 밟아 이기며 모든 상황을 하나님의 영광으로 바꾸는 승리자가 되게 하려고 하나님께서 자신에게 부어주셨던 사랑을 성도들에게 부어주시라고 기도한다.

예수님께서 이렇게 기도하지 않으셔도 하나님은 성도들을 끔찍하게 사랑하신다. 하나님께서 성도들을 얼마나 사랑하기 원하시면 하나밖에 없는 외아들을 이 세상에 보내시고 사람이 해결하지 못할 모든 죄를 예수님에게 담당시켜 십자가에 못 박고는 "너희들에게 죄가 있어서 나의 영광에 동참할 수 없을 때에 내가 내 아들을 십자가에 못 박고 너희의 모든 죄 문제를 완벽하게 해결하였다. 그리고 하늘의 은혜와 사랑 앞으로 너희를 초청한다. 내가 이처럼 너희를 사랑한다"(롬 5:8)라고 하실까? 예수님을 십자가에 못 박으시며 우리를 구원하신 하나님께서 우리에게 원하시는 것은 '내가 너희에게 주고 싶어 하는 사랑만 받아먹어라'이다. 그런데 오늘날 교회는 하나님께서 하늘을 열고 부어주시는 하나님의 은혜와 사랑 앞으로 성도들을 초청하지 않고 헌신과 봉사만 강요한다.

예수님께서 마지막 십자가를 앞에 두고 구원받을 성도들을 하나님께 올려드리는 기도의 핵심은 '내가 하나님의 사랑을 받아낸 것처럼 구원받은 성도들도 하나님의 사랑을 받아내어, 하나님의 사랑을 받아낸 성도들을 통하여 이 세상이 하나님을 볼 수 있게 해주소서'였다. 예수님께서 피를 토하며 하나님께 올려드리는 기도처럼 나는 지금 하나님께서 부어주시는 은혜와 사랑을 먹어내고 있는가? 성도들은 하나님께서 부어주기 원하시고, 예수님께서 피를 토하며 기도하신 대로 하나님 아버지의 사랑을 받아내야 한다. 지금 우리의 마음은 하나님 아버지의 사랑으로 가득 채워져 있는지 돌아보자. 하나님의 사람들은 예수님이 계신 곳에 함께 있는 자들이다. 성도들은 어디를 가서 무슨 일을 하든지 육체의 눈에 보이지 않아도 예수님께서 항상 함께하시며 모든 일이 하나님의 영광이 나타나도록 도와주심을 누릴 자들이다. 내가 있는 모든 자리는 나 혼자 있는 것이 아니라 예수님께서 항상 함께하신다. 이러한 사실을 의심하지 않고 당당하게 믿는 성도들은 하나님께서 예수님에게 주신 하나님의 영광을 모두 누리는 승리자가 된다.

요 17:25-26 예수님 당시나 지금이나 하나님을 제대로 알고 하나님께서 부어주시는 은혜를 누리는 자들이 없다. 하나님을 만나서(구원) 하나님께서 부어주시는 모든 은혜를 누리는 비밀은 하나님의 아들 예수 그리스도를 마음에 품어야만 가능하다. 그런데 세상뿐만 아니라 교회 안에도 그렇게 많은 헌신과 기도를 하면서도 하나님을 알지 못하고 응답을 누리지 못하는 이들이 너무 많다. 세상은 하나님을 아예 모르기 때문이라지만, 하나님의 이름을 부르며 예배하고 찬양하고 기도하며 헌신하는데도 하나님의 응답을 누리지 못하는 이유는(사 1장. 하나님께서 소리 지르시며 진노하시고 끝내는 선택하신 이스라엘을 망하게 하시는 이유) 그들 안에 예수 그리스도가 온전히 살아계시지 못하기 때문이다. 그래서 이러한 비밀을 알았던 바울은 "너희 속에 그리스도가 살아 계신지 확인하여 보아라. 만약 그리스도가 없다면 아무리 몸부림쳐도 너희는 하나님과 아무 상관이 없는 자들이다"(고후 13:5)라고 피를 토하며 외친다. 예수 그리스도를 영접하여 구원받은 성도들은 '나의 어떠함'(봉사와 헌신 등)이 아니라, 십자가에서 모든 문제를 해결하시고 내 안에 하늘의 영원한 생명으로 들어와 계시는 예수님 때문에 하나님께서 나의 아버지가 되셨고, 마음 안에서 함께하시는 예수님의 이름을 의지하여 기도하고 찬양하며 하나님을 감사하며 부르면 하나님은 하늘을 열고 강력한 응답과 축복을 부어주신다. 구원받은 성도들은 마음을 열고 하나님의 사랑과 예수님으로만 가득 채우면 된다. 예수님께서 하나님의 이름을 부를 때 "의로우신 아버지여"라고 하신다. 아담 이후의 모든 사람은 사단에게 잡혀 하나님을 '아버지라 부르는 영'이 죽었는데 예수님께서 십자가의 고난과 사망을 이기고 살아나신 부활을 통하여 살려내셨다(엡 2:1). 예수님의 십자가와 부활을 통하여 살아난 성도들이 이제는 하나님의 은혜와 사랑 안으로 깊이 들어와야 하는데, 많은 성도가 사단에게 속아서 교회는 다니지만 여전히 세상을 따라가며 말씀에 불순종하는 삶을 산다. 구원받았지만 세상을 따라가다 보니 하나님께서 주신 말씀에 순종하지 못하고 육체가 원하는 불순종의 삶을 살면 하나님의 심판을 피할 길이 없다. 하지만 사랑이 풍성하신 하나님께서 우리를 영원한 심판에 두시지 않으시고 우리를 구원하신 예수님과 함께 하늘의 영광에 동참하는 믿음을 주기 원하신다(엡 2:2-6).

예수님께서 말씀하시는 '의로운 하나님 아버지'는 사단에게 속아서 완전히 망하게 된 사람의 본성을 살려내셨고, 그럼에도 불구하고 여전히 사단에게 끌려다니는 영혼들을 아담의 타락 이전 모습으로 회복시키셔서 예수님과 한 몸을 이루어서 어디서든지 하나님의 영광을 누리게 하시려는 하나님 아버지의 마음이다. 하나밖에 없는 아들을 통하여 구원한 성도들을 무너뜨리고 공격하는 사단을 하나님께서 깨뜨리시고 사단이 만들어 놓은 모든 상황을 하나님의 영광으로 바꾸어 주신다. 이렇게 성도들을 사랑하기 원하시는 하나님 아버지의 마음을 보신 예수님께서 안심하시고 "의로우신 아버지여"라고 감사의 기도를 올려드리는 것이다. 예수 그리스도를 영접하여 구원받은 성도들은 삶의 어느 자리에서든지 '의로우신 아버지 하나님'을 경험하며 승리의 열매들을 하나님께 다시 올려드리며 감사와 찬양으로 예배드릴 자들이다.

로마 군병에게 잡히시는 예수님(요 18:1-11)

¹ 〈잡히시다(마 26:47-56; 막 14:43-50; 눅 22:47-53)〉 예수께서 이 말씀을 하시고 제자들과 함께 기드론 시내 건너편으로 나가시니 그 곳에 동산이 있는데 제자들과 함께 들어가시니라 ² 그 곳은 가끔 예수께서 제자들과 모이시는 곳이므로 예수를 파는 유다도 그 곳을 알더라 ³ 유다가 군대와 대제사장들과 바리새인들에게서 얻은 아랫사람들을 데리고 등과 횃불과 무기를 가지고 그리로 오는지라 ⁴ 예수께서 그 당할 일을 다 아시고 나아가 이르시되 너희가 누구를 찾느냐 ⁵ 대답하되 나사렛 예수라 하거늘 이르시되 내가 그니라 하시니라 그를 파는 유다도 그들과 함께 섰더라 ⁶ 예수께서 그들에게 내가 그니라 하실 때에 그들이 물러가서 땅에 엎드러지는지라 ⁷ 이에 다시 누구를 찾느냐고 물으신대 그들이 말하되 나사렛 예수라 하거늘 ⁸ 예수께서 대답하시되 너희에게 내가 그니라 하였으니 나를 찾거든 이 사람들이 가는 것은 용납하라 하시니 ⁹ 이는 아버지께서 내게 주신 자 중에서 하나도 잃지 아니하였사옵나이다 하신 말씀을 응하게 하려 함이러라 ¹⁰ 이에 시몬 베드로가 칼을 가졌는데 그것을 빼어 대제사장의 종을 쳐서 오른편 귀를 베어버리니 그 종의 이름은 말고라 ¹¹ 예수께서 베드로더러 이르시되 칼을 칼집에 꽂으라 아버지께서 주신 잔을 내가 마시지 아니하겠느냐 하시니라

✖✖✖

요 18:1-3 예수님께서 제자들과 식사를 하셨던 다락방에서 제
자들이 세상에서 승리할 수밖에 없는 비밀들을 풀어주시고 마지
막 기도를 마치시고 로마의 군병들에게 잡히실 시간이 가까워지
자 겟세마네 동산으로 가셨다. 이것을 눅 22:39에서는 "예수께서
는 밖에 나가시어(요 13장 다락방에서 제자들과 마지막 저녁 식사를 하시고
제자들의 발을 씻겨주신 후 14장부터 17장까지 정말 중요한 영적인 비밀을 가르
치시며 마지막 기도를 하셨다) 습관을 좇아(늘 하시던 대로) 감람산으로 가
시매 제자들도 따랐다"(1절)라고 하였고, "예수를 파는 유다도 그
곳을 알더라"(2절) 하였다. 예수님께서는 주로 사역하시던 갈릴리
지역을 벗어나 예루살렘에 오시면 저녁에 겟세마네 동산에서 기
도하시는 습관이 있었다. 가룻 유다가 로마 군대와 성전 경비병들
을 데리고 예수님을 잡으러 겟세마네 동산에 곧바로 올 수 있었던
것은 예수님의 습관(예루살렘에 오시면 저녁에 반드시 겟세마네 동산에서 기
도하심)을 너무나 잘 알고 있었기 때문이다. 예수님의 습관은 하나
님께서 기뻐하시는 한 장소에서 일정한 시간을 정하여 하나님 앞
에 나아가 하나님의 얼굴을 구하며 하나님의 음성을 듣는 기도를
하는 것이었다.

예수님은 하나님의 아들이셨음에도 불구하고 늘 시간과 장소를 정하여 하나님을 향하여 기도하는 습관을 가지셨는데, 하나님의 자녀인 우리는 어떠한 습관을 가지고 있는가? 이제부터 하나님께서 기뻐하시는 시간과 장소를 정하여 하나님 앞에 서는 영적인 습관을 회복하자. 예수님은 마지막 잡히시기 직전에 자신의 습관을 잠깐만 바꾸셔도 잡히시지 않았을 것인데, 유다가 자신을 배신하여 많은 군병들을 데리고 오는 것을 아시면서도 하나님을 향한 습관을 절대 바꾸지 않으셨다. 왜냐하면 겟세마네에서 기도하는 영적인 습관을 하나님께서 기쁘게 받으시는 것을 알기 때문이다. 다니엘서 6장을 보면 다니엘이 한달 동안 왕 이외에 그 누구에게 기도하거나 절을 하면 굶주린 사자 굴에 넣는 조서에 왕의 도장이 찍힌 것을 알면서도 집으로 돌아가 예루살렘을 향하여 창문을 열어 놓고 하루에 세 번씩 무릎 꿇고 기도하며 하나님께 감사하였다 (단 6:10). 다니엘이 조서에 왕의 도장이 찍힌 것을 알면서도 예루살렘을 향하여 창문을 열고 무릎 꿇고 하나님께 감사(기도)를 올려 드린 것은 왕상 8:46-50의 언약을 붙잡았기 때문이다. 솔로몬이 예루살렘 성전을 완성한 이후에 하나님께서 성전을 지으라고 하신 비밀을 알고 '성전의 축복'을 왕상 8장에 기록하였다. 다니엘은 하나님께서 솔로몬을 통하여 주신 성전의 비밀을 마음에 품고 이스라엘 백성들이 포로에서 해방되어 예루살렘 성전에서 바른 예배를 드릴 때까지 습관으로(하나님의 약속이 이루어질 때까지 실망하지 않고 끝없이 하나님만 찾으며 감사드림) 하나님을 향하여 마음을 열고 하나님께 감사의 기도를 드렸다. 총리 다니엘은 조서에 왕의 도장이 찍힌 것을 알았기 때문에 조서의 내용대로 딱 한달만 참으면 위기를 피할 수 있었다. 그것이 되지 않는다면 다른 사람들이 보지 않도록 예루살렘을 향하여 열어 놓은 창문을 닫거나, 아니면 아무도 모르게 조심스럽게 기도하는 등 충분히 피할 수 있는 방법이 있었다. 하지만 다니엘은 하나님께서 원하시는 믿음의 습관을 자신의 어떠함 때문에 바꾸지 않았다. 하나님이 기뻐하시는 다니엘의 믿음은 실패한 것 같았지만 완전한 승리로 하나님의 영광을 모두에게 드러냈다(단6:25-27).

예수님도 사단에게 속아서 자신을 배반한 가룟 유다가 로마의 군인을 데리고 자신을 체포하러 오는 것을 알았지만 하나님께서 예수님에게 원하시는 믿음의 습관을 바꾸지 않았다. 즉 세상과 타협하지 않았고, 상황과 형편을 핑계로 믿음을 바꾸지 않는 오직 하나님만 신뢰하는 진실한 믿음이었다. 예수님을 믿는 것은 그동안 사단에게 속아서 가지고 있던 잘못된 습관을 버리고 예수님을 본받아 하나님께서 기뻐하시는 믿음의 습관을 회복하고, 예수님처럼 하나님만 기뻐하시는 믿음의 습관대로의 삶을 사는 것이다. 우리가 마음에 뿌림을 받아 악한 양심으로부터 벗어나고 몸은 맑은 물로 씻음을 받았으니 참 마음과 온전한 믿음으로 하나님께 나아가자.

🖊 또 약속하신 이는 미쁘시니 우리가 믿는 도리의 소망을 움직이지 말며 굳게 잡고 서로 돌아보아 사랑과 선행을 격려하며 모이기를 폐하는 어

떤 사람들의 습관과 같이 하지 말고 오직 권하여 그날이 가까움을 볼수록 더욱 그리하자 히 10:23-25

예수님께서 겟세마네 동산에서 기도의 자리를 찾아 세 명의 제자(베드로, 요한, 야고보)와 함께 특별한 기도를 하셨는데, 요한복음에는 기록되지 않았지만 다른 세 복음서에는 예수님께서 하나님께 올려드린 기도의 내용이 있다. 예수님께서 겟세마네 동산에서 하나님께 올려드린 기도의 핵심은 "아버지여 만일 아버지의 뜻이라면 이 잔(십자가를 짊어지는 고통)을 내게서 옮기시옵소서 그러나 내 원대로 마시옵고 아버지의 원대로 되기를 원합니다(마 26:39, 막 14:35-36, 눅 22:42)"였다. 예수님께서 로마의 군병들에게 잡히시면 일방적인 재판을 받고 십자가에 못 박히셔야 한다. 예수님은 육신을 입고 이 세상에 오셨기 때문에 우리 인간과 똑같은 감정과 아픔, 슬픔을 그대로 느끼셨다. 그렇다면 십자가를 앞둔 예수님의 마음은 얼마나 무서우셨을까? 그래서 할 수만 있다면 십자가의 고통이 자기에게서 떠나기를 기도하시는데 자기의 마음대로가 아니라 자기를 이 세상에 보내신 하나님의 계획대로 순종하여 하나님의 뜻이 이루어지게 해 달라고 기도하신다. 이렇게 기도하실 때 하늘에서 천사가 내려와 예수님에게 힘을 더하여 주신다(눅 22:43).

성도들이 삶의 자리에서 기도할 때 예수님처럼 하나님의 뜻이 이루어지는 기도를 하면 그 기도는 천사가 함께하여 도와주는 능력의 기도가 된다. 예수님의 기도가 얼마나 힘든 기도였는지, 천사가 돕는 기도였음에도 불구하고 예수님께서 흘리시는 땀이 핏방울처럼 쏟아졌다(눅 22:44). 예수님은 마지막 죽음의 순간까지도 자기를 내려놓고 아버지 하나님의 뜻을 구하는 기도를 하신다. 마지막 생명을 내어 드리는 자리에서의 기도까지 하나님의 뜻에 순종하는 기도였다면 예수님의 매사의 기도는 하나님의 뜻을 찾고 순종하려는 기도였을 것이다. 그래서 예수님께서 선포하시는 기도는 천사들이 '금 대접'에 담아 하나님이 받으실 '거룩한 향기'로 하나님께 올려졌고, 천사를 통하여 향기를 받으신 하나님께서 '금 대접'에 불을 담아 예수님에게 옮겨놓았던 것이다(예수님을 닮은 성도들의 기도는 천사들이 '금 대접에 담아 하나님께 올려드리는 향기'가 되어야 하고, 하나님께서 '불로 응답하시는' 기도여야 한다). 예수님을 본받은 성도들도 삶의 모든 자리에서 나의 목적과 생각을 앞세우는 것이 아니라 하나님의 뜻을 구하는 기도를 해야 한다.

요 18:4-9 예수님은 본인이 당하실 일을 이미 다 아시고 군사들에게 자신이 예수라 밝히시고 제자들은 군사들의 손에서 벗어나게 하셨다. 예수님은 군사들이 자기를 잡으려고 왔을 때 얼마든지 피하실 수 있었는데 스스로가 예수라고 밝히며 잡아가라 하시고 제자들은 안전한 곳으로 보내신다. 예수님께서 자기를 잡으려 온 자들에게 "너희가 누구를 찾느냐?"(4절) 물으셨다. 그들은 "나사렛 사람 예수요"하고 대답했고, 그 말을 들으신 예수님께서 "내가 너희들이 찾는 사람이다"(5절)라고 대답하셨다. 예수님께서 이 말씀을 하실 때 예수님의 입에서 나오는 말씀의 능력이 얼마나 대단한지 군사들은 조금 물러가 땅에 쓰러졌다(they all fell backward to the ground. 여기서 '쓰러지다'는 영어 단어를 'fall'이 아니라 'fell'을 사용하였다. 'fall'은 낙엽이 떨어지는 것처럼 자연스러운 상태를 표현할 때 쓰고, 'fell'은 어떤 대상을 누군가가 쓰러뜨렸다는 것을 강조할 때 쓰는 단어다. '쓰러지다'는 표현을 할 때 'fell'을 사용한 것은 예수님의 입에서 말씀이 나올 때 그들이 땅에 나가떨어졌다는 뜻). 이때 예수님께서 다시 "누구를 찾느냐"라고 물으셨고 그들은 "나사렛 사람 예수요"라고 답을 했을 때 예수님은 동일하게 "내가 너희들이 찾는 사람이다"라고 하시면서 "너희들이 나를 찾는다면 나와 함께 한 사람들은 가게 하라"(8절)고 하셨다.

예수님을 잡으려는 군사들은 횃불을 켜 들고 왔다. 군사들과 성전 경비병들은 그 당시 그렇게 유명하였던 예수님을 아무리 밤이라고 하여도 왜 몰라보았을까? 그들이 몰라본 것이 아니라 그들의 눈이 어두워서 예수님을 볼 수 없었던 것이다. 오늘날 구원받고 교회에 출석하여 예배를 드린다 하여도 예수님을 잡으러 왔던 군병들처럼 영적인 눈이 열리지 않아 예수님을 보지 못하는 이들이 너무 많다. 예수 그리스도를 영접하여 구원받은 성도들은 사단에게 사로잡혀 멀었던 영적인 눈을 열어 우리를 구원하시고 함께 하시는 예수 그리스도를 보아야 하고, 우리의 아버지 되시는 하나님을 바라보아야 한다. 바울은 자신이 목회하는 에베소교회의 성도들이 영적인 눈을 열어 하나님을 바라보고 하나님께서 그들을 위해 예비하신 것을 바라보는 눈이 열리도록 간절하게 기도하였다(엡 1:18). 성도들이 우리를 구원하시고 우리 안에 함께하시는 예수님을 보지 못한다면 이것이 가장 큰 불행이다. 그동안 사단에게 속았던 것을 끊고 예수님을 온전히 바라보는 영적인 눈을 열고 예수님을 바라보고 하나님을 바라보며 이제부터 우리가 이 세상에서 해야 할 일과 우리를 위해 예비하신 하늘의 은혜와 상급을 바라보자. 예수님께서 자기를 잡으러 왔던 군병들의 눈을 열어 자신을 보게 하신 다음, 제자들은 그들의 손아귀에서 벗어나게 하셨다. 예수님은 마지막까지 자신을 따르던 제자들을 사랑으로 지키신다. 이것은 전에 예수님께서 "하나님께서 나에게 주신 모든 사람을 내가 하나도 잃어버리지 않는다"(요 6:39) 하신 말씀을 이루시는 것이다. 그러나 이 말씀 속에는 보다 더 깊은 비밀이 있다. 예수 그리스도를 영접하여 하나님을 아버지라 부르는 신분을 회복한 성도들은 절대로 마귀들을 가두는 지옥에 들어가지 않는다는 말씀이다. 예수 그리스도를 영접하여 구원받은 성도들은 지옥에 가려고 안달해도 갈 수 없다. 예수 그리스도를 영접한 구원의 축복이 이렇게 엄청난 것이다. 그런데 예수님은 마지막 하늘나라에 들어가는 구원뿐 아니라 이 땅에서도 예수님을 의지하는 성도들은 절대로 세상과 사단에게 빼앗기지 않는다는 약속을 하셨고 그 약속을 붙잡은 성도들을 완전하게 지켜주시며 하나님의 영광이 드러날 승리와 축복을 부어주신다.

요 18:10-11 베드로가 예수님께서 잡혀가시는 것을 막으려고 군사 중 하나('말고')의 귀를 자신이 가지고 있던 칼을 내리쳐 잘랐는데, 예수님은 그 군사의 귀를 고쳐주셨다. 그리고 베드로에게

"너의 칼을 다시 칼집에 넣으라 칼을 가지고 휘두르는 자는 모두 칼에 망하느니라"(마 26:52)라고 하시며 스승을 지키려고 용감하게 칼을 휘두른 베드로를 책망하신다. "베드로야 너는 내가 내 아버지께 기도하여 지금 열두 영 되는 천사(예수님 당시 이것은 로마 군대의 군대조직 용어이다. '한 영'은 'Legion'을 말하는데 기마병 700명과 보병 5300명을 합한 6,000명이다. 6,000×12영=72,000이다. 예수님께서 기도하시면 순간적으로 72,000의 천사를 동원하실 수 있다는 의미다)를 보내시게 할 수 없는 줄로 아느냐? 만약 그렇게 된다면 하나님께서 나를 이 세상에 보내신 목적을 이룰 수 없느니라"(마 26:53-54)라고 하신다. 앗수르 왕 산헤립이 185,000명의 군사를 이끌 유다를 침공하여 절체절명의 순간에, 히스기야 왕이 하나님께 간절히 기도하였고 히스기야 왕의 기도를 받으신 하나님께서 천사 하나를 보냈다. 하나님께서 보내신 천사 하나 때문에 앗수르 군사 185,000명이 한순간에 모두 죽어 송장이 되었다(사 37:36). 예수님께서 베드로에게 '열두 영 (72,000)의 천사'를 말씀하셨다면 예수님을 죽이려고 달려드는 악한 영들의 힘이 이와 비슷하다는 뜻일 것이다. 왜냐하면 전쟁은 항상 상대적이기 때문이다. 예수님께서 72,000의 천사 동원을 말씀하셨다면 영적 세계에서 예수님을 죽이기 위해 하늘의 악한 영들이 총동원되었다는 의미이다. 그런데 이러한 영적인 것을 알지 못하고 고작 칼 하나를 들고 예수님을 지킨다고 하는 너무도 어리석은 베드로를 책망하시는 것이다.

이러한 비밀을 아는 바울은 성도들이 삶의 현장에서 무슨 일을 만났을 때 "우리의 싸움은 혈과 육에 대한 것이 아니요 하늘에 속한 악한 영들과의 싸움이다"(엡 6:12)라고 하였다. 삶의 현장에서 어떠한 일을 만났을 때 어리석은 베드로처럼 그 일 뒤에 도사리고 있는 악한 영들을 바라보지 못하고 인간적인 방법을 동원하는 어리석음을 내려놓고 예수님께서 말씀하시는 것처럼 악한 영들을 완전하게 깨뜨리는 하나님의 영을 그 자리에 초청하자. 어쨌든 예수님은 이러한 천사를 동원하지 않고 로마의 군사들과 성전 경비병들에게 순수하게 잡히신다. 그것은 예수님께서 이들에게 잡히셔야 하나님께서 계획하신 구원의 계획이 이루어지기 때문이다. 사람의 눈으로 보았을 때 지금은 손해 보고 망하는 것 같을지라도, 이러한 일을 통하여 곧 나타날 하나님의 영광이 있다면 그 자리와 그 상황을 피하는 것이 아니라 예수님처럼 당당하게 그 일에 맞서고 감사함으로 승리를 선포하자. 성도들이 삶의 현장에서 만난 모든 일은 우리들의 힘과 방법으로는 절대 이길 수 없다. 예수님처럼 하나님의 도우심만 찾고 당당하게 승리를 선포하는 믿음을 회복하자.

난 예수님 몰라요(요 18:15-27)

¹⁵ 〈베드로가 제자가 아니라고 하다(마 26:69-70; 막 14:66-68; 눅 22:55-57)〉 시몬 베드로와 또다른 제자 한 사람이 예수를 따르니 이 제자는 대제사장과 아는 사람이라 예수와 함께 대제사장의 집 뜰에 들어가고 ¹⁶ 베드로는 문 밖에 서 있는지라 대제사장을 아는 그 다른 제자가 나가서 문 지키는 여자에게 말하여 베드로를 데리고 들어오니 ¹⁷ 문 지키는 여종이 베드로에게 말하되 너도 이 사람의 제자 중 하나가 아니냐 하니 그가 말하되 나는 아니라 하고 ¹⁸ 그 때가 추운 고로 종과 아랫사람들이 불을 피우고 서서 쬐니 베드로도 함께 서서 쬐더라 ¹⁹ 〈대제사장이 예수에게 묻다(마 26:59-66; 막 14:55-64; 눅 22:66-71)〉 대제사장이 예수에게 그의 제자들과 그의 교훈에 대하여 물으니 ²⁰ 예수께서 대답하시되 내가 드러내 놓고 세상에 말하였노라 모든 유대인들이 모이는 회당과 성전에서 항상 가르쳤고 은밀하게는 아무 것도 말하지 아니하였거늘 ²¹ 어찌하여 내게 묻느냐 내가 무슨 말을 하였는지 들은 자들에게 물어 보라 그들이 내가 하던 말을 아느니라 ²² 이 말씀을 하시매 곁에 섰던 아랫사람 하나가 손으로 예수를 쳐 이르되 네가 대제사장에게 이같이 대답하느냐 하니 ²³ 예수께서 대답하시되 내가 말을 잘못하였으면 그 잘못한 것을 증언하라 바른 말을 하였으면 네가 어찌하여 나를 치느냐 하시더라 ²⁴ 안나스가 예수를 결박한 그대로 대제사장 가야바에게 보내니라 ²⁵ 〈베드로가 다시 제자가 아니라고 하다(마 26:71-75; 막 14:69-72; 눅 22:58-62)〉 시몬 베드로가 서서 불을 쬐더니 사람들이 묻되 너도 그 제자 중 하나가 아니냐 베드로가 부인하여 이르되 나는 아니라 하니 ²⁶ 대제사장의 종 하나는 베드로에게 귀를 잘린 사람의 친척이라 이르되 네가 그 사람과 함께 동산에 있는 것을 내가 보지 아니하였느냐 ²⁷ 이에 베드로가 또 부인하니 곧 닭이 울더라

✖✖✖

요 18:15-17 예수님께서 안나스와 대제사장 가야바에게 심문받으려고 가야바의 집으로 잡혀갔을 때 겟세마네 동산에서 예수님의 요청으로 풀려났던 제자 중에서 베드로와 이름이 기록되지 않은 제자 한 사람이 예수님이 심문받으시는 가야바의 집 안뜰로 함께 들어갔다. 다른 제자들은 군사들이 몰려와 예수님을 잡아갈 때 (12절. 예수님을 잡으려고 군대와 천부장과 성전의 경비병들이 몰려왔다. 얼마나 무서웠을까?) 모두 도망갔지만 베드로와 다른 제자 하나(대부분의 사람들이 예수님에게 가장 많은 사랑을 받은 요한이라 말함)가 두려움을 무릅쓰고 예수님이 심문받는 대제사장의 집 안뜰까지 따라갔다. 대제사장과 아는 사이였던 이름이 기록되지 않은 제자(요한)는 겁 없이 대제사장의 집 안으로 들어갔지만 베드로는 혼자 대문 밖에서 서성이고 있다. 먼저 예수님이 심문받는 집 안으로 들어간 요한이 문을 지키는 하녀에게 베드로를 들여보내라고 요청하였다. 이때 문을 지키던 하녀가 베드로를 보고는 "너도 이 사람의 제자 중 하나가 아니냐?"하고 물었고 그 말을 들은 베드로는 "나는 아니다"라고 대답하였다. 예수님께서 제자들과 마지막 저녁 식사를 하시고 제자들의 발을 씻겨주신 이후에 지금까지 가르쳤던 말씀과는 다른 새로운 계명을 주셨다(요 13:31-35). 이때 무엇인가 이상함을 느낀 베드로가 예수님을 향하여 "주여 어디로 가시려고 오늘 이상한 행동(제자들의 발을 씻겨주심)을 하시고 이상한 말씀을 하십니까?"하고 물었고, 베드로의 질문을 받으신 예수님께서 "내가 가려는 곳에 네가 지금은 따라 올 수 없지만, 후에는 따라오리라"(요 13:36)라는 답을 주셨다. 전혀 알아듣지 못할 예수님의 답을 받은 베드로가 "주여 내가 지금은 어찌하여 따를 수 없습니까? 주를 위해서라면 목숨까지 버리겠습니다"(요 13:37)라고 당당하게 말했다. 베드로의 확신 가득한 말을 들으신 예수님께서 "네가 나를 위하여 목숨을 버리겠느냐? 내가 진실로 진실로 네게 이르노니 닭 울기 전에 네가 세 번 나를 부인하리라"(요 13:38)라고 말씀을 하셨다.

예수님께서는 자신이 십자가에 못 박히시는 것만 알고 있는 것이 아니라 자신이 어디서 어떻게 잡히시게 될지를 알고 잡히셔야 할 장소에 가서서 기도하며 기다리셨고, 자기의 제자 베드로가 자신을 세 번씩이나 부인할 것을 이미 아시고 베드로에게 먼저 말씀을 주셨던 것이다. 하나님께서 구원받은 성도들에게 어떤 말씀을 주시든지, 아니면 성령을 통하여 감동을 주실 때는 성도들의 앞날에 어떠한 일이 일어날지를 미리 아시고 그것을 대비하여 승리하게 하려고 주시는 말씀이다(암 3:7. 하나님께서 무슨 일을 하시려면 반드시 선지자들에게 그 비밀을 먼저 말씀하신다). 그런데 앞날을 볼 수 없고 현실에만 마음을 둔 성도들은 미래의 삶에 승리를 주시려고 하나님께서 말씀을 주실 때 그 비밀을 몰라서 지금 자신의 현실과 너무 다른 말씀을 하신다며 예수님의 사랑을 의심하고 원망하며 순종하지 못하는 경우가 대부분이다. 하나님께서 구원받은 성도들에게 말씀을 주시는 것은 거의 대부분 현실에 대한 말씀을 주시는 것이 아니라, 앞날에 하나님의 영광을 드러낼 승리와 축복을 위한 말씀을 주신다. 성도들의 삶의 현장에 나타나는 모든 열매는 과거 우리의 믿음에 대한 열매이다. 좋은 열매를 누리고 있다면 이러한 열매를 주신 하나님께 감사하고, 좋지 않은 열매가 있다면 누구를 원망하는 것이 아니라 하나님께서 원하시지 않은 삶을 살았던 것을 인정하고 철저하게 회개해야 한다(마 7:16-20. 예수님은 열매의 비유를 통하여 성도들의 믿음에 대하여 말씀하셨다. 좋은 믿음을 소유해야 하나님께서 주시는 좋은 열매를 거두게 된다).

요 18:19-24 대제사장이 예수님을 앞에 세우고 예수님의 제자들과 예수님의 가르침에 대하여 심문한다. 예수님을 심문하는 자들은 이미 예수님께서 성전에서 많은 사람을 모아놓고 말씀을 가르치신 것을 들어서 다 알고 있으면서도 어찌하든지 트집을 잡으려고 예수님께 묻고 있다. 예수님의 말씀에 대해서는 트집 잡을 것이 없으니 이제 예수님의 제자들에 대하여 "네가 데리고 다닌 제자들을 어디서 찾았고, 어떻게 모았으며 무슨 생각으로 그들을 가르쳤느냐?"라고 묻는다. 이렇게 묻는 것은 예수님과 제자들을 이스라엘의 반역자요 폭동가라고 몰아세우려는 생각에서였다. 이때 예수님은 "나는 드러내놓고 세상에 말하였다. 모든 유대인이 모이는 회당과 성전에서 항상 가르쳤고 은밀히는 아무것도 말하지 않았다"(20절)라고 답하였다. 왜 예수님은 "나는 아무것도 은밀히 이야기한 것은 하나도 없다"라고 하실까? 예수님께서 제자들과 마지막 저녁 식사를 끝내시고는 "나는 지금까지 하늘의 비밀을 너희에게 비유로 이야기하였다. 하지만 더 이상 너희에게 비유로 이야기하지 않고 아버지(하나님)에 대하여 드러내놓고 너희에게 알려줄 때가 온다"(요 16:25)라고 말씀하셨다. 예수님의 이 말씀을 본다면 특별히 가까운 제자들에게까지 드러내놓고 말씀하시지 않고 그 비밀을 말씀하실 때가 온다고 했었다. 그런데 어째서 "세상 사람들에게 드러내놓고 말하였다. 나는 은밀하게 이야기한 것은 하나도 없다"라고 하실까? 이것은 예수님께서 말씀하실 때 들은 사람이 너무 많다는 뜻이다. 예수님은 한두 사람만 불러서 비밀스럽게 말씀하시지 않고 많은 사람이 듣는 곳에서 말씀하셨다. 하지만 듣는 사람들 모두가 예수님께서 주시는 말씀을 이해하거나 깨닫지는 못했다.

지금도 많은 사람이 성경을 보면서, 예배에 참여하여 설교를 들으면서도 하나님께서 왜 이러한 말씀을 주시는지 하나님의 마음을 알지 못하고, 하나님의 얼굴을 제대로 바라보지 못하고, 자신의 삶의 현장에 문제들이 생기는 이유를 알지 못하는 사람들이 대부분이다. 예수님 당시의 사람들은 그들이 아직 예수님을 마음 안에 담지 못했기 때문에(영접하지 않았다) 예수님의 입에서 풀어지는 하나님의 비밀을 깨닫지 못하고 말씀을 통하여 일하시는 하나님을 경험하지 못했다. 하지만 우리는 하나님의 비밀이 되는(골 2:2-3) 예수 그리스도를 우리의 마음 안에 받아들인(영접) 성도들이다.

하나님께서 우리들을 하나님의 자녀로 받아주신 것은 말씀을 통하여 하나님의 얼굴을 보며 하나님의 크고 비밀한 사랑과 은혜를 받아내어 이 세상에서 하늘의 은혜와 승리를 누리라고 구원하신 것이다. 그런데 예수님을 받아들이지 못한 유대인들과 똑같이 성경을 보고 예배를 드리면서도 하나님을 보지 못하고 하나님께서 부어주시는 은혜와 사랑을 받아내지 못하고 있는 것이다. 이러한 성도들의 모습을 제일 안타까워하시는 분이 하나뿐인 아들을 십자가에 못 박으시며 우리를 구원하시고 하늘의 은혜와 영광을 부어주기 원하시는 하나님이시다. 예수님께서 이 말씀을 하시는 것은 "나는 숨어서 이야기하지 않았고 야곱 자손에게(구원받은 성도) 너희가 나를 헛되이 찾으라고 말하지 않았다"(사 45:19)라고 하시며 이사야 선지자가 선포한 말씀을 인용하셨다. 그렇다면 이사야 선지자는 어떤 배경에서 이 말씀을 선포했을까? 이사야 선지자가 활동을 시작한 때는 주전 739년이며, 이사야 45장에 언급되면서 이스라엘 백성들을 포로에서 귀환시키는 고레스가 페르시아 제국의 왕의 된 해는 주전 538년으로 둘 사이에는 200년의 시간 차이가 있다. 하나님께서 이사야 선지자를 통하여 이스라엘이 망할 것을 말씀하실 뿐 아니라 200년 후에 페르시아 제국이 탄생할 것을 예언하시고 왕의 이름(고레스)까지 정확하게 말씀하셨다. 이사야 45장은 바벨론과의 전쟁에서 포로로 잡혀갔던 이스라엘 백성들이 고레스 왕의 칙령으로 예루살렘에 돌아오는 것을 예언한 말씀이다.

내가 공의로 그를 일으킨지라 그의 모든 길을 곧게 하리니 그가 나의 성읍을 건축할 것이며 사로잡힌 내 백성을 값이나 갚음이 없이 놓으리라 만군의 여호와의 말이니라 **사 45:13**

하나님께서 고레스에게 기름 부음을 주어(사 45:1) 이러한 놀랍고 신비한 일을 할 때 "구원자 이스라엘의 하나님이시여 정녕 주님은 자신을 숨기시는 하나님이십니다. 그들은 모두 부끄러움을 당하며 심지어 낭패를 당하게 되리니 우상을 만드는 이는 다 혼란에 빠질 것입니다. 이스라엘이 영원한 구원으로 하나님께 구원을 받았으니 영원토록 너희는 부끄러움이나 낭패를 당하지 않을 것이다"(사 45:15-17)라고 주변 모두가 하나님을 인정하고 영광을 돌리게 될 것을 200년 전에 예언하며 선포한다. 이렇게 하나님의 일 하심을 나타낸 후에 "나는 숨어서 이야기하지 않았고 야곱 자손에게(구원받은 성도) 너희가 나를 헛되이 찾으라고 말하지 않았다"(사 45:19) 말씀하는데, 이스라엘이 멸망하고 다시 회복하는 것을 하나님은 절대 숨기지 않고 이미 모두 드러내 놓고 말씀하셨다. 그런데 하나님께서 이사야 선지자를 통하여 드러내놓고 예언하는 말씀을 믿지 못하여 이스라엘은 망하게 되고 바벨론에 포로로 잡혀가 비참한 생활을 하였다. 마찬가지로 예수님도 이 세상에 오셔서 자신이 십자가에 못 박히셔서 이루셔야 할 구원의 모든 일을 숨기지 않고 드러내 말씀하셨지만 유대인들은 이것을 깨닫지 못하고 믿지 못하였던 것이다. 예수님께서 이사야 선지자의 예언의 말씀을 꺼내어 당당하게 말씀하시는 모습을 보고 있던 성전 경비병이 대제사장 앞에서의 예수님의 행동이 불손하다고 예수님의 뺨을 쳤다. 예수님께서는 예전에 제자들을 가르치실 때 "악한 자를 대적하지 말라 누구든지 네 오른편 뺨을 치거든 왼편도 돌려대며"(마 5:39)라고 하셨다.

예수님께서 이전에 제자들을 가르치신 대로 하려면 자신이 맞은 다른 편 뺨을 돌려대시고 '또 쳐라'라고 해야 하는데 예수님은 한쪽 뺨 맞는 것으로 끝내신 것처럼 보인다. 그러나 그렇지 않다. 예수님은 다른 편 뺨 대신에 우리를 구원하려고 자신의 생명 전체를 주셨다. 예수님은 무고하게 뺨을 맞으시고, 자신을 심문하는 안나스와 가야바가 하나님을 향하여 너무 불경한 자들인데도 그들을 대적하지 않으시고 "내가 잘못 이야기하였다면 그것이 잘못되었다는 증거를 내 보아라. 그러나 내가 옳게 이야기하였다면 왜 나를 치느냐?"(23절) 하시면서 자신은 죄가 없으심을 밝히셨다. 예수님을 믿는 것은 예수님께서 살아내신 삶을 그대로 살아내는 것이다. 예수님은 말도 되지 않는 억울한 심문을 받으시면서도 우리처럼 분노하지 않으셨고 똑같이 폭행을 사용하지 않으셨다.

요 18:25-27 안나스가 예수님을 가야바에게 보내어 심문을 하던 때 대부분의 사람들은 가야바의 뜰에서 불을 쬐고 있었다. 함께 불을 쬐던 사람들 중에서 한 사람이 베드로를 향하여 "너도 예수의 제자가 아니냐?"하고 물었는데 베드로는 즉시 "나는 아니오"라고 답하며 예수님을 부인하였다(25절). 잠시 시간이 흐른 후 대제사장의 하인 중에 한 사람이 있는데 이 사람은 좀 전에 겟세마네 동산에서 예수님이 잡히실 때 베드로가 칼을 휘둘러 귀가 잘렸던 '말고'의 친척이었다. 이 사람은 베드로가 칼을 휘두르는 것을 정확하게 보았기에 베드로를 향하여 "네가 예수와 함께 있는 것을 내가 보았다"라고 하였는데 베드로가 예수님을 모른다고 저주하며 강력하게 부인하는 순간 닭이 울었다(27절. 마 26:73-74). 베드로가 예수님과 함께 있을 때는 그 누구도 할 수 없는 엄청난 신앙고백을 했었다(마 16:16. "주는 그리스도시요 살아계신 하나님의 아들이시니이다"). 또한 예수님을 위해 자기의 생명까지 아낌없이 버린다고도 했었다.

그런데 베드로와 예수님의 사이가 떨어지다 보니 자기에게 닥친 어려움을 피하려고 예수님을 아예 모른다고 부인하며 저주까지 한다. 베드로가 예수님께서 심문당하시는 대제사장의 뜰에까지 쫓아갔지만 지금 예수님과의 거리가 떨어져 있다. 구원받은 성도들이 아무리 교회에 나와 열심을 낸다 할지라도 예수님과 거리가 떨어지면 그 성도는 예외 없이 베드로처럼 예수님을 부인할 수밖에 없다. 그래서 예수님은 요 15장에 "내가 포도나무이니 너희는 나에게 붙어 있는 가지가 되어라"라고 하시고, "내가 너희 안에 너희가 내 안에 함께 있으면서 하나님의 영광을 선포하면 하나님께서 주시는 하늘 열매들이 저절로 너희의 삶의 현장에 맺게 된다"(요 15:1-7)라고 말씀하신 것이다. 성도들은 교회를 다니며 열심을 내는 표면적인 것만 자랑하지 말고, 이제부터 내면적으로 예수님과 얼마나 친밀하고 가까운지를 돌아보아야 한다. 베드로가 예수님을 세 번씩이나 부인하는 이유는 예수님과 떨어져 있을 뿐 아니라 아직 어둠이 주관하는 자리에 있기 때문이다. 베드로가 세 번째 예수님을 강력하게 부인하며 저주하는 순간 이제 곧 새벽이 열린다는(빛으로 온 세상이 덮인다는) 싸인으로 새벽닭이 울고 있다. 성도들은 매일의 삶의 현장에서 닭 울음소리를 들어야 한다(너는 어둠에 있지 않고 하나님께서 비추어주시는 빛 가운데 있는 자다). 보혈을 의지하여 예수님과 친밀하고 이 세상의 모든 어둠을 밝히시는 예수님을 통하여 하늘의 광명한 빛 가운데 있는 성도들은 베드로처럼 예수님을 부인할 수 없다.

빌라도에게 심문 받으시는 예수님(요 18:28-40)

²⁸〈빌라도 앞에 서시다(마 27:1-2, 11-14; 막 15:1-5; 눅 23:1-5)〉그들이 예수를 가야바에게서 관정으로 끌고 가니 새벽이라 그들은 더럽힘을 받지 아니하고 유월절 잔치를 먹고자 하여 관정에 들어가지 아니하더라 ²⁹ 그러므로 빌라도가 밖으로 나가서 그들에게 말하되 너희가 무슨 일로 이 사람을 고발하느냐 ³⁰ 대답하여 이르되 이 사람이 행악자가 아니었더라면 우리가 당신에게 넘기지 아니하였겠나이다 ³¹ 빌라도가 이르되 너희가 그를 데려다가 너희 법대로 재판하라 유대인들이 이르되 우리에게는 사람을 죽이는 권한이 없나이다 하니 ³² 이는 예수께서 자기가 어떠한 죽음으로 죽을 것을 가리켜 하신 말씀을 응하게 하려 함이러라 ³³ 이에 빌라도가 다시 관정에 들어가 예수를 불러 이르되 네가 유대인의 왕이냐 ³⁴ 예수께서 대답하시되 이는 네가 스스로 하는 말이냐 다른 사람들이 나에 대하여 네게 한 말이냐 ³⁵ 빌라도가 대답하되 내가 유대인이냐 네 나라 사람과 대제사장들이 너를 내게 넘겼으니 네가 무엇을 하였느냐 ³⁶ 예수께서 대답하시되 내 나라는 이 세상에 속한 것이 아니니라 만일 내 나라가 이 세상에 속한 것이었더라면 내 종들이 싸워 나로 유대인들에게 넘겨지지 않게 하였으리라 이제 내 나라는 여기에 속한 것이 아니니라 ³⁷ 빌라도가 이르되 그러면 네가 왕이 아니냐 예수께서 대답하시되 네 말과 같이 내가 왕이니라 내가 이를 위하여 태어났으며 이를 위하여 세상에 왔나니 곧 진리에 대하여 증언하려 함이로라 무릇 진리에 속한 자는 내 음성을 듣느니라 하신대 ³⁸ 빌라도가 이르되 진리가 무엇이냐 하더라〈십자가에 못 박도록 예수를 넘겨 주다(마 27:15-31; 막 15:6-20; 눅 23:13-25)〉말을 하고 다시 유대인들에게 나가서 이르되 나는 그에게서 아무 죄도 찾지 못하였노라 ³⁹ 유월절이면 내가 너희에게 한 사람을 놓아 주는 전례가 있으니 그러면 너희는 내가 유대인의 왕을 너희에게 놓아 주기를 원하느냐 하니 ⁴⁰ 그들이 또 소리 질러 이르되 이 사람이 아니라 바라바라 하니 바라바는 강도였더라

✖✖✖

요 18:28-32 안나스와 대제사장 가야바가 새벽이 되도록 예수님을 심문하였지만, 예수님에게서 죽일 죄를 발견하지 못하자 대제사장과 율법 학자들이 예수님을 총독 빌라도에게 넘긴다. 유대인들에게는 유월절 음식을 먹으려면 정결해야 한다는 규례가 있다. 이들은 유월절 음식을 먹기 위해 자기들은 더러워지지 않으려고(불결한 이방인과 접촉하지 않으려고) 예수님을 총독에게 넘길 때 총독 관저에 들어가지 않고 밖에서 예수님을 넘겨준다. 죄 없는 사람(예수)을 비참하게 죽이려는 더러운 음모를 마음 안에 가득 담고 있으면서 자기들은 유월절 음식을 먹으려고 이방인과 대면하지 않으려는 것이다. 유월절의 실체가 되시는 예수님을 잔인하게 죽이려 하면서 자기들은 정결한 체하려고 정결의 실체가 되시는 예수님은 버리고 정결의 그림자인 짐승을 먹으려 한다. 이러한 모습은 오늘날 온갖 십자가 장신구를 걸치고 다니며 종교생활을 자랑하며 성경 구절을 입술로만 말하며 정작 마음 안에 구원의 실체가 되시는 예수 그리스도를 담지 못하는 사람들의 모습과 똑같다. 하나님께서는 죄 때문에 마귀에게 눌려 신음하는 삶을 살다 죽으면 지옥에 가야 할 모든 사람을 구원하셔서 하나님의 품에 안으시는 구원의 예표를 예전 이스라엘 백성들이 400년 동안 종살이하던 애굽에서 유월절 어린 양을 먹음으로 해방되는 기적을 통하여 이미 보여주셨다.

400년 동안 애굽에서 종살이 하던 이스라엘 백성들이 건짐 받은 비밀은 모세가 행하는 기적 때문이 아니었다. 하나님께서 애굽에 직접 내려오셔서 사망으로 심판하실 때 하나님의 백성들을 저주하는 사단의 표상이 되는 바로 왕의 장자가 죽임을 당하고 바로를 따르는 모든 사람의 장자들, 심지어는 짐승의 처음 난 것까지 다 죽었다. 그러나 애굽 안에 있을지라도 하나님께서 정하신 유월절 양을 먹고 그 피 안에 머무르는 이스라엘의 장자들과 짐승의 처음 난 것 전부가 사망에 영향받지 않고 살았다. 이렇게 사망에 영향받지 않고 살아나는 비밀이 되는 양을 모든 집에서 준비하였고, 하나님께서 말씀하시는 날에 잡아서 그 고기를 불에 구워 먹고, 양을 잡을 때 양이 흘린 피를 그들의 출입문에 바르고 그 안에 머물러 있었다. 하나님은 이스라엘 백성들이 하나님께서 주신 말씀에 순종하여 불에 구워서 배에 가득 채운 유월절 양의 고기(예수 그리스도의 몸. 영접)와 그들의 출입문을 빈틈없이 덮고 있는 양의 피를 보시고 사망의 심판과 재앙이 넘어가게 하셨다.

'유월절 어린 양의 실체'로 오시는 예수님께서 예전에 400년 동안 종살이하던 이스라엘 백성들을 건져내기 위해 죽은 유월절 어린 양처럼 우리들의 모든 죄를 씻기 위하여 십자가에 못 박혀 죽으실 시간이 되었다. 하나님은 '유월절 어린 양의 죽음' 때문에 애굽의 장자들이 사망의 심판을 받은 것처럼 모든 사람을 온갖 저주로 짓누르다가 죽으면 지옥으로 끌고 가는 사단의 머리를 짓밟으셔서 예수님을 마음 안에 먹고 그 피의 능력을 의지하는 성도들을 사단의 저주에서 건져주신다. 하나님은 이스라엘 백성들이 애굽에서 400년 동안 종살이를 하다가 해방되어 하나님의 땅 이스라엘로 출발하는 축제를 '유월절'이라 명하시고, 이 절기만 되면 이스라엘 백성들이 어린 양을 준비하였다가 잡아먹으며 예전에 자기 조상들이 애굽에서 해방된 것을 기념하여 대대로 지키며 이러한 일을 행하신 하나님을 기억하라 하셨다(출 1, 2장). 예수님께서는 하나님께서 지키라 명령하신 유월절에 자신이 '유월절 어린 양'처럼 죽어야 하는 것을 아셨다. 그래서 이 유월절을 간절하게 기다리셨다가 하나님의 구원 시간에 맞추어 '유월절 어린 양'이 되시려고 갈릴리 사역을 멈추시고 예루살렘으로 올라오신 것이다. 대제사장의 무리들이 한밤중에 겟세마네 동산에서 예수님을 잡아와서 이른 새벽까지 심문하던 예수님을 끌고 빌라도 총독에게 갔는데, 이들은 왜 환한 낮이 아니라 새벽에 예수님을 데리고 총독에게 갔을까? 그것은 로마 법정의 문을 여는 시간이 로마 시간 0시(우리 시간으로는 새벽 6시)였기 때문이다. 그들은 로마로부터 파송 받은 총독이 재판을 시작할 수 있는 시간이 되자마자 예수님을 데리고 총독에게 갔던 것이다. 너무 이른 시간에 찾아온 그들을 보고 "너희가 무슨 일로 이른 새벽에 찾아와 고소하느냐?"라고 빌라도가 놀라서 물었다. 그들은 "이 사람이 악을 행하지 않았다면 우리가 당신에게 넘기지 않을 것이요"라고 대제사장 무리가 대답하였다. 그러나 안나스와 대제사장 가야바가 새벽이 되도록 심문하였지만, 예수님에게서 죄를 찾지 못하고 유대를 통치하는 총독 빌라도에게 떠밀어 보내면서 "당신이 이 사람의 죽일 죄를 찾아주소서"라고 하였던 것이다. 그들의 말을 들은 빌라도가 "너희가 저를 데리고 가 너희 법대로 재판하여라" 하면서 예수님을 받는 것을 거부하였다. 총독의 이러한 말을 들은 무리는 자기들이 왜 예수님을 빌라도 총독에게 데려왔는지 본색을 드러낸다. "우리에게는 사람을 죽일 권한이 없어서 당신의 힘을 빌려 이 사람을 죽이고자 한다"(31절)라고 했다. 그렇다면 이들이 정말 사람을 죽일 권한이 없었을까?

그렇지 않다. 사도행전 7장을 보면 사울을 앞세운 바리새인들이 그리스도 예수의 복음을 증거 하는 스데반 집사를 돌로 쳐 잔인하게 죽였었다(행 7:54-60). 대제사장 무리가 예수님을 돌로 죽이는 것보다 더욱 잔인하게 십자가에 못 박아 죽이려면 총독의 허락이 필요했기 때문에 예수님을 빌라도 앞으로 데려온 것이다. 하지만 대제사장과 무리가 이렇게까지 하는 것은 예수님께서 이미 자기가 어떻게 죽어야 하는지에 대하여 말씀하신 것이 이루어지게 하려는 것이다(32절). 대제사장 무리가 십자가의 죽음을 결정하게 한 것은 예수님 자신이셨다. 예수님께서 갈릴리 사역을 마치시고 예루살렘을 향하여 오시기 전에 "보라 우리가 예루살렘에 올라가노니 인자(예수 그리스도)가 대제사장들과 서기관들에게 넘겨지면 저희가 죽이기로 결안하고 이방인들에게 넘겨주겠고 그들은 능욕

하며 침 뱉으며 채찍질하고 죽일 것이니 저는 삼일 만에 살아나리라"(막 10:33-34)라고 이미 말씀하셨다. 예수님은 이 세상에 태어나심부터 그의 모든 발자취와 그분의 입술을 통하여 선포되는 말씀과 기적, 심지어는 죽으심의 모든 과정이 하나도 말씀을 벗어나지 않고 하나님께서 구약을 통하여 약속하심과 예수님께서 이 세상에 오셔서 선포하신 말씀 그대로 이루어지고 있다.

요 18:33-40　대제사장에게서 예수님을 인계받은 총독 빌라도가 예수님을 심문한다. "그대가 유대인의 왕인가?" 이 말을 들으신 예수님께서 "당신이 하는 말은 스스로 하는 말이요? 아니면 다른 사람의 말을 듣고 하는 말이요?"하고 되묻는다. 이 말을 들은 빌라도가 "내가 유대인이냐? 너희들끼리의 문제에 나는 연관되고 싶지 않다. 그런데 네 나라 사람들과 대제사장들이 너를 나에게 넘겼는데, 도대체 너는 무슨 죄를 지었느냐?"(35절)하고 물었다. 이때 예수님께서 "나의 나라(왕국)는 이 세상에 속하지 않았다"(36절)라는 답을 하신다. 예수님을 따라 성도들도 비록 이 세상에 발을 디디고 살지만 이 세상에 속하지 않은 삶을 살아야 한다. 대제사장 무리가 예수님을 '자칭 왕 그리스도'(눅 23:2)라는 죄목으로 빌라도에게 데려왔는데, 빌라도가 대제사장들의 고소 내용으로 예수님을 심문할 때 예수님은 "내가 말했던 왕국은 이 세상에 있는 것이 아니라"고 하신 것이다. 예수님은 이 세상 나라의 정치에 관심을 가지고 오신 것이 아니라 눈에 보이지 않게 온 세상에서 왕 노릇하는 마귀를 깨뜨려 이 세상에 하나님의 왕국을 회복시키려고 오셨다. 이러한 비밀을 몰랐던 헤롯 왕은 예수님의 탄생을 묻는 동방 박사들의 방문을 받고(마 2:2. "유대인의 왕으로 나신 이가 어디 계십니까?") 자신이 로마 황제로부터 위임받은 유다 왕국의 통치권을 잃어버리지 않으려고 베들레헴 지경에 있는 두 살 이하의 남자아이들을 무참하게 학살했었다(마 2:1-16). 예수님께서 하시는 진리 말씀을 깨닫지 못한 빌라도가 답답하여 "네가 대제사장들이 고소한 내용대로 왕이냐?"하고 다시 물었다. 빌라도의 심문을 받으시는 예수님께서 "나는 진리에 대하여 증언하려고 왔다. 진리에 속한 사람들은 나의 소리를 들을 줄 안다"(37절)라고 답하셨다. 예수님의 대답을 들은 빌라도가 "네가 말하는 진리가 도대체 무엇이냐?"하고 예수님께 물었다. 예수님께서 진리(예수 그리스도)에 속한 사람들은 예수님의 소리를 들을 줄 안다고 말씀하셨는데, 예수님께서 말씀하신 '들음'이라는 말은 육체의 귀로 듣는 것이 아니라 내면의 귀, 즉 마음으로 듣는 것을 의미한다.

> ✏️ 자기 양을 다 내놓은 후에 앞서 가면 양들이 그의 음성을 아는 고로 따라오되 요 10:4

이 말씀은 예수님께서 "양들은 목자의 음성을 듣고 목자만 따른다" 하셨던 말씀과 동일하다. 예수님을 바르게 믿는 것은 예수님께서 주시는 말씀을 마음으로 받고, 마음에 심겨진 말씀 그대로 순종하는 삶이다. 예수님께서 주시는 말씀을 마음으로 받지 못하는 사람들은 하나님의 얼굴을 볼 수 없고, 하나님께서 왜 이러한 말씀을 주시는지도 모르며, 설령 그 말씀의 비밀을 안다 할지라도 삶에서 순종하지 못한다. 하나님께서 성도들의 삶 안으로 들어오는 통로는 바로 하나님께서 주신 말씀을 받아내는 '마음'이다. 그렇다면 예수님께서 말씀하셨고 빌라도가 묻는 '진리'는 도대체 무엇일까? 시 85:11을 보면 "진리가 땅에서 솟아나고 의는 하늘에서 하감 하였도다"라고 한다. '진리가 땅에서 솟아났다'라는 의미는 '하나님의 진리가 되시는 예수님께서 이 땅에 태어난 것'을 뜻하는 비밀이고, 이 사건 때문에 하나님은 의로움의 능력으로 이 세상을 내려다보시며 그 의로움에 합당한 은혜를 부어주신다. 이 비밀을 발견한 바울이 "지금은 예수님 때문에 하나님의 은혜가 충만하여 구원의 승리를 누릴 때"(고후 6:2)라고 선포한다. 예수님께서 말씀하시는 '진리'는 하나님이셨는데 우리와 똑같은 육체를 입고 이 세상에 오신 예수님이시며, 하나님께서 우리에게 주신 성경 말씀이다. '진리'는 사람들에 의하여 만들어지지 않았고, 사람들의 손으로 다듬어지지 않은 하늘에서 내려 온 순수한 그 자체이다. 하나님은 구원받은 성도들의 마음 안에 '하늘의 진리'(순수한 예수님과 예수님께서 십자가 보혈로 값을 지불하고 성도들 마음 안에 심으시는 하늘의 말씀)를 담기 원하신다. 그런데 성도들의 마음 안에 하늘의 진리를 담으려면 '순수하고 정결한 마음'이어야 하는데, 그 비밀은 예수께서 십자가에서 흘려주신 '피'로 사단이 준 죄와 악을 씻으면 된다. 사단이 죄와 상처를 동원하여 어둠을 가득 담아놓은 마음에 예수님의 피가 들어갈 때 정결하게 씻어져서 '하늘의 진리' 되시는 예수님과 예수님께서 피로 사 주셨고 우리의 삶에 반드시 이루어질 하늘의 말씀이 심어져 믿어지게 되는 것이다. 빌라도는 예수님을 결박하여 끌고 온 유대인들을 향하여 "나는 예수에게서 어떤 죄목도 찾지 못하였다. 유월절에는 내가 너희에게 죄수 한 사람을 풀어주는 관례가 있는데 내가 너희에게 유대인의 왕을 풀어주기 원하느냐?"(39절) 물었다. 빌라도는 지금 너무 신중하다. 자기가 심문한 결과 예수님은 아무런 죄가 없다고 결론을 내린 다음에, 예수님을 잡아 온 유대인들은 달갑지 않겠지만 유대인의 최대 명절 유월절의 축제를 위해 유대인의 왕 예수님에게 은혜를 베푸는 것이 어떠한지 물었다. 빌라도의 말을 들은 유대인들은 하나같이 목소리를 높여 "이 사람(예수)이 아니라 강도 바라바를 풀어주소서"라고 하였다. 예수님과 대조되어 나오는 강도 '바라바'는 아들을 의미하는 'Bar'와 아버지를 의미하는 'abass'의 합성어이다. '바라바' 이름의 뜻은 '아버지의 아들', 즉 누군가의 아들이었다. 대제사장들과 바리새인들은 죽을 수밖에 없는 '바라바'는 풀어주고 아무런 죄가 없는 예수님은 십자가에서 죽도록 요구하고 있다. 유대 군중들의 요구에 의해 풀려난 '바라바'가 풀려난 이후에 어떤 삶을 살았는지에 대한 기록이 성경에는 전혀 없다. 왜 그럴까? 그건 중요하지 않기 때문이다.

그런데 본문에서는 '어떤 죄인'으로 표현하지 않고 '바라바'라는 이름을 거론하고 있는데 그것은 그 이름에 뭔가 특별한 의미가 있기 때문이다. '바라바'라는 이름의 뜻은 '누군가의 아들'이라고 했다. 예수를 믿는 우리 모두는 '누군가의 아들'이다. 즉 '바라바'

란 이름까지 거론되며 성경에 기록된 것은 '내가 곧 바라바'라는 것을 알게 하기 위함이다. 사람으로서는 절대로 해결하지 못할 사단이 넣어 준 죄를 마음에 담고 사단에게 눌려 살다가 지옥에 떨어져야 할 강도 '바라바'와 같은 우리를 대신하여 예수님께서 십자가에 못 박혀 우리의 모든 문제를 해결하시고 우리들을 살려내셨다. 바울은 이것을 "예수님께서 생명 값을 지불하시며 너를 사주셨다"(고전 6:19-20)라고 하며 이렇게 귀한 하늘 생명 값이 지불되어지며 구원받은 우리는 이제 사단이 시키는 세상의 일을 해야 될 자가 아니라 하나님의 일을 해야 할 자들이라고 분명하게 선포한다.

예수님을 대신하여 풀려난 '바라바'가 무슨 일을 하며 어떻게 살았는지 아예 흔적이 없다. '바라바'처럼 오늘도 예수님의 생명 값으로 구원받은 성도들의 삶에 하나님의 일을 한 흔적이 없다면 어찌 될까? 오늘날 교회에서는 교회의 일이 하나님의 일이라 말한다. 아니다. 예수님께서는 자신의 생명을 지불하며 우리를 구원하시고는 예수님 자신이 하셨던 일을 하라고 우리에게 명령한다. 이제 교회의 일을 이만큼 했다고 자부하지 말고 우리가 얼마나 예수님을 닮았는지 돌아보고, 예수님께서 하셨던 일을 우리의 삶에서 얼마나 행하고 있는지 우리 스스로를 돌아보자.

확정된 십자가 형벌(요 19:1-16)

¹ 이에 빌라도가 예수를 데려다가 채찍질하더라 ² 군인들이 가시나무로 관을 엮어 그의 머리에 씌우고 자색 옷을 입히고 ³ 앞에 가서 이르되 유대인의 왕이여 평안할지어다 하며 손으로 때리더라 ⁴ 빌라도가 다시 밖에 나가 말하되 보라 이 사람을 데리고 너희에게 나오나니 이는 내가 그에게서 아무 죄도 찾지 못한 것을 너희로 알게 하려 함이로라 하더라 ⁵ 이에 예수께서 가시관을 쓰고 자색 옷을 입고 나오시니 빌라도가 그들에게 말하되 보라 이 사람이로다 하매 ⁶ 대제사장들과 아랫사람들이 예수를 보고 소리 질러 이르되 십자가에 못 박으소서 십자가에 못 박으소서 하는지라 빌라도가 이르되 너희가 친히 데려다가 십자가에 못 박으라 나는 그에게서 죄를 찾지 못하였노라 ⁷ 유대인들이 대답하되 우리에게 법이 있으니 그 법대로 하면 그가 당연히 죽을 것은 그가 자기를 하나님의 아들이라 함이니이다 ⁸ 빌라도가 이 말을 듣고 더욱 두려워하여 ⁹ 다시 관정에 들어가서 예수께 말하되 너는 어디로부터냐 하되 예수께서 대답하여 주지 아니하시는지라 ¹⁰ 빌라도가 이르되 내게 말하지 아니하느냐 내가 너를 놓을 권한도 있고 십자가에 못 박을 권한도 있는 줄 알지 못하느냐 ¹¹ 예수께서 대답하시되 위에서 주지 아니하셨더라면 나를 해할 권한이 없었으리니 그러므로 나를 네게 넘겨 준 자의 죄는 더 크다 하시니라 ¹² 이러하므로 빌라도가 예수를 놓으려고 힘썼으나 유대인들이 소리 질러 이르되 이 사람을 놓으면 가이사의 충신이 아니니이다 무릇 자기를 왕이라 하는 자는 가이사를 반역하는 것이니이다 ¹³ 빌라도가 이 말을 듣고 예수를 끌고 나가서 돌을 간 뜰(히브리 말로 가바다)에 있는 재판석에 앉아 있더라 ¹⁴ 이 날은 유월절의 준비일이요 때는 제육시라 빌라도가 유대인들에게 이르되 보라 너희 왕이로다 ¹⁵ 그들이 소리 지르되 없이 하소서 없이 하소서 그를 십자가에 못 박게 하소서 빌라도가 이르되 내가 너희 왕을 십자가에 못 박으랴 대제사장들이 대답하되 가이사 외에는 우리에게 왕이 없나이다 하니 ¹⁶ 이에 예수를 십자가에 못 박도록 그들에게 넘겨 주니라

✖✖✖

요 19:1-3 빌라도는 예수님에게서 죄를 찾지 못하자 군중들을 향하여 "이제 곧 너희들의 축제인 유월절이 다가온다. 이 날에 죄수 중 하나를 놓아주는 전례가 있는데, 나는 이 사람이 죄가 없으므로 놓아주고자 한다. 너희들 생각은 어떠하냐?" 하고 물었다. 하지만 성난 군중들은 예수님 대신에 강도 '바라바'를 풀어줄 것을 강력하게 요구하여 '바라바'가 풀려났다. 예수님을 대신하여 풀려 난 강도 '바라바' 이름의 뜻은 '누군가의 아들' 즉 '사람의 아들'이다. 사단이 넣어 준 '죄악'을 해결하지 못해 반드시 멸망받아야 할 사람의 아들인 모든 사람들을 영원한 멸망에서 놓아주려고(구원) 하나님의 아들이신 예수님께서 모든 죄인들(사람의 아들들)의 죄를 담당하셨다(사 53:6). '바라바'를 놓아 준 이후 빌라도 총독은 예수님을 법정 마당에서 옷을 벗기고 채찍으로 40대를 내리쳤다. 예수님께서 아무런 죄 없이 채찍에 맞으심 때문에 예수님을 믿어 하나님을 아버지라 부르는 성도들은 사단 때문에 세상으로부터 오는 모든 질병에서 치유 받아 자유하게 된다(출 15:26, 사 53:5, 벧전 2:24). 사단에게 속은 군중들은 하늘의 모든 영광을 버리고 이 세상에 오셔서 모든 사람의 죄를 담당하시고, 해결하셔서 사단의 더러운 묶임과 짓눌림에서 모든 사람을 놓아주려고 고통받으시는 귀하신 예수님을 알아보지 못하고 감사하기는커녕 오히려 "예수님 자신의 실수와 죄 때문에 고난받는 것"이라 말하며 죽이라고 소리 지른다(사 53:3-4).

　예수님을 조롱하고 저주하며 고통받는 모습을 구경하던 바리새 인들처럼, 사단에게 속고 있는 오늘날 많은 교인들은 교회에 나오면서도 예수님께서 채찍에 맞으심과 십자가에 못 박혀 말로 표현하지 못할 저주와 재앙을 받으신 것을 지난날에 있었던 사건에 대한 지식으로만 알고 있다. 하나님께서 구원받은 성도들을 교회로 인도하여 말씀을 먹여주시며 믿음으로 세우시는 목적은 예수님께서 아무런 죄 없이 채찍에 맞으시고 십자가에 못 박히신 저주받으심의 결과를 성도들의 삶에 끌어들여 누리게 하려는 것이다. 예수님께서 채찍에 맞으시고 십자가에 못 박혀 재앙과 저주를 받으심이 한낱 구경거리로 끝나야 하는가, 아니면 내 삶의 현장에서 사단에게 속았던 열매들이 끊어지고 하늘의 열매를 맺게 하는 능력이 되게 할 것인가? 예수님의 십자가와 채찍에 맞으심이 머리에 남겨진 지식이며 구경거리라면 그 사람의 신앙은 사단에게 속아 "예수님을 십자가에 못 박으라" 외쳤던 유대인과 다를 바 없는 똑같이 무지하고 어리석은 가짜 신앙이다. 사단에게 속았던 종교적인 습관을 벗고 예수님의 채찍의 맞으심과 십자가 재앙과 저주를 내 마음 안에 끌어들여 채찍의 맞으심과 십자가 재앙 때문에 오는 열매를 실제 누리며 승리하는 참된 믿음을 회복하자.

군인들은 가시관을 만들어 예수님의 머리에 씌우고, 자주색 옷을 입히고는 "유대인의 왕 만세" 하면서 손바닥으로 예수님의 뺨을 내리쳤다. 군인들이 예수님의 옷을 다 벗기고 가시나무로 관을 만들어 예수님의 머리에 씌웠는데, 예수님의 머리에 씌워져 피 흘리게 했던 가시나무는 우리나라 남부지역에서 자라는 탱자나무와 비슷한 나무이다. 이 나무의 가시는 일반적인 가시와 달라서 머리에 씌워져 찔리면 그 고통이 상상을 초월하고 잘 부러지지도 않아서 피부에 박히면 피가 쉴 없이 흐르고 깊은 상처를 남긴다. 예수님의 머리에 커다란 가시들이 생살을 파고들어 오는 그 찔림이 얼마나 고통스러우셨을지 우리는 상상할 수도 없다. 그런데 예수님은 얼굴이 온통 피범벅이 되었는데도 말 한마디 없이 참으신다.

로마의 군인들이 예수님을 조롱하며 저주하려고 씌웠던 가시면류관이 예수님을 영접하여 구원받은 성도들에게는 진정한 왕의 면류관이요, 승리의 면류관이요, 진리의 면류관이요, 사랑의 면류관이요, 참 자유의 면류관이다. 예수님께서 말로 표현하지 못할 고통 가운데 피 흘리며 쓰신 가시면류관을 믿음으로 바라보는 성도들은 예수님 때문에 더 이상 죄의 종노릇을 하지 않고 죄에서 자유하여 왕의 권세를 누리는 힘이 부어지고, 세상과 사단 앞에 당당히 나가 승리를 경험하는 능력이 부어지며, 하나님의 말씀이 머리에 지식수준으로만 머물지 않고 마음 안에 심어져 믿어지며 이때부터 하나님의 진정한 사랑이 흘러 들어오게 된다. 성도들이 가시관을 쓰신 예수님을 바라보는 믿음 때문에 더 이상 죄와 사단에게 영향받지 않고 자유하며 하나님의 은혜를 누리게 된다.

요 19:4-6 법정에서 채찍질 당하고 가시관을 쓰셔서 머리부터 발끝까지 피로 덮여 있는 예수님을 데리고 나오면서 빌라도가 성난 군중에게 "여기를 보시오. 이렇게 심각하게 고문하며 죄를 따졌지만, 이 사람에게서는 죄를 찾지 못하였소"라고 소리쳐 말하였다. 하지만 사단에게 자기들의 마음을 빼앗기고 조종받는 군중들은 "예수를 십자가에 못 박으시오." 하면서 더욱 크게 소리 지른다. 로마 군인들은 예수님을 발가벗기고 잔인하게 채찍질하였다 (그 당시 로마 군인들이 사용한 채찍은 줄이 5-9줄에, 한 가닥 한 가닥 끝에는 동물의 뼈, 깨진 유리, 납 같은 것을 달아 놓았다. 로마의 군인들이 채찍으로 사람을 내리칠 때는 채찍을 물에 담가 가죽을 물에 불린 후 채찍질하였다. 이러한 채찍으로 죄수를 치면 채찍 끝에 무겁고 뾰족하게 달려진 것들이 살을 파고 들어가 박히는데, 죄수의 몸을 휘감고 마지막 살을 깊이 파고 들어가 있는 채찍을 잡아채면 살이 찢겨 갈라진다. 계속되는 채찍질로 인해 살점이 뜯기고 근육이 끊어지고 심지어 뼈까지 보였는데, 많은 죄수가 십자가에 달리기도 전에 채찍질에 죽었다고 한다). 채찍에 맞아 온몸이 완전히 다 찢겨져 걸레처럼 되고 온몸에서 피가 솟아 흐르고 있는 예수님을 성난 군중들에게 보여주며 "이 사람을 보시오. 나는 이 사람에게서 아무런 죄도 찾지 못했소. 이렇게 맞았으면 이것은 산 사람이 아니요. 죽은 거나 마찬가지인데 나는 놓아 주고 싶소"라고 하며 빌라도가 군중들에게 동정을 구한다. 그런데 아벨이 가인의 시샘을 받아 아무런 죄 없이 살인을 당한 것처럼 사단은 예수님의 말씀과 사역을 따를 수 없는 유대 종교지도자들의 시샘을 극대화시켜 예수님을 십자가에 못 박으라고 소리치고 있다.

예수님은 하나님께서 주신 사랑으로 죄인들을 끝까지 품으며 사랑하였지만, 사단에게 사로잡혀 예수님을 통하여 풀어지는 하나님의 사랑을 거부하고 시기와 질투에 사로잡힌 유대 종교지도자들은 자기들을 사랑하신 예수님, 아무런 죄도 찾을 수 없는 예수님을 가장 비참한 방법을 동원하여 죽이라고 소리 지르고 있다. 하나님께서는 자기의 사람들에게 오직 하나님의 사랑만 부어주시고 채워주시는데, 우리 안에는 하나님께서 부어주신 사랑이 얼마나 채워져 있는가? 성도들이 보혈을 먹어 마음을 정결하게 하여 하나님의 사랑을 마음 안에 담지 못하면 그 자리는 사단에게 이용당할 수밖에 없는 시기와 질투가 채워지게 된다. 시기와 질투로 마음이 채워지면 유대 종교지도자들과 다름없이 교회 행사에 열심히 참여하고 성경을 자세하게 알아도 하나님의 생명과 사랑으로 사역하는 자들에게 채찍질하며 십자가를 지라고 소리 지르게 된다. 지금 내 마음은 무엇으로 채워져 있는가? 예수님의 보혈의 능력을 의지하여 사단이 우리 마음에 가득 담아놓은 것들은 무엇이든지 다 씻어버리고 하나님께서 예수님을 통하여 주시는 하늘의 신령한 것과 진리 말씀과 하나님 아버지의 사랑과 은혜만 가득 담아내자.

요 19:7-16 빌라도는 계속하여 "이 사람에게서 나는 아무런 죄를 발견할 수 없었소." 하면서 예수님을 놓아주려 한다. 하지만 성난 군중들에 밀려 더 이상 버티지 못하고 예수님을 십자가에 못 박으라고 내어준다. 유대인들이 예수님을 "십자가에 못 박아 죽여라"라고 하는데, 그들이 예수님을 십자가에 못 박아 죽이라고 내세운 '죄목'은 "예수가 하나님의 아들이라 합니다"(7절)였다. 이들의 이러한 행동을 보면서 오히려 두려움에 사로잡힌 빌라도가 예수님에게 묻는다. "네가 어디서 왔느냐?"(9절) 하지만 예수님은 아무 대답도 하지 않으셨다. 빌라도와 군인들은 채찍으로 내려치고 유대의 종교지도자들은 조롱하고 저주하며 채찍으로 때리는 것으로는 분이 풀리지 않으니 십자가에 못 박아 죽이라고 하는데, 예수님은 이러한 곤욕을 당하시며 말로 표현하지 못할 마음의 아픔과 배신으로 인한 고통 속에서도 입을 열지 않으셨다.

그가 곤욕을 당하여 괴로울 때에도 그의 입을 열지 아니하였음이여 마치 도수장으로 끌려 가는 어린 양과 털 깎는 자 앞에서 잠잠한 양 같이 그의 입을 열지 아니하였도다 사 53:7

이사야 선지자는 채찍에 맞고 십자가에 못 박히시는 예수님의 모습만 본 것이 아니라 예수님 앞에서 예수님을 십자가에 못 박으라고 저주하는 자들의 비열한 모습까지 보며 "예수님은 곤욕과 심문을 당하고 끌려갔으니 그 세대 중에 어느 누가 생각하기를 그가 산 자의 땅에서 끊어지는 것은 마땅히 형벌을 받아야 할 내 백성의 허물을 해결하기 위함이라 하였을까?"(사 53:8) 하였다. 멀리서 이러한 모습을 바라보는 이사야 선지자의 마음은 찢어질 것처럼 아팠을 것이다. 예수님의 모습을 보면서 안타까운 빌라도가 "제발 말 좀 해 보시오. 나는 그대를 놓아줄 권세도 있고 십자가에 못 박을 권세도 있소"(10절)라고 말한다. 그 말을 들으신 예수님께서 "위에 계신 하나님께서 허락하시지 않는다면 나를 해할 권세가 아무에게도 없다"(11절)라고 딱 잘라 말씀하셨다. 예수님은 자신을 배신했던 사람들도, 사단에게 속아서 자신을 십자가에 못 박아야 한다고 저주하는 유대인들도, 유대인의 겁박을 못 이겨 십자가 형벌에 내어주는 빌라도 그 누구도 원망하지 않으셨다.

예수님은 마지막 유월절이 오기를 간절하게 기다리셨다가 온 인류를 구원할 하나님의 시간이 되자 당당하게 십자가를 지시려고 스스로 예루살렘을 찾아 올라오셨다. 성도들의 삶에 무슨 일이 있든지 그것은 모두 하나님의 계획이다. 하나님께서 허락하지 않으셨다면 그 일은 우리의 삶에 올 수 없다고 하신다(마 10:29. 참새 한 마리가 땅에 떨어지는 것도...). 즉 성도들이 삶의 현장에서 만나는 일은 그것이 무엇이든지 우연은 없고 반드시 하나님께서 계획하시고 이끌어 가시는 필연이다. 하나님께서 구원받은 성도들의 삶의 현장에 이해하지 못할 여러 가지 일을 허락하시는 목적은 그 일을 하나님의 영광으로 바꾸어 주시려는 계획이 있기 때문이다. 성도들이 삶의 현장에서 무슨 일을 만나든지 그것은 반드시 하나님께서 도와주셔서 하나님의 영광의 열매를 모두에게 보여 줄 수 있는 승리의 시작점이다. 하나님께서 일하시는 비밀을 아는 성도들은 무슨 일을 만나든지 절대로 실망하거나 남을 원망하지 않고 이러한 일을 계획하시고 하나님의 영광을 위해 일하시는 하나님께 감사로 찬양드리며 그 자리에 하나님의 영광을 당당하게 선포한다. 이때부터 빌라도는 예수님을 풀어주려고 힘썼지만 사단에게 사로잡혀 있는 유대인들이 "이 사람을 석방해 준다면 총독은 가이사 황제의 충신이 아닙니다. 자기를 왕이라 칭하는 자를 놓아 준다면 총독은 황제를 반역하는 것입니다." 하면서 빌라도를 위협한다. 성난 군중들이 가이사 황제까지 들먹이며 위협하는 소리에 빌라도가 정신이 번쩍 들어 예수님을 정식 재판 자리에 세우고 자기는 재판석에 앉아서 판결을 내린다. "보라 너희의 왕이 여기 있다"(14절). 이때가 유월절이 시작되기 바로 전 낮 12시였다 (우리들의 날짜 개념은 해가 뜨는 아침으로부터 시작인데, 유대인들의 날짜 개념은 해가 지면서부터 새로운 날이 시작된다). 빌라도의 판결 소리를 들은 유대인들이 "저를 죽여라. 십자가에 못 박아 죽여라"(15절)라고 외쳤고, 그 소리에 겁을 먹은 빌라도가 "내가 너희들의 왕을 십자가에 못 박아야 하겠느냐?" 하고는 성난 유대인들이 예수님을 십자가에 못 박을 수 있도록 허락하며 예수님에게 십자가 사형을 언도하고 유대인들에게 내어주었다. 멀리서 예수님의 채찍 맞으심과 십자가 고난을 바라보고 마음이 아파 어쩔 줄 몰라하는 이사야에게 하나님께서 이렇게 하실 수밖에 없는 비밀을 보여주신다. "여호와는 그를 으스러뜨리시고 비통하게 고통받게 하시기를 기쁘게 여기셨다. 그가 자신을 죄 때문에 바치는 제물이 되게 할 때에 그는 씨(예수님을 통하여 이 땅에 풀어지는 하늘의 씨)를 보게 되어 자신의 날들을 연장할 것이요"(사 53:10) 하나님께서 하늘의 '영원한 씨'(생명)를 예수님 안에 비밀스럽게 담아 이 세상에 보내셨는데(예수) '하늘의 씨'가 깨어지고 드러나 사람들 안에서 풀어지게 하려고 '하늘의 씨'를 깨뜨리는 작업이 예수님의 채찍에 맞으심과 십자가 고통이었다(그리스도 사역). 예수 그리스도를 마음을 열고 먹어서(영접) 하나님의 자녀가 된 성도들이 이 세상을 살아가는 목적은, 자신을 깨뜨려 하늘의 영원한 생명을 먹여주신 예수 그리스도의 삶이 성도들을 통하여 이 세상에 연장되어 나타나는 것이다.

> 🖊 내가 그리스도와 함께 십자가에 못 박혔나니 그런즉 이제는 내가 사는 것이 아니요 오직 내 안에 그리스도께서 사시는 것이라 이제 내가 육체 가운데 사는 것은 나를 사랑하사 나를 위하여 자기 자신을 버리신 하나님의 아들을 믿는 믿음 안에서 사는 것이라 갈 2:20

하나님께서 일하시는 비밀을 깨달은 이사야 선지자가 그나마 안심하였다. 예수님은 하나님으로부터 받아 낸 '하늘의 영원한 생명'을 자신 안에 담고 이 세상에 오셔서 우리 안에 그 생명을 담을 시간이 되었을 때, 자신 안에 깊이 감추어져 있던 '하늘의 생명'이 깨지고 터져 드러나게 하여 우리 안에 심으신 것이다. 이렇게 예수님의 고난을 통하여 '하늘의 씨'(하나님의 영원한 생명)를 마음 깊이 심은 성도들은 이제부터 나의 인생을 사는 것이 아니라 내 안에 심겨진 '하늘의 씨'를 통하여, 이 씨의 주인 되시는 예수 그리스도의 삶을 연장하는 삶을 살아야 한다.

25

십자가에서 돌아가신 예수님 (요 19:17-30)

¹⁷ 〈십자가에 못 박히시다(마 27:32-44; 막 15:21-32; 눅 23:26-43)〉 그들이 예수를 맡으매 예수께서 자기의 십자가를 지시고 해골(히브리 말로 골고다)이라 하는 곳에 나가시니 ¹⁸ 그들이 거기서 예수를 십자가에 못 박을새 다른 두 사람도 그와 함께 좌우편에 못 박으니 예수는 가운데 있더라 ¹⁹ 빌라도가 패를 써서 십자가 위에 붙이니 나사렛 예수 유대인의 왕이라 기록되었더라 ²⁰ 예수께서 못 박히신 곳이 성에서 가까운 고로 많은 유대인이 이 패를 읽는데 히브리와 로마와 헬라 말로 기록되었더라 ²¹ 유대인의 대제사장들이 빌라도에게 이르되 유대인의 왕이라 쓰지 말고 자칭 유대인의 왕이라 쓰라 하니 ²² 빌라도가 대답하되 내가 쓸 것을 썼다 하니라 ²³ 군인들이 예수를 십자가에 못 박고 그의 옷을 취하여 네 깃에 나눠 각각 한 깃씩 얻고 속옷도 취하니 이 속옷은 호지 아니하고 위에서부터 통으로 짠 것이라 ²⁴ 군인들이 서로 말하되 이것을 찢지 말고 누가 얻나 제비 뽑자 하니 이는 성경에 그들이 내 옷을 나누고 내 옷을 제비 뽑나이다 한 것을 응하게 하려 함이러라 군인들은 이런 일을 하고 ²⁵ 예수의 십자가 곁에는 그 어머니와 이모와 글로바의 아내 마리아와 막달라 마리아가 섰는지라 ²⁶ 예수께서 자기의 어머니와 사랑하시는 제자가 곁에 서 있는 것을 보시고 자기 어머니께 말씀하시되 여자여 보소서 아들이니이다 하시고 ²⁷ 또 그 제자에게 이르시되 보라 네 어머니라 하신대 그 때부터 그 제자가 자기 집에 모시니라 ²⁸ 〈영혼이 떠나가시다(마 27:45-56; 막 15:33-41; 눅 23:44-49)〉 그 후에 예수께서 모든 일이 이미 이루어진 줄 아시고 성경을 응하게 하려 하사 이르시되 내가 목마르다 하시니 ²⁹ 거기 신 포도주가 가득히 담긴 그릇이 있는지라 사람들이 신 포도주를 적신 해면을 우슬초에 매어 예수의 입에 대니 ³⁰ 예수께서 신 포도주를 받으신 후에 이르시되 다 이루었다 하시고 머리를 숙이니 영혼이 떠나가시니라

✖ ✖ ✖

요 19:17-18 빌라도의 허락이 떨어지자 대제사장 무리들이 예수님에게 자기가 못 박혀야 할 나무를 지고 골고다(해골) 언덕에 오르게 했다. 예수님께서 하늘의 영광을 버리고 이 세상을 구원하려고 오신 것은 하나님의 뜻이었다. 드디어 인류 구원의 시간이 열리자 예수님은 자기가 못 박혀야 할 십자가를 지고 골고다 언덕을 오르신다. 예전에 하나님께서 아브라함에게 100세에 낳아 성년이 된 아들 이삭을 번제 제물로 드리라고 말씀하셨을 때(창 22:1-2) 아브라함은 하나님께 번제 제물로 드려져야 할 이삭에게 자신을 불태울 나무를 짊어지고 모리아 산을 오르게 했었다(창 22:6). 죄 없으면서도 십자가에 못 박혀 죽기 위해 사형을 선고받으신 예수님은 자기가 못 박혀야 할 나무를 몸소 어깨에 짊어지고 골고다 언덕을 오르신다. 모리아 산에서는 이삭 대신에 하나님께서 준비해 놓았던 수풀에 뿔이 걸려 있던 한 숫양을 데려다가 하나님께 번제를 드렸는데, 온 인류를 구원하기 위해 골고다 언덕에서 드리는 번제에는 예수님을 대신할 다른 제물이 없다. 이 사건을 마태는 조금 다르게 기록하였다. 예수님께서 채찍에 맞으시고 십자가형을 선고받으신 후 빌라도 관정에서 나올 때 예수님에게는 자신을 못 박아야 할 나무를 짊어질 힘이 없으셨다. 예수님께서 나무를 짊어질 힘이 없는 것을 본 군인들이 구경꾼 중에 구레네 사람 시몬을 잡아 억지로 예수님께서 못 박혀야 할 나무를 대신 짊어지고 골고다 언덕을 오르게 했다(마 27:32). 예수님께서는 베드로에게 "주님은 그리스도시요 살아계신 하나님의 아들이십니다"(마 16:16)라는 최고의 믿음 고백을 받으신 이후에 "아무든지 나를 따라오려거든 자기를 부인하고 자기 십자가를 지고 나를 좇을 것이다"(마 16:24)라고 하셨는데, 자신의 의지와는 상관없이 구레네 사람 시몬이 최초로 예수님의 십자가를 지고 골고다 언덕을 오른 것이다. 구레네 시몬처럼 예수 그리스도를 영접하여 구원받은 성도들은 교회만 나오는 자들이 아니라 '예수님께서 주신 십자가'(멍에)를 짊어지고 예수님 가신 길을 따라야 한다. 예수님께서는 자신을 믿고 따르는 자들이 짊어져야 할 '멍에'(십자가)에 대하여 말씀하셨다.

수고하고 무거운 짐 진 자들아 다 내게로 오라 내가 너희를 쉬게 하리라 나는 마음이 온유하고 겸손하니 나의 멍에를 메고 나에게 배우라 그리하면 너희 마음이 쉼을 얻으리니 이는 내 멍에는 쉽고 내 짐은 가벼움이니라
마 11:28-30

그동안 우리는 사람의 눈으로는 볼 수 없는 사단이 우리 인생에 억지로 얹어 준 무겁고 힘들고 괴로운 멍에를 짊어지고 신음하며 살았다. 이것을 아시는 예수님께서 안타까운 마음으로 사단이 억지로 얹어 준 더러운 짐을 벗기고 하나님께서 하늘로부터 내려 준 예수님 자신이 짊어진 '멍에'(십자가)를 성도들의 인생 어깨에 얹어

주신다. 사단이 억지로 모든 사람의 인생 위에 얹어 놓은 더럽고 무거운 짐을 벗어버리고 하나님께서 예수님을 통하여 새롭게 얹어주신 '멍에'(십자가)를 지는 것이 참된 믿음이다. 지금 내 인생 어깨에는 사단이 억지로 지워준 괴롭고 힘들고 멸망을 향하여 달려가는 멍에가 벗겨지고, 어디서든지 쉼을 얻으며 평안 가운데 승리할 수밖에 없는 '예수님의 가벼운 멍에'(십자가)가 정확하게 얹어져 있는지 돌아보자. 예수님께서 십자가에 달리셔야 할 장소의 이름은 '골고다'(해골)였다. 유대인들에 의해 전해 내려오는 이야기에 의하면 첫 사람 아담이 에덴에서 쫓겨나 '골고다'에서 살다가 죽었다는 설이 있다. 예수님께서 십자가에 못 박히신 장소가 바로 아담의 해골이 묻혀있는 장소라는 것이다. 첫 사람(아담)이 사단에게 속아 하나님으로부터 에덴에서 내쫓김 당하여 고통스러운 삶을 살다가 죽어서 묻혀 그의 해골이 남아 있는 자리에 '두 번째 아담'(예수 그리스도)이 십자가에 못 박혀 흘려주신 피로 첫 사람 아담이 해결하지 못하고 그의 자손들 대대에 물려준 근원적인 죄를 씻어내는 것이다.

✏️ 잠자는 자여 깨어서 죽은 자들 가운데서 일어나라 그리스도께서 너에게 비추이시리라 하셨느니라 엡 5:14

예수님께서 온 인류의 죄를 담당하시고 그 죗값으로 모든 인생을 억누르는 '잘못된 멍에의 값'을 지불하시려고 십자가에 못 박혀 사망을 당하신 것이다.

죄의 값은 사망이요 하나님의 은사는 그리스도 예수 우리 주 안에 있는 영생이니라 롬 6:23

신 21:23을 보면 "나무에 달린 자는 하나님께 저주를 받았음 이니라"라고 하나님께서 모세를 통하여 말씀하셨는데, 바울은 십자가에 못 박혀 돌아가신 예수님을 향하여 "그리스도께서 우리를 위하여 저주를 받은 바 되사 율법의 저주에서 우리를 속량하셨으니 기록된 바 나무에 달린 자마다 저주 아래 있는 자라 하였음이라"(갈 3:13)라고 예수님께서 십자가에 못 박힌 이유를 명확하게 밝힌다. 그 어떤 사람도 율법의 요구를 완전하게 지킬 수 없기 때문에 모든 사람이 율법으로 유죄 선고를 받았고, 그에 따른 저주의 삶을 살 수밖에 없었다. 하지만 하늘에서 이 세상에 보냄 받으신 하나님의 아들 예수님께서 모든 사람이 율법을 지키지 못해 선고받은 죄를 해결하실 '제물'이 되셔서 예수님을 믿는 성도들을 죄와 죄 때문에 사단에게 짓눌리는 영원한 저주에서 해방하여 주셨다. 예수님께서 나무(십자가)에 달리시는 저주를 받으신 것은 율법을 지키지 못하여 율법의 저주에 묶여있는 우리를 구하여 주시려는 것이었다. 예수님께서 모세를 통하여 하나님께서 말씀하신 대로 스스로 나무에 달려 하나님의 진노와 저주를 받아내심으로(신 21:23) 예수님을 믿는 성도들에게는 더 이상 저주가 함께 할 수 없고, 하나님께서 예수님을 통하여 이 세상에 드러내실 하나님의 영광을 위한 승리와 축복만 부어지게 된다. 예수님을 믿는 것은 교회를 어떻게 다니며, 성경을 얼마만큼 아는지를 자랑하는 것이 아니다. 예수님께서 십자가를 지심으로 짊어져 담당하신 저주에서 해방되고, 예수 그리스도가 통로가 되셔서 부어주시는 하나님의 은혜와 승리와 축복을 받아내어 하나님을 부정하고 외면하던 사람들이 하나님을 인정하고 하나님의 영광 앞에 무릎을 꿇게 하는 삶을 살아 드리는 것이다.

요 19:19-22 예수님께서 십자가를 지실 때 '나사렛 사람 예수, 유대인의 왕'이라는 죄명을 히브리어와 로마어, 헬라어로 기록하여 십자가 위에 붙이게 하였다. 구약의 대제사장은 율법의 규례에 따라 정금으로 도장을 새기듯 '여호와께 성결'이라는 패를 만들어 이마에 늘 붙이고 있었지만(출 28:36-38), 그들은 하나님께서 원하시는 '성결 상태'에 이르지 못하였다. 하나님께서 거룩하게 구별하신 '영원한 대제사장'이시며 '만왕의 왕'이신 예수님의 십자가에 빌라도는 '유대인의 왕'이라는 패를 붙여 예수님을 조롱한다. 구약의 제사장들은 머리에 금으로 새긴 '여호와께 성결'이라는 패를 달고 있지만, 자신을 성결하게 하지 못하고 자신들 앞에 오는 이스라엘 백성들을 성결하게 하지 못하였다. 하지만 예수님께서는 자기를 힘입어 하나님의 이름을 부르는 모든 성도를 '성결하게 구별'하여 하나님 앞에 올려드리려고 십자가에 못 박히시는 것이다. '유대인의 왕'이 아니라 '만왕의 왕'으로 오셔서 십자가에 못 박혀 피 흘려주신 예수님 때문에 죄에 묶여 저주받던 영혼들이 성결하게 되어 영광의 하나님 앞에 당당하게 서는 것이다.

그러므로 우리는 긍휼하심을 받고 때를 따라 돕는 은혜를 얻기 위하여 은혜의 보좌 앞에 담대히 나아갈 것이니라 히 4:16

'유대인의 왕'이라는 예수님의 죄명을 히브리어, 로마어, 헬라어 세 가지 언어를 써서 예수님과 함께 십자가에 못 박았다. 히브리어는 하나님께 선택받아 율법을 받았다고 자랑하던 이스라엘 백성들이 사용하는 언어이며, 로마의 언어는 예수님 당시 그 지역을 완전하게 장악하고 지배하던 정복자들이 사용한 힘의 언어이며, 헬라어는 다른 민족들 가운데 특별하게 지혜롭다고 자부하는 지식의 언어였다. 골고다 언덕 위 십자가가 세워진 자리는 모두가 볼 수 있는 위치였는데, 그 당시 그 지역에서 널리 알려진 세 가지 언어로 "이곳에 못 박힌 예수는 만왕의 왕이다" 하며 각 나라 사람들에게 선포하고 있는 것이다.

요 19:25-30 예수님께서 십자가에서 숨을 거두시기 전에 자신의 어머니 마리아를 사랑하는 제자 요한에게 부탁하신다. 하나님께서 언약하신 모든 것이 이루어진 것을 아신 예수님께서 "목이 마르다"라고 하셔서 사람들이 신 포도주를 적신 해면을 예수님의 입에 대 주었고, 이것을 조금 마신 예수님은 "다 이루었다"라고 소리 지르시고 돌아가셨다. 예수님께서 십자가에 못 박혀 고통스러울 때에 예수님을 십자가에 못 박은 군인들은 예수님이 입고 있던 옷을 제비뽑아 나누어 가진다(23-24절). 예수님께서 인류 구원을 위한 마지막 사명을 이루시기 위해 이제 곧 숨이 멈출 시간이

다가온다. 마지막 숨을 거두시기 전 예수님의 최고 관심은 자신을 낳아주고 길렀던 어머니 마리아에 대한 보살핌이었다. 예수님의 사역 초기에 가나 혼인 잔치에 초청받았을 때 어머니 마리아가 예수님을 향하여 "이 집에 포도주가 떨어졌단다. 어떻게 하늘의 기적을 풀어낼 수 없니?" 하고 예수님에게 요청하셨다. 이때 예수님은 냉정하게 "여자여 이 일이 나와 무슨 상관이 있나요? 아직 나의 때가 되지 않았습니다"(요 2:4)라고 했었다. 또한 예수님께서 사역에 바쁘실 때 어머니 마리아가 동생들을 데리고 예수님을 찾아오자 한 사람이 예수님에게 "당신의 모친과 동생들이 당신을 만나려고 밖에서 기다립니다"라고 했을 때, "누가 내 모친이며 내 동생들이냐? 누구든지 하늘에 계신 내 아버지의 뜻대로 하는 자가 내 형제요 자매요 모친이니라"(마 12:45-50)라고 했었다. 이렇게 어머니를 무시하는 것 같았던 예수님께서 마지막에 자기의 모친 마리아를 얼마나 사랑하시는지 자신에게 가장 많은 사랑을 받은 제자(요한)에게 "보라 네 어머니라"(27절) 하며 부탁하셨고 예수님의 부탁을 받은 요한은 그 순간부터 마리아를 자기 집에 모셨다.

예수님은 하나님께서 맡기신 사역을 하실 때 눈앞에 있는 사람과 형편을 보지 않고 자신을 이 세상에 보내어 구원 역사를 이루라 하시는 하나님만 바라보셨다. 하나님께서 맡겨주신 '구원 사역'이 끝나갈 시간에 자신을 낳아주고 길러주고 사역을 위해 기도해주신 어머니에 대한 최대한의 예를 표하고 있다. 예수님의 모친 마리아도 자기 아들의 죽음을 보려고 십자가 앞에 나온 것이 아니라 하나님의 뜻에 순종하여 죄를 끊고 사단의 머리를 깨뜨리기 위해 하나님께서 정하신 길을 가는 구원자를 보고 있는 것이다. 예수님의 다른 제자들은 모두 예수님의 십자가 처형 장소에 오지 않았는데 예수님에게 가장 많은 사랑을 받은 요한이 예수님의 십자가 형벌 최고 앞자리에서 어머니 마리아와 예수님을 지키고 있다. 그래서 요한은 대제사장 가야바의 집에서 마태, 마가, 누가가 기록하지 못한 예수님의 심문 당시 모습과 십자가에서의 세밀한 상황과 말씀을 전하고 있다.

예수님의 마지막 부탁을 받은 요한은 예수님께서 부탁하신 대로 마리아를 자기의 어머니처럼 끝까지 섬겼다. 요한은 다른 제자들과 다르게 높은 신분으로 대제사장과 알고 지내는 사이였다. 그는 유대인들이 예수님을 겟세마네에서 붙잡아 대제사장의 안뜰에 데려갔을 때 자기의 신분을 이용하여 베드로를 대제사장 집 안까지 데리고 함께 들어갔으며(요 18:15-16) 마지막 십자가 앞에까지 따라간 유일한 제자였고, 예수님의 부탁을 받고 마리아를 죽는 순간까지 모셨다. 구원받은 성도들이 요한처럼 하나님께서 예수님을 통하여 부어주시는 신비한 은혜와 사랑을 경험하면 마지막까지 생명을 다하여 예수님께서 주신 말씀에 순종하는 믿음으로 세워지게 된다. 예수님은 구원받은 성도들을 마음 깊이 품고 세상이 주지 못하고 사단이 빼앗을 수 없는 존귀한 은혜와 사랑을 먹여주기 원하신다. 겸손하게 예수님을 통하여 흘러나오는 하늘의 은혜를 사모하여 먹어내자. 예수님께서 죽음을 앞두고 구약에 약속된 예언을 이루시려고 "내가 목이 마르다"(28절)라고 하셨다(시 69:21). 예수님은 이전에 영원한 생명과 하나님의 사랑에 목말라 헤매고 있는 사마리아 여인을 친히 찾아가셔서 영원히 목마르지 않을 은혜를 먹여주고 채워주셨다. 영원한 목마름을 해결하시려고 이 세상에 오신 예수님께서 마지막에 "내가 목마르다"라고 하신다. 이 말씀이 어떤 의미일까? 이 말씀을 십자가에서 구원을 완성하시고 살아나셔서 우리 안에 구원자로 들어와 계신 예수님의 음성으로 듣자. 마지막 예수님께서 이 세상에 오셔서 '양과 염소의 믿음'을 나누는 심판을 하실 때 하나님께서 예비하신 모든 축복을 다 받아낼 '양의 믿음'을 가진 의인들을 향하여 "너희들이 내가 목마를 때 마시게 하였다"(마 25:35)라고 하셨다. 하지만 예수님에게 무서운 심판을 받는 '염소의 믿음'을 가진 자들에게는 "내가 목마를 때 마시게 하지 않았다"(마 25:42)라고 하신다.

대부분 구원받은 성도들이 세상적인 것에 목적을 두고 "주여 주시옵소서" 하며 세상적인 것을 달라고 기도하는데, 나를 구원하시고 내 안에 들어오신 예수님께서 배고프고 목이 말라 소리치는 것을 듣지 못하고 살아간다. 나를 구원하시고 내 안에 함께하시는 예수님께서 드셔야 할 것과 마셔야 할 것을 얼마나 먹여드렸고 마시게 해 드렸나? 멀리서 자기의 후손 예수님의 고난을 보았던 다윗이 "저희가 쓸개를 나의 식물로 주며 목마를 때에 초를 마시게 하였습니다"(시 69:21)라고 하였다. 예수님께서 십자가에서 고통스럽고 목말라 할 때 제대로 된 것을 주지 않고 신포도주를 준 것처럼, 구원받은 성도들 안에 계신 예수님께서 배고프고 목말라 소리 치시는데, 예수님께서 드셔야 할 영원한 생명 말씀과 하늘의 생수를 먹어내지 못하고, 죄와 악을 먹으며 수없이 많은 비 진리들과 상처만 마시고 있다. 성도들 안에 계신 예수님이 얼마나 힘드실까? 마지막 신 포도주를 받으신 예수님께서 "다 이루었다"(30절)라고 소리 지르시고 돌아가셨다.

무덤에 장례 되는 예수님(요 19:31-42)

³¹ 〈창으로 옆구리를 찌르다〉 이 날은 준비일이라 유대인들은 그 안식일이 큰 날이
므로 그 안식일에 시체들을 십자가에 두지 아니하려 하여 빌라도에게 그들의 다리를
꺾어 시체를 치워 달라 하니 ³² 군인들이 가서 예수와 함께 못 박힌 첫째 사람과 또 그
다른 사람의 다리를 꺾고 ³³ 예수께 이르러서는 이미 죽으신 것을 보고 다리를 꺾지
아니하고 ³⁴ 그 중 한 군인이 창으로 옆구리를 찌르니 곧 피와 물이 나오더라 ³⁵ 이를
본 자가 증언하였으니 그 증언이 참이라 그가 자기의 말하는 것이 참인 줄 알고 너희
로 믿게 하려 함이니라 ³⁶ 이 일이 일어난 것은 그 뼈가 하나도 꺾이지 아니하리라 한
성경을 응하게 하려 함이라 ³⁷ 또 다른 성경에 그들이 그 찌른 자를 보리라 하였느니
라 ³⁸ 〈새 무덤에 예수를 두다(마 27:57-61; 막 15:42-47; 눅 23:50-56)〉 아리마대
사람 요셉은 예수의 제자이나 유대인이 두려워 그것을 숨기더니 이 일 후에 빌라도에
게 예수의 시체를 가져가기를 구하매 빌라도가 허락하는지라 이에 가서 예수의 시체
를 가져가니라 ³⁹ 일찍이 예수께 밤에 찾아왔던 니고데모도 몰약과 침향 섞은 것을 백
리트라쯤 가지고 온지라 ⁴⁰ 이에 예수의 시체를 가져다가 유대인의 장례 법대로 그 향
품과 함께 세마포로 쌌더라 ⁴¹ 예수께서 십자가에 못 박히신 곳에 동산이 있고 동산
안에 아직 사람을 장사한 일이 없는 새 무덤이 있는지라 ⁴² 이 날은 유대인의 준비일
이요 또 무덤이 가까운 고로 예수를 거기 두니라

✖ ✖ ✖

요 19:31-37 '안식일 예비일'(준비일)에 예수님께서 숨을 거두셨다. 예수님께서 십자가에 못 박혀 돌아가신 날이 '예비일'(안식일 준비일)이라 했다. '안식일 예비일'(준비일)의 처음 시작은 이스라엘 백성들이 400년 동안 종살이하던 애굽에서 나와 하나님께서 약속하신 가나안에 들어가기 전 광야생활을 할 때 시작되었다. 이스라엘 백성들이 출애굽 한 후 광야 생활을 할 때 그들에게는 먹을 양식이 없었는데 하나님께서 이스라엘 백성들을 위하여 아침마다 하늘을 열고 '만나'(하늘의 양식)를 내려주셨다. 하지만 '안식일'에는 하나님께 선택받은 백성들이 세상적인 일을 아무것도 하지 말고 하나님만 바라보며 하나님의 은혜에 감사하며 하나님의 안식에 동참하게 하려고 평일에 내리던 만나를 내리시지 않았다(출 16:22-26). 하나님께서는 이스라엘 백성들이 '안식일'을 거룩하게 지키게 하려고 '안식일' 전날은 하늘에서 내리는 만나를 평일보다 갑절로 부어주셨고 백성들은 '안식일'을 위하여 하나님께서 갑절로 부어주신 '만나'를 갑절로 모아야 했다(출 16:5, 29-30). 이것이 모세를 통하여 정하신 '안식일 예비일'(준비일)의 시작이다.

그렇다면 안식일은 어떤 날일까? 하나님께서 처음 세상을 창조하실 때 천지와 만물을 6일 동안 완성하시고 7일째 되는 날 안식하셨다(창 2:1-2). 예수님께서도 사람으로서는 도저히 알지 못하고 할 수도 없는 구원의 귀한 일을 십자가에서 '다 완성'하셨다(요 19:30). 하나님께서 맡기신 구원 사역을 완성하시고 무덤에 들어가 7일째 되는 날 안식하신 예수님은 8일째 되는 날 무덤을 열고 부활하셨다. 예수님께서 안식하신 후 부활하신 이유는 예수를 믿는 성도들의 삶에 하나님께서 예비하신 승리를 열어주시기 위함이다. 예수님께서 십자가에서 돌아가신 날 저녁 해가 지면 유대인의 큰 명절 '유월절'이 시작되는데, 거룩한 축제에 십자가에 매달려 죽어있는 가장 치욕스럽고 저주가 가득한 죽음이 함께 할 수 없어서 군사들이 아직 죽지 않은 죄수들을 빨리 죽게 하려고 다리를 꺾었다. 하지만 예수님의 다리를 꺾으려고 확인하였을 때 예수님은 이미 죽은 상태였다. 군사들은 예수님의 양쪽에서 함께 십자가에 못 박힌 죄수들의 다리는 꺾었지만 예수님은 이미 죽은 상태이기 때문에 다리를 꺾는 대신 창으로 예수님의 옆구리(심장)를 찔렀다. 이것은 구약에서 이미 예수님의 죽음을 예언한 말씀이 이루어지게 하려는 것이었다. 유월절 율례에 따르면 '유월절 양'은 절대로 뼈를 꺾으면 안 되었다(민 9:12, 시 34:20). 따라서 '유월절 어린양'의 실체가 되셔서 우리를 구원하실 예수님의 뼈도 절대로 꺾여서는 안 된다.

예수님께서 이 세상에 오셔서 그의 입으로 선포하신 모든 말씀, 예수님을 통하여 이루어지는 하나님의 영광을 위한 기적들, 마지막에 십자가에서 돌아가시는 과정의 모든 순간까지 모두 구약에서 이미 예언된 말씀대로 이루셨다. 예수 그리스도를 영접하여 구원받은 성도들에게 하나님께서 말씀을 주시는 것은, 이 말씀을 지식으로 알라고 주신 것이 아니라 예수님처럼 이 말씀을 붙들고 하나님의 말씀이 이루어지는 현장에 서서 하나님을 경험하며 하나님이 없다고 부정하는 모든 사람에게 하나님을 나타내라고 말씀을 주신 것이다. 사람의 심장에서 숨이 멈추면 제일 먼저 피가 엉겨서 굳어진다. 그런데 예수님은 숨을 거두셨는데도 불구하고 피가 엉기지 않아서 로마의 군사가 창으로 옆구리를 찌르는 순간 온 인류를 구원해야 할 거룩한 '피'와 '물'이 마지막 한 방울 남김없이 쏟아졌다. 이스라엘 백성들이 출애굽 할 때 하나님의 말씀에 순종하여 유월절 양을 먹은 이스라엘의 각 집에는 유월절 양이 죽으면서 흘린 피가 그들의 출입문을 덮고 있었다. 하나님께서 애굽을 심판하시려고 애굽에 내려오셨을 때 유월절 양을 먹지 못하고 '유월절 양이 흘려준 피'가 없는 애굽의 장자들은 사망을 당하였는데, 유월절 양을 먹고 피에 덮여 있는 이스라엘 백성들의 장자들은 사망을 당하지 않고 당당하게 애굽을 나왔다.

이와 같이 구원받은 성도들이 예수님께서 가시면류관을 쓰시고 흘려주신 피와, 채찍에 맞아 온몸으로 흘려주신 피, 로마의 군사가 창으로 옆구리를 찔렀을 때 남김없이 쏟아주신 피를 믿음으로 받아내어 마음과 삶의 현장을 덮을 때, 그 피가 덮여 있는 곳마다 예수님께서 "다 이루었다"라고 하시며 완성하신 하나님의 구원 역사와 하나님의 영광을 위한 승리를 누리게 된다. 이스라엘 백성들이 홍해를 건너 광야에 들어와서 마실 물이 없을 때(구원받은 성도들이 교회 안에 들어왔지만, 은혜를 누리지 못하여 여러 가지 시험과 고난을 만나면) 이스라엘 백성들은 400년 동안의 종살이에서 그들을 인도하여 낸 모세를 원망하고 다투며 하나님을 시험한다(출 17:1-3). 이때 하나님은 모세에게 명령하여 호렙산 반석 위에서 홍해 바다를 가를 때 사용하던 지팡이로 반석을 내리치게 하셨다. 하나님의 말씀에 순종하여 지팡이로 반석을 내리치는 순간 반석이 터져 이스라엘 백성들이 마실 생수가 솟아 나왔다(출 17:5-6). 반석이 터져 생수가 솟아난 것처럼, 구원의 반석이 되시는 예수님께서(고전 10:3-4) 매 맞고 십자가에 못 박히심을 통하여 목마른 영혼 안에 영원히 솟아나는 생수가 터지게 해주신다(요 7:37). 이 엄청난 그림을 이사야 선지자가 보며 감탄한다.

그는 높은 곳에 거하리니 견고한 바위가 그의 요새가 되며 그의 양식은 공급되고 그의 물은 끊어지지 아니하리라 사 33:16

하나님은 구원받은 성도들이 이러한 믿음으로 하나님께서 하늘을 열고 부어주시는 모든 것들을 받아내기를 원하신다. 예전에 이스라엘 백성들이 '유월절 어린 양'을 먹고 애굽에서 해방되고 홍해를 건너 광야(교회)에까지 들어왔지만 생수를 마시지 못하여 다툼 가운데 모두 죽어갔다(사 1:30-31. 가나안까지 들어간 이스라엘 백성들이 하나님께 심판받아 바벨론에게 비참하게 멸망당하는 이유가 하나님께서 부어주시는 은혜를 누리지 못하기 때문이다). 만약 예수님께서 채찍에 맞지 않으시고 십자가에 못 박히지 않으시고 옆구리가 찔려 마지막 '피'와 '물'을 흘려내지 않으셨다면 성도들이 교회를 다니며 하나님을 아버지라 부르고 성경을 연구하고 몸부림쳐도 말씀을 지식으로만 알았을 것이며 이스라엘 백성과 마찬가지로 생명이 역사하는 생수(성령의 생수)를 마시지 못하였을 것이다(암 8:11-13. 말씀을 통하여 풀어지는 하나님의 생명의 은혜를 받아내지 못하여 이스라엘이 망한다). 하나님은 '유월절 어린 양'을 먹어낸 이스라엘 백성들에게 영적 양식(예수 그리스도를 통하여 먹여주시는 생명의 만나, 생명의 말씀)을 먹여주셨고, 영적인 생수를 마시게 해 주셨는데, 그들은 자기를 따라오는 영적인 바위(예수 그리스도)를 통하여 생명의 양식과 영원한 생수를 먹고 마실 수 있었다(고전 10:1-4). 성도들을 구원하고 하늘을 열고 성경을 지식에만 머무르지 않고 성령이 나타나 일하시는 생명의 말씀으로 먹게 하시고, 성도들 마음 안에 은혜의 생수를 공급해 주시는 분은 오직 예수 그리스도 한 분 밖에는 없다.

요 19:38-42 숨을 거두신 예수님이 십자가에서 내려지자 그동안 예수님을 따랐던 것을 숨겨왔던 '아리마대 사람 요셉'이 빌라도에게 요청하여 예수님의 시신을 넘겨받아 '니고데모'와 함께 예수님의 시신을 '세마포'로 싸서 아무도 사용하지 않은 새 무덤에 예수님을 장례하였다. 예전 이스라엘 백성들이 출애굽을 하고 광야에 들어왔을 때(성도들이 구원받은 후 교회에서 믿음생활을 할 때) 아말렉이 쳐들어와 그들과 전쟁을 할 때(성도들이 삶의 현장에서 눈이 보이지 않는 악한 영들과 전쟁을 할 때. 이것은 구원받은 성도들 삶의 모든 순간이다) 모세의 손이 (하나님의 종. 목사) 하나님을 향하여 올라가면 이스라엘이 승리하고 모세의 손이 하나님에게서 내려오면 아말렉에게 밀렸다. 이러한 영적인 상황을 살펴보던 아론과 훌이 모세의 손이 하나님께로부터 내려오지 않도록 도왔다(성도들은 목사에게 말씀과 기도를 받기만 하는 자들이 아니라 주의 종 목사가 하나님을 향하여 중보기도에 지치지 않고 당당하게 승리를 선포하도록 아론과 훌 같이 돕는 자가 되어야 한다). 이때 여호수아가 아말렉을 완전하게 물리쳤다(출 17:11-13. 성도들의 믿음이 깨어 있고, 성도들을 품고 승리를 선포하는 목사의 기도가 살아있을 때 성도들의 삶의 현장에서 사단은 깨어지고 성도들은 하나님의 영광을 모두에게 드러낼 승리를 누리게 된다).

이처럼 예수님께서 마지막 순간까지 그를 믿는 성도들이 승리하게 하시려고 죄와 사단이 깨어지는 마지막 순간까지 십자가에서 못 박히셔서 하나님을 향하여 성도들의 승리를 위한 손을 들고 계셨다. 예수님을 영접하여 구원받은 성도들은 삶의 자리에서 사단의 공격으로 어떠한 문제를 만났든지 손을 늘어뜨리지 말고, 이미 예수님께서 하나님을 향하여 손을 들어 이루어 놓으신 완전한 승리를 믿음의 두 손을 높이 들어 강력하게 선포하면 된다. 지금 삶의 자리에서 만난 문제 가운데 내 손은 어디를 향해 있는가? 하나님은 그의 사랑하는 자녀들이 어떠한 문제를 만나든지 손을 늘어뜨리지 말고 예수님처럼, 모세와 같이 손을 높이 들고 당당하게 승리를 선포하라 하신다(습 3:16-17). 예수님의 제자였지만 유대인들이 두려워서 그 사실을 숨겨오던 '아리마대 사람 요셉'이 예수님께서 숨을 거두신 것을 확인한 순간 빌라도에게 요구하여 예수님의 시신을 받아냈다. 그리고 예수님의 사역 초기 밤에 몰래 예수님을 찾아왔던 유대인의 관원 '니고데모'가 함께 예수님의 시신을 장례하였다. 하나님께서는 다른 사람이 아니라 왜 이 두 사람을 통하여 예수님을 장례하도록 하셨을까? 두 사람의 이름에 그 비밀이 숨겨져 있다. '요셉' 이름의 뜻은 '늘어났다. 확장되었다'라는 의미이고, '니고데모'는 그리스식 이름인데 '승리'와 '백성'이 합쳐진 말이다. 즉 '승리하는 백성'이다. 두 사람의 이름을 합하면 '승리하는 백성들이 확장된다'라는 뜻이 숨겨져 있다. 예수님께서 이전에 왕성한 사역을 하실 때 "밀알 하나가 땅에 떨어져 죽지 않으면 한 알 그대로 남고, 죽으면 많은 열매를 맺는다"(요 12:24)라고 하셨다. 이것은 한 알의 밀로 이 땅에 오셔서 십자가에서 "다 이루었다"라고 선포하시며 하나님께서 계획하신 구원 사역을 완성하신 예수님 때문에 이 세상에서 사단을 이기고 세상을 정복하는 승리의 백성들로 넘쳐나게 된다는 하나님의 싸인이다. 예수님의 '십자가'와 '부활의 능력' 때문에 이 세상에 세워진 교회와 예수의 이름을 의지하여 하나님의 자녀가 되어 하나님을 아빠라 부르는 성도들 때문에 어둠의 모든 세력은 깨어지게 되고, 이 세상에는 하나님의 나라가 회복되어 확장되는 기적과 축복들이 풀어지게 된다. 예수님은 마지막 죽음의 순간, 죽음 이후의 장례를 통하여서도 자신이 이 세상에 파송받으신 비밀스러운 사역을 완성하시며 하나님의 영광을 드러내고 있다. '아리마대 사람 요셉'과 '니고데모'가 예수님의 시신을 '세마포'로 감쌌다. 하나님께서 계획하신 구원 사역을 다 이루어내신 예수님께서 '세마포'에 싸여서 안식 안에 들어간 것이다. 성도들이 죄악이 넘치고 사단이 왕 노릇하는 이 세상에 살지만 이제 곧 예수님과 더불어 승리의 안식에 들어갈 수 있는 비밀이 있다. 그것은 예수님처럼 세상의 그 어떤 것으로도 오염되지 않은 가장 순수하고 깨끗한 '믿음의 세마포'를 입어야 한다(계 19:7-8. "우리가 즐거워하고 크게 기뻐하여 그에게 영광을 돌리세 어린 양의 혼인 기약이 이르렀고 그 아내가 예비하였으니 그에게 허락하사 빛나고 깨끗한 세마포를 입게 하였은즉 이 세마포는 성도들의 옳은 행실이라"). 예수님처럼 이 세상을 살아가는 동안 항상 하나님의 영광을 위한 승리의 안식을 누리며 마지막 이 세상에 오시는 예수님의 신부가 되려는 성도들은 '세마포'를 입는 믿음이 되어야 한다. 이것은 예수님께서 말씀하신 대로 언제나 예수의 보혈을 먹어내는 믿음으로 죄와 악을 씻어내고, 예수님께서 하나님의 기뻐하심 안으로 들어갔던 '믿음의 침례/세례'(마 3:16-17. 지난날 죄의 수치를 걷어내고 예수님과 함께 하늘의 새 생명으로 태어나 하나님의 것이 되었다는 믿음 고백)를 받음으로 세상에서 사단이 성도들을 오염시키는 모든 죄와 어둠을 씻어버리고 하나님 앞에 순결한 모습으로 세워지는 것이다.

예수 그리스도를 영접하여 구원받은 성도는 성령에 사로잡혀 있는 참믿음생활을 하는 가운데 믿음의 침례/세례를 통하여 사단에게 속았던 지난날의 수치를 모두 끊어버리고(수 5:2-9. 요단을 건너 약속하신 땅 가나안의 첫 성 여리고에 들어가기 전 하나님은 이스라엘 백성들에게 애굽에서 짓눌림 당하여 살았던 수치를 끊기 위해 할례를 행하라 하셨다) 예수님께서 흘려주신 보혈로 마음 안에 숨어있는 모든 죄악을 씻고 하나님 앞에 정결함으로 서야 한다. 이러한 믿음이 될 때 예수님께서 덮여져 하나님의 안식 안으로 들어가셨던 세마포를 함께 입고 예수님과 함께 하나님의 영광을 위한 승리의 안식에 참여하게 된다.

다시 살아나신 예수님(요 20:1-18)

¹ 〈살아나시다(마 28:1-10; 막 16:1-8; 눅 24:1-2)〉 안식 후 첫날 일찍이 아직 어두울 때에 막달라 마리아가 무덤에 와서 돌이 무덤에서 옮겨진 것을 보고 ² 시몬 베드로와 예수께서 사랑하시던 그 다른 제자에게 달려가서 말하되 사람들이 주님을 무덤에서 가져다가 어디 두었는지 우리가 알지 못하겠다 하니 ³ 베드로와 그 다른 제자가 나가서 무덤으로 갈새 ⁴ 둘이 같이 달음질하더니 그 다른 제자가 베드로보다 더 빨리 달려가서 먼저 무덤에 이르러 ⁵ 구부려 세마포 놓인 것을 보았으나 들어가지는 아니하였더니 ⁶ 시몬 베드로는 따라와서 무덤에 들어가 보니 세마포가 놓였고 ⁷ 또 머리를 쌌던 수건은 세마포와 함께 놓이지 않고 딴 곳에 쌌던 대로 놓여 있더라 ⁸ 그 때에야 무덤에 먼저 갔던 그 다른 제자도 들어가 보고 믿더라 ⁹ (그들은 성경에 그가 죽은 자 가운데서 다시 살아나야 하리라 하신 말씀을 아직 알지 못하더라) ¹⁰ 이에 두 제자가 자기들의 집으로 돌아가니라 ¹¹ 〈막달라 마리아에게 나타나시다(막 16:9-11)〉 마리아는 무덤 밖에 서서 울고 있더니 울면서 구부려 무덤 안을 들여다보니 ¹² 흰 옷 입은 두 천사가 예수의 시체 뉘었던 곳에 하나는 머리 편에, 하나는 발 편에 앉았더라 ¹³ 천사들이 이르되 여자여 어찌하여 우느냐 이르되 사람들이 내 주님을 옮겨다가 어디 두었는지 내가 알지 못함이니이다 ¹⁴ 이 말을 하고 뒤로 돌이켜 예수께서 서 계신 것을 보았으나 예수이신 줄은 알지 못하더라 ¹⁵ 예수께서 이르시되 여자여 어찌하여 울며 누구를 찾느냐 하시니 마리아는 그가 동산지기인 줄 알고 이르되 주여 당신이 옮겼거든 어디 두었는지 내게 이르소서 그리하면 내가 가져가리이다 ¹⁶ 예수께서 마리아야 하시거늘 마리아가 돌이켜 히브리 말로 랍오니 하니 (이는 선생님이라는 말이라) ¹⁷ 예수께서 이르시되 나를 붙들지 말라 내가 아직 아버지께로 올라가지 아니하였노라 너는 내 형제들에게 가서 이르되 내가 내 아버지 곧 너희 아버지, 내 하나님 곧 너희 하나님께로 올라간다 하라 하시니 ¹⁸ 막달라 마리아가 가서 제자들에게 내가 주를 보았다 하고 또 주께서 자기에게 이렇게 말씀하셨다 이르니라

✖✖✖

요 20:1-10 안식일이 지나고 첫날 새벽에 예수님의 무덤을 찾은 막달라 마리아가 열린 무덤을 보고는 제자들에게 달려가 '누군가가 예수님의 시신을 훔쳐갔다'라고 알렸다. 예수님을 십자가에 못 박은 대제사장 무리들이 유월절 축제기간 때문에 예수님과 함께 다니던 제자들의 심판은 잠시 미루었지만 거룩한 유월절 주간이 끝나면 예수님과 함께 다니던 무리도 심판할 것이다. 제자들조차 겁을 먹고 그들이 묵던 다락방에서 나올 생각을 할 수 없던 때에 막달라 마리아는 안식일이 끝나자마자 새벽에 당당하게 예수님의 무덤을 찾았던 것이다. 베드로와 다른 제자가(요한) 급히 달려와 열린 무덤 안으로 들어가 예수님을 감쌌던 세마포가 정돈된 것을 보았는데 베드로와 요한과 마리아는 아직 예수님이 살아나신 것을 믿지 못하고 있다(9절). 이전에 가이사랴 빌립보에서 베드로가 예수님을 향하여 "주님은 그리스도시요 살아계신 하나님의 아들이십니다"(마 16:16)라는 최고의 신앙고백을 했을 때, 예수님께서는 자신이 그리스도가 되기 위해서는 예루살렘에 올라가 장로들과 대제사장들과 서기관들에게 많은 고난을 받고 삼일 만에 살아나야 할 것이라고 이미 말씀하셨다(마 16:21).

베드로가 예수님을 그리스도라고 고백한 이후부터 예수님은 수시로 자신의 고난과 죽음과 부활을 말씀하셨는데, 제자들은 예수님께서 중요하게 하시는 말씀을 건성으로 들었던 것이다. 이것은 지금도 구원받은 성도들이 성경을 보고 교회에 나와 설교 말씀을 듣지만 하나님께서 깨닫게 하기 원하시는 영적인 비밀들을 건성으로 듣고 무시하는 것과 똑같은 현상이다. 왜냐하면 하나님께서 성도들에게 깨닫게 해주시는 영적인 것들은 하늘로부터 풀어지는 하나님의 비밀이기 때문에 지금 우리가 살고 있는 현실과는 너무 동떨어져 있기 때문이다. 세상에 발을 딛고 살아가는 성도들은 영적인 것보다는 당장 눈앞에 닥친 삶의 현실이 더욱 중요하기 때문에 말씀을 통하여, 성령께서 깨닫게 하시는 영적인 비밀에 대하여 너무 등한시한다. 예수님께서는 안식일이 지나고 첫날 새벽에 살아나셔서 무덤을 여시고는 "내가 하나님께서 하신 구원의 첫 약속(창 3:15)을 이루기 위해 사망의 주인 사단의 머리를 완전하게 깨뜨렸다"(히 2:14)라는 것을 완벽하게 보이셨다.

오늘날 믿는 자들이 지키는 '주일'(안식 후 첫날)은 예수님께서 사망의 주인 사단의 머리를 깨뜨리시며 승리하신 날이며, 예수님을 믿는 성도들에게 승리의 믿음을 회복시켜서 승리의 삶을 열어주시는 축복의 날이다. 예수님을 믿는 성도들에게 예수님께서 안식일에 더하여 주일을 선물로 주신 목적은(주일 예배의 비밀) 사단을 이기고 세상을 정복할 은혜를 부어주시는 것이다(창 1:27-28. 하나님께서 첫 사람 아담에게 주셨지만 사단에게 빼앗겼던 생육하고 번성하며 세상을 정복하고 다스리는 능력을 예배드림을 통하여 회복해야 한다). 그런데 구원받은 성도들이 주일 예배를 드리면서 부활을 지식으로는 알지만 실제로는 부활을 믿는 믿음이 없어서 아직도 사단에게 눌려 신음하는 생활을 한다. 이것은 십자가에서 우리의 모든 문제를 해결하시고 부활을 통하여 사단을 밟아 이기며 세상을 정복하고 다스려야 할 은혜와 능력을 공급해 주시려는 예수님의 마음을 찢으며 고통스럽게 하는 정말 어리석은 믿음이다(갈 4:10-11). 이제 십자가와 부활을 통과한 믿음이 되어, 십자가와 부활을 믿는 믿음을 실제 마음에 담고 사단이 왕 노릇하는 세상에 당당히 나가 삶의 모든 현장에서 하나님의 영광을 모두에게 드러내는 승리하는 믿음의 삶을 살자. '안식일 예배'가 하나님께서 사랑하는 성도들에게 맡겨주신 사명이 얼마나 이루어졌는지 성도 자신을 돌아보는 날이라면, '예수님의 날 예배'는 십자가에 못 박혀 죽으시고 무덤에 갇히셨다가 부활의 능력으로 사단을 밟아 이기며 하나님께 당당히 나아가신 예수님과 한 몸이 된 것을 감사하면서 예수님처럼 사단을 이기는 믿음을 회복하고, 하나님께서 열린 하늘을 통하여 예수님에게만 주시려 했던 '하늘의 신비한 은혜'를 받아내는 날이다. 예수님께서 사망의 능력으로 이 세상에서 거짓으로 왕 노릇하는 사단의 머리를 밟고 승리하셨을 때 예수님의 무덤이 열렸다. 예수님을 영접하여 구원받은 성도들이 예수님의 부활 때문에 시작된 '주일 예배'를 드리면서 '예수님의 부활 능력'을 우리의 것으로 회복하여 삶의 현장에서 마귀를 밟아 이기는 승리의 믿음이 될 때 성도들의 삶의 현장은 마귀가 억지로 닫아 놓았던 하늘이 열리는 기막힌 축복의 현장이 된다. 예수님께서 부활하셨을 때 사람의 힘과 방법으로는 열 수 없는 무덤이 열려진 것처럼, 사단이 죄를 동원하여 하나님과 성도 사이를 막아 닫혀 있던 하늘이 '부활을 믿는 믿음' 때문에 완전히 열리고 세상이 주지 못하고 마귀가 빼앗지 못할 신령한 은혜와 축복들이 부어지게 된다.

　요 20:11-18　빈 무덤을 확인한 제자들은 집으로 돌아가고 마리아만 무덤 밖에 서서 울다가 몸을 구부려 빈 무덤 안을 들여다보았는데, 예수님의 시신이 놓였던 자리에 두 천사가 있었다. 한 천사는 예수님의 머리가 놓여있던 자리에 서 있고 또 다른 천사는 예수님께서 누우셨던 다리 부분에 있었다. 예수님을 생각하며 울고 있는 마리아에게 천사가 다가와 "여인이여 왜 울고 있나요?" 하고 물었고, 마리아는 천사에게 "사람들이 내 주님을 가져가 어디에 두었는지 내가 모르기 때문입니다"(13절)라는 대화를 나누다가 뒤를 돌아보았다. 그곳에 부활하신 예수님께서 서서 마리아를 바라보시는데, 마리아는 예수님을 알아보지 못하고 무덤을 지키는 동산지기인 줄 알고 "당신이 주님의 시신을 옮겨갔다면 어디에 두었는지 나에게 알려주소서. 그리하면 내가 주님을 모실 것입니다"(15절)라고 하였다. 이때 예수님께서 "마리아야!"하고 부르시는 순간 예수님께서 살아나신 것을 깨닫고 "랍비여"(선생님) 하며 예수님께 달려드는데, 예수님께서 "나를 만지지 말라 아직 내가 하나님께 올라가지 못하였기 때문이다"(17절)라고 말씀하셨다.

마리아는 살아나신 예수님께서 옆에 서 계시는데도 알아보지 못하고 동산을 지키는 사람으로 착각했었다. 예수님의 두 제자가 예수님께서 살아나셨다는 말을 들었지만 그 말을 믿을 수 없어서 엠마오를 향하여 도망가고 있는데 부활하신 예수님께서 그들과 동행하시며 대화를 나누신다. 하지만 그들의 눈이 가려져서 예수님을 알아보지 못한다(눅 24:16). 예수님께서 두 제자의 이야기에 끼어들어 무슨 이야기를 심각하게 나누는지 묻는데, 두 제자는 너무 큰 슬픔에 사로잡혀 있다(눅 24:17). 그들은 예수님의 질문에 "예수님께서 십자가에 못 박혀 죽으시고 무덤에 들어가신 지 삼일이 되었는데, 어떤 여자들이(마리아) 새벽에 무덤에 갔다가 무덤이 열리고 천사들이 예수님이 살아나셨다는 말을 한 것을 들었고, 두 제자(베드로와 요한)가 무덤에 달려가 그와 같은 사실을 확인했지만 우리는 그 말을 믿을 수 없어서 지금 예루살렘에서 피신하는 길이다"(눅 24:19-24)라고 말하였다. 제자들의 모든 말을 들으신 예수님께서 "미련하여서 선지자들이 말한 것(구약 성경)을 더디 믿는 자들이여"(눅 24:25) 하시고는 모세로부터 시작하여 구약 성경에 하나님께서 예수님을 통하여 이루신다고 약속하신 구원의 약속들을 풀어 가르치신다. 이렇게 살아나신 예수님께서 친히 나타나셔서 성경의 모든 것을 풀어 가르치시지만 그들은 '예수님은 죽었고 무덤에 묻었다'라는 선입견이 깨지지 않기 때문에 살아나신 예수님이 옆에 계셔서 대화를 나누어도 예수님을 알아보지 못하는 것이다.

막달라 마리아와 엠마오로 피신하는 두 제자가 가진 공통적인 특징은 예수님이 돌아가셨다는 사실 때문에 '슬픔과 절망에 사로잡힌 마음'이었고, '죽은 자는 살 수 없다'라는 선입견이다. 이 두 가지 때문에 이들의 영적인 눈이 닫혀서 옆에 계시는 예수님을 알아보지 못하고 있다. 십자가에 못 박히시며 우리를 구원하신 예수님은 우리가 만난 모든 형편에 찾아오신다. 삶의 형편에서 나를 찾아오신 예수님을 만나서 예수님께서 도와주시는 은혜로 승리를 누리며 하나님께 영광을 돌리는 것이 하나님이 찾으시는 믿음이다. 그런데 대부분 많은 성도가 영적인 눈이 닫혀서 우리가 만난 문제 가운데 찾아오신 예수님을 바라보지 못한다. 바울은 이러한 성도들의 영적인 눈이 열리기를 간절히 기도한다(엡 1:18). 성도들의 영적인 눈이 열리기 위해서는 마리아와 엠마오로 내려가던 두 제자에게서 답을 찾아야 한다. 성도들이 만난 현실 때문에 '슬픔과 절망으로 사로잡혀 있는 어두운 마음'을 예수님의 피로 씻어 정결하게 하며, 육체의 눈에 보이는 현실만 인정하려고 하는 '선입견'을 끊고 "나를 구원하신 예수님 때문에 지금 이 자리에서 임마누엘(하나님께서 함께하심)의 축복을 누립니다"하고 선포하는 것이다. 빈 무덤을 확인한 제자들은 돌아갔지만 마리아는 돌아가지 않고 남아서 계속 예수님의 흔적을 찾고 있다. 막달라 마리아는 전에 일곱 귀신(이 말은 귀신 일곱이 마리아를 붙잡은 것이 아니다. 7은 완전 숫자이다. 즉 세상의 모든 귀신에 사로잡혀 있다는 성경적인 표현이다)에 사로잡혀 너무 비참한 인생을 살았는데, 예수님께서 마리아의 인생을 저주하던 모든 귀신을 쫓아내고 마리아에게 새 인생을 열어 주셨다

(눅 8:1-3). 이후부터 막달라 마리아는 자기의 모든 것을 팔아 예수님을 따라다니며 사역을 섬겼는데(생명 걸고 사랑) 마지막 무덤에까지 찾아와 예수님을 사랑하고 있다. 이러한 마리아에게 부활하신 예수님께서 처음으로 나타나셨다.

예수 그리스도를 영접하여 구원받은 성도들은 예수님을 이용하는 자가 아니라 나의 생명을 다하여 예수님을 사랑하고 예수님만을 보기 원하는 믿음을 가져야 한다. 이러한 믿음을 확인하신 예수님께서 마리아에게 나타나셨듯이, 예수님만을 사랑하는 성도들에게 예수님은 자기의 모습을 보여주시며 사랑을 부어주신다. 예수님을 만나기 위해 동이 트기 전에 예수님의 무덤을 찾았고, 빈 무덤을 확인한 이후에도 예수님의 흔적을 찾으려고 최선을 다하는 마리아처럼 예수님을 만나고 예수님의 사랑을 받아내기 위해 순수한 마음으로 예수님의 이름을 부르며 교회에 나왔는지 나 자신을 돌아보자. 예수님을 찾으려고 몸을 구부려 무덤을 살필 때 예수님의 시신이 있던 자리에 두 천사가 서 있었다. 그중에 한 천사가 예수님을 보고 싶어 간절히 눈물 흘리는 마리아를 향하여 "여자여 어찌하여 우느냐?"라고 물었다. 예수님을 보기 위해 눈물 흘리는 마리아처럼 예수님을 보기 원하여 눈물 흘려 본 적이 있는가? 구원받은 성도들이 예수 그리스도를 보기 위해 흘린 눈물은 언제든지 보상을 받으며, 예수님을 사랑하는 믿음은 반드시 그 열매를 거두게 된다. 세상의 억울한 일 때문에 눈물 흘리지 말고(성도들이 만난 일은 하나님께서 반드시 도와주시기 때문에 곧 기적과 축복이 된다.

삶의 형편에서 힘들고 어려운 일을 만났다면 슬퍼하며 울지 말고 당당하게 승리를 선포하자) 나를 구원하시기 위해 십자가에 못 박히신 예수님이 보고 싶어 눈물 흘리는 믿음을 회복하자. 이러한 눈물은 예수님께서 반드시 씻어주시고 천사를 보내 위로하시고, 예수님께서 친히 나타나셔서 나를 얼마나 사랑하시는지를 보여주시며 하늘의 열매들로 축복해 주신다. 마리아가 살아나신 예수님을 동산지기로 착각할 때 예수님께서 마리아를 부르셨다. 그 음성을 듣는 순간 마리아가 깨닫고 '예수님께서 그동안 말씀하신 그대로 살아나셨구나.' 하면서 예수님에게 달려들었다. 그때 예수님께서 "마리아야 아직 내가 부활한 것을 하나님께 보이지 않았다. 하나님께 올라가서 나의 부활을 알려야 한다"(17절)라고 말씀하셨다. 예수님께서 부활하시면서 하나님께서 구원을 약속하신 대로 사망의 세력을 잡은 사단의 머리를 깨뜨리셨다(창 3:15, 히 2:14). 뿐만 아니라 예수님의 부활 때문에 예수님을 믿는 성도들이 '하나님 아버지께 당당히 나가는 길'까지 열리게 되었다(히 4:16). 이 세상에서 죄와 어둠으로 오염된 육체로는 거룩하신 하나님께 갈 수 없다. 예수님께서 사망을 이기시고 부활하시면서 하나님께 당당히 나갈 수 있는 '새로운 육체'(신령체)가 되셨다. 성경에서 첫 열매는 반드시 하나님께 먼저 드려야 한다(출 23:9). 예수님은 이 세상에서 하나님이 기쁨으로 받으시는 부활의 첫 열매가 되셨다(고전 15:20). 이 세상에서 찾을 수 없는 하나님께서 받으시는 '신령체'가 되신 예수님께서 하나님께 먼저 올라가셔서 '죄와 사망을 이긴 이러한 신령체를 입으면 하나님 앞에 당당하게 설 수 있는지' 하나님으로부터 확인을 받으셔야 했다.

 그런데 부활하신 예수님께서 하나님께 올라가시기 전 너무 갈급하게 예수님을 찾고 있는 마리아를 제일 먼저 찾아와 만나주셨다. 예수님께서 하나님께로 올라가 십자가에서 완성하신 승리를 보이시며 이 세상에는 없는 하나님 앞에 설 수 있는 '신령체'를 하나님께 보여드려야 하는데 이러한 것을 뒤로하고 마리아를 찾아와 먼저 만나주신 것처럼, 예수님께서 모든 일을 뒤로하고 나에게 먼저 찾아와 만나주실 수밖에 없는 예수님만 사모하는 간절한 믿음을 회복하자. 또한 예수님의 부활을 정확하게 믿는 믿음으로 이 세상에서 마귀의 세력을 당당히 밟아 이길 뿐만 아니라, 하나님께서 찾으시는 신령한 믿음을 회복하여 하나님의 은혜의 보좌 앞으로 당당히 나가자. 예수님 때문에 열려진 하늘을 두고도 왜 하나님을 만나지 못하고, 하나님께서 약속하신 은혜를 누리지 못하며 예수님의 손을 잡지 못할까? 성경을 보지만 아직도 부활의 능력이 믿음이 되어 우리를 사로잡지 못했기 때문이다. 부활을 진정으로 믿는 믿음으로 부활하신 예수님 때문에 열려진 하늘 아래서 하나님의 은혜를 당당하게 받아내는 참된 믿음이 되자.

28

부활하신 예수님을 만나는 제자들(요 20:19-29)

¹⁹ 〈제자들에게 나타나시다(마 28:16-20; 막 16:14-18; 눅 24:36-49)〉 이 날 곧 안식 후 첫날 저녁 때에 제자들이 유대인들을 두려워하여 모인 곳의 문들을 닫았더니 예수께서 오사 가운데 서서 이르시되 너희에게 평강이 있을지어다 ²⁰ 이 말씀을 하시고 손과 옆구리를 보이시니 제자들이 주를 보고 기뻐하더라 ²¹ 예수께서 또 이르시되 너희에게 평강이 있을지어다 아버지께서 나를 보내신 것 같이 나도 너희를 보내노라 ²² 이 말씀을 하시고 그들을 향하사 숨을 내쉬며 이르시되 성령을 받으라 ²³ 너희가 누구의 죄든지 사하면 사하여질 것이요 누구의 죄든지 그대로 두면 그대로 있으리라 하시니라 ²⁴ 〈도마가 의심하다〉 열두 제자 중의 하나로서 디두모라 불리는 도마는 예수께서 오셨을 때에 함께 있지 아니한지라 ²⁵ 다른 제자들이 그에게 이르되 우리가 주를 보았노라 하니 도마가 이르되 내가 그의 손의 못 자국을 보며 내 손가락을 그 못 자국에 넣으며 내 손을 그 옆구리에 넣어 보지 않고는 믿지 아니하겠노라 하니라 ²⁶ 여드레를 지나서 제자들이 다시 집 안에 있을 때에 도마도 함께 있고 문들이 닫혔는데 예수께서 오사 가운데 서서 이르시되 너희에게 평강이 있을지어다 하시고 ²⁷ 도마에게 이르시되 네 손가락을 이리 내밀어 내 손을 보고 네 손을 내밀어 내 옆구리에 넣어 보라 그리하여 믿음 없는 자가 되지 말고 믿는 자가 되라 ²⁸ 도마가 대답하여 이르되 나의 주님이시요 나의 하나님이시니이다 ²⁹ 예수께서 이르시되 너는 나를 본 고로 믿느냐 보지 못하고 믿는 자들은 복되도다 하시니라

✖✖✖

요 20:19-22 무덤에서 살아나신 예수님은 이른 새벽에 막달라 마리아를 만나주셨다(요 20:14-18). 그리고 예수님이 살아나셨다는 소리를 들었지만 그 말을 믿지 못하고 엠마오로 도망가던 제자들에게 나타나셔서 '슬픔'과 '한 번 죽은 사람은 절대로 살아날 수 없다'라는 선입견 때문에 닫혀 있던 눈을 열어 부활하신 예수님을 보게 하셔서 예수님에게서 멀어진 걸음을 돌이켜 예루살렘으로 다시 돌아오게 하신다(눅 24:13-35). 사망의 세력을 밟으시고 부활하신 예수님께서 마리아와 엠마오로 내려가던 두 제자를 만나신 후, 부활하신 첫날 저녁 유대인들의 보복이 두려워 문을 잠그고 다락방에 숨어있던 제자들에게 나타나셨다. 이날은 유월절 축제의 기간인데도 불구하고 제자들이 너무 큰 두려움에 사로잡혀서 다락방 문을 걸어 잠그고 숨어서 떨고 있었다. 두려움에 사로잡힌 제자들은 출입문만 걸어 잠근 것이 아니라 자신들의 마음 문까지 굳게 닫고 떨고 있다(새벽에 베드로와 요한을 통하여 예수님께서 살아나셨다고 들었지만, 마음으로 그 말을 받아들이지 못하여 두려워 떨고만 있다).

그러한 상황에 예수님은 완전히 걸어 잠근 문을 통과하여 제자들 앞에 서셨다(19절). 극심한 두려움에 사로잡혀 출입문과 마음 문까지 걸어 잠그고 벌벌 떨고 있는 제자들 앞에 서신 예수님은 자신을 버리고 떠났으며 고통의 현장에 찾아와 주지 않았던 제자들을 원망하지 않으시고, 오히려 두려움에 떨고 있는 제자들을 향하여 "너희에게 평안이 있을지어다"라고 하시며 하늘로부터 오는 평안을 부어주신다. 부활하신 예수님께서 이른 새벽에 무덤을 찾아온 막달라 마리아를 만나셔서 그녀를 위로하시고는 "무서워 말라 내 형제들에게 갈릴리로 가라 하라 거기서 나를 보리라"(마 28:10) 하셨고, 막달라 마리아는 분명 숨어서 두려움에 떨고 있는 제자들에게 돌아와 예수님의 말씀을 전했을 것이다. 그런데 그들은 다락방 문을 걸어 잠그고 전혀 움직이지 못하고 있다. 제자들이 다락방에 숨어서 두려워하며 움직이지 못하는 이유는 예수님께서 살아나셨다는 말을 믿지 못하거나, 혹 예수님의 부활은 믿는다 하여도 믿음이 하나도 없었던 자신들의 초라한 모습을 예수님에게 보여 줄 수 없었기 때문일 것이다.

오늘날도 교회는 나오지만 예수님께서 우리를 치료하시며 도와주셔서 승리를 주시려고 내민 손을 잡지 못하는 성도들이 많이 있다. 예수님께서 내민 손을 잡지 못하는 대부분의 이유는 지식적으로 성경은 알고 있지만 실제로는 믿음이 없거나, 자신의 힘으로는 처리할 수 없는 마음 안에 가득 담겨 있는 상처들과 회개하지 못하여 남아 있는 더러운 죄 때문이다. 그럼에도 불구하고 손을 내밀어 우리를 붙잡고 죄를 씻어주시고 치유하시며 승리 주시려는 예수님께 우리의 연약한 손을 당당하게 내밀어 예수님의 손에 잡혀 승리하는 믿음이 되자. 이렇게 평안을 선물로 주신 예수님은 못 박혔던 손과 창으로 깊게 찔린 옆구리를 보여주시며 자신이 실제로 살아나신 것을 확인시켜 주셨다. 그리고 제자들이 예수님의 부활을 확실하게 믿는 순간 다시 "너희에게 평강이 있을지어다"라고 하시며 하늘의 평강(샬롬)을 마음 깊이 부어주셨다. 지금도 부활하신 예수님께서 성도들을 찾아오시면 제일 먼저 주시는 선물이 하늘의 평강이다. 예수님께서 주신 평강을 마음에 담는 것이 진짜 믿음이며, 이러한 믿음으로 사단을 발아래 밟으며 모든 현장에서 승리하게 된다(롬 16:20). 예수님께서 제자들과 함께 배를 타고 갈릴리호수를 건널 때 갑자기 광풍(미친바람)이 불어와 배가 침몰 될 상황이 되었다. 제자들은 죽겠다고 난리를 치는데 예수님께서는 그런 배 안에서 평안하게 주무신다. 이때 제자들이 평안히 주무시는 예수님을 향하여 "예수님 일어나십시오. 우리가 죽을 지경입니다"(눅 8:24) 하며 예수님을 깨웠다. 제자들은 죽겠다고 난리를 치는 상황에서도 평안하게 주무시던 예수님께서 일어나셔서 바람과 물결을 꾸짖으시는 순간 모든 바람이 멎고 거친 풍랑이 순식간에 잔잔해졌다(눅 8:25). 바람과 풍랑을 잔잔하게 하신 예수님께서 제자들을 향하여 "너희의 믿음이 어디 있느냐?"(눅 8:25) 하시며 꾸짖으셨다.

오늘날 삶의 어려움과 문제 앞에 있는 성도들의 모습은 풍랑을 만난 제자들의 모습과 같다. 삶의 자리에서 조그만 문제 하나만 만나면 그동안 받았던 은혜는 전혀 기억하지 못하고 "예수님 어디에 계십니까? 내가 죽을 지경입니다." 하며 난리를 친다. 예수님은 이러한 우리들의 모습을 보시고 뭐라 말씀하실까? 예수님께서 제자들을 향하여 믿음이 없다고 꾸짖으신 것처럼 이러한 성도들을 향하여 믿음이 없다고 꾸짖으실 것이다. 예수님의 말씀에 비추어 보면 삶의 형편에 문제가 찾아왔을 때 영향을 받지 않고 하나님께서 주신 평안을 마음에 담고 상황과 형편을 밟고 당당하게 승리를 선포하는 것이 진정한 믿음이다. 이것은 오늘날 성도들이 생각하는 믿음과 예수님께서 인정하시는 믿음이 엄청 차이가 있는 것을 보여주시는 것이다. 대부분 많은 사람이 성경을 알고 기도하며 크고 강력하게 소리 질러 선포하는 것이 큰 믿음이라 생각하는데, 영적인 세계에서 통하는 믿음은 성도들이 삶의 현장에서 문제를 만났을 때 그 문제에 영향을 받지 않고 하나님만 신뢰하며 하나님께서 주시는 평안을 마음에 담고 당당하게 승리를 선포하는 것이다.

제자들이 예수님께서 주시는 평강에 사로잡히자 예수님은 자신의 입을 열어 '하늘의 숨'(창 2:7. 아담이 잃어버렸던 영원한 생명)을 먹여주신다. 왜냐하면 성도들의 마음 안에 평안이 없을 때는 하나님께서 무엇을 주셔도 그것은 마귀에게 빼앗길 수밖에 없는 것을 아시기 때문이다. 그래서 하나님은 잠 4:23에서 "무릇 지킬 만한 것보다 더욱 너의 마음을 지키라"라고 하신다. 하나님은 '한나'를 통하여 이스라엘의 초석을 세울 사무엘을 주시려는 계획을 세우셨는데 삼상 1:6을 보면 "하나님께서 '한나'의 태(자궁)를 닫으셨다"라고 한다. '한나'를 통하여 사무엘을 주시려는 계획을 가지신 하나님께서 왜 '한나'의 태를 닫으셨을까? 그것은 아무리 하나님께서 계획을 세우셨다 할지라도 하나님께서 약속으로 주신 것을 받아내는 마음에 평안이 없으면 사단에게 빼앗기기 때문에 하나님께서 '한나'의 잉태를 막으셨던 것이다. 하나님의 계획을 알아차리고 아이를 가지려는 욕심으로 온갖 방법을 동원하여 기도하여도 하나님은 '한나'의 잉태를 가로막으셨다. 하지만 '한나'가 사단이 주는 두려움과 조급함과 원망을 끊고 하나님이 원하시는 평안한 마음을 회복하였을 때 비로소 그의 자궁에 하나님의 뜻을 이루어 낼 사무엘을 잉태시켜 출산하게 하셨다. 예수 그리스도를 영접하여 하나님의 영원한 생명이 심령 안에 담겨 있는 성도일지라도 삶의 자리에서 만난 문제 때문에 평안을 잃어버리면 하나님의 영광을 모두에게 드러낼 응답을 받을 수 없다. 성도들이 삶의 자리에서 하나님을 경험하며 승리할 수 있는 가장 귀한 자세는 하나님께서 예수 그리스도를 통하여 주시는 하늘의 평안(샬롬)을 누리며 할렐루야 하는 것이다. 성도들이 삶의 자리에서 문제를 만났을 때 마음 안에 하나님께서 주신 평안을 의지하여 예수님처럼 당당하게 승리를 선포하면 그 문제 뒤에 숨은 사단이 깨어지고 문제들이 변하여 하나님의 영광이 된다.

요 20:24-29 예수님께서 부활하신 첫날 저녁 제자들이 모여 있던 다락방에 찾아오셨을 때 도마는 그 자리에 없었다. 그 자리에 없던 도마가 다락방에 들어왔을 때 제자들은 흥분하여 "우리가 부활하신 예수님을 만났다"라고 소리쳐 말하는데 이성적으로 너무 똑똑한 도마는 "나는 주님께서 못 박히신 손과 발에, 창 찔린 옆구리에 내 손을 넣어보지 않고는 믿지 못하겠다"(25절)라고 했다. 도마는 예수님께서 십자가에 못 박히는 현장에는 없었지만 예수님께서 십자가에 못 박히시고 마지막 십자가에서 내리기 직전 최종 죽음을 확인하려고 옆구리를 창으로 찔렀다는 말은 믿었다. 하지만 십자가에서 완전하게 죽은 후 무덤에 장사지낸 예수님께서 다시 살아나셔서 두려움에 떨던 동료 제자들을 찾아오셔서 아담이 잃어버린 성령의 숨을 주셨다고 하는 말은 세상 이치에 맞는 말이 아니라서 믿을 수 없다고 하였다.

오늘날에도 말씀을 이해시켜 달라고 하면서 자신의 지식수준으로 이해되면 믿겠다고 말하는 도마와 같은 똑똑한 교인들이 많이 있다. 이러한 사람들은 세상 이치에 맞는 말은 너무나 잘 믿지만 구원받은 이후에 성경을 보면서도 성령께서 나타나 일하시는 영적인 사실은 전혀 믿지 못한다. 이것은 창에 찔린 옆구리에 손을 넣어보아야 믿겠다고 말하는 도마의 모습과 똑같다. 사실을 확인하는 것은 믿음이 아니다. 믿음은 온전히 하나님께서 주시는 선물이다(엡 2:8). 하나님은 세상에서 똑똑하다 하는 사람을 쓰시지 않고, 세상에서는 미련하다 할지라도 하나님만을 철저하게 신뢰하고 하나님께서 주신 말씀이 삶의 현장에서 이루어지는 것을 확신하며 세상 이치에는 맞지 않는 말이지만 하나님께서 주신 약속의 말씀을 의지하여 당당하게 승리를 선포할 줄 아는 성도들을 붙들어 사용하신다. 이스라엘 백성들이 하나님께서 약속하신 가나안 땅에 들어왔지만 주변 나라들에게 모든 것을 빼앗기고 불행한 삶을 살고 있다. 특별히 미디안 족속에게 하나님께서 주시는 대부분의 식량을 빼앗기고 비참한 삶을 살아갈 때 이스라엘 백성들을 미디안의 손에서 구원하기 위해 하나님께서는 힘 있고 능력 있는 사람을 찾지 않고 겁쟁이 기드온을 찾아오셨다. 기드온은 하나님께서 주신 것을 악한 자들에게 빼앗기지 않고 하나님의 영광을 훼손당하지 않으려는 마음이 있었다(삿 6:11. 하나님께서 주신 식량을 미디안에게 빼앗기지 않으려고 조그만 포도즙 틀에서 몰래 밀 이삭을 타작). 하나님은 이러한 작은 믿음을 가진 기드온에게 천사를 보내셔서 "큰 용사여 하나님께서 너와 함께 하시도다"(삿 6:12) 하며 기드온과 함께하시며 도와주셔서 이스라엘이 모든 것을 빼앗겼던 미디안 족속에게서 완전한 승리를 거두게 하셨다. 하나님께서 모세를 통하여 애굽에서 종살이하는 이스라엘 백성들을 건져내기 원하실 때, 애굽의 왕궁에서 모든 것을 배우고 힘을 키운 모세가 자신이 가진 힘과 방법으로 이스라엘을 건지려 할 때 하나님은 오히려 모세를 죽이려 하신다. 모세가 미디안 광야로 도망가 40년의 세월이 흐르고 모세에게 남은 것은 흰 머리와 늙은 몸을 지탱해 줄 지팡이 하나만 남았을 때 하나님은 모세를 불러 이스라엘 백성들을 강대국 애굽에서 구원하셨다. 하나님께서 일하시는 방법은 세상의 힘과 방법, 똑똑함이 아니라, 오직 하나님만을 신뢰하며 하나님께서 하나님의 영광을 위해 나타나 일하심을 사모하는 성도들을 찾으시고 그들을 붙들어 일하신다. 오늘날도 교회에서 큰일이 진행될 때 보면 돈 많고 권세 많은 한두 사람을 사용하시는 것이 아니라, 하나님만을 신뢰하는 믿음을 가진 알려지지 않은 성도들을 통하여 하나님의 영광을 모두에게 드러낼 큰일을 이루어 가신다. 예수님께서 제자들에게 평안을 주시고 성령을 부어주신지 8일이 지났을 때 예수님께서는 제자들이 모두 모여 있는 자리에 다시 오셨다. 부활하신 예수님께서 찾아오시면 그분의 입에서 나오는 말씀은 항상 "너희에게 평안이 있을지어다"(내가 너희에게 샬롬을 준다)이다. 그리고는 도마를 향하여 "네 손가락을 이리 내밀어 내 손을 보고 네 손을 내밀어 내 옆구리에 넣어보아라"(27절)라고 하신다. 도마는 8일 전에 다른 제자들이 부활하신 예수님을 만난 다음에 "우리가 살아나신 주님을 만났다"라고 흥분하여 말할 때 "나는 주님께서 못 박힌 자리와 창 찔린 곳에 내 손을 넣지 않고는 믿지 못하겠다"(25절)라고 말했었다. 다윗은 훗날 자신의 후손으로 이 땅에 와서 하나님의 구원 역사를 완성하실 예수님을 먼발치에서 바라보며 인류 구원을 위한 예수님의 고난의 비밀을 말했었다. "개들이 나를 에워쌓으며(사단에게 사로잡혀 예수님을 십자가에 못 박으라 소리치는 예루살렘 시민들을 하나님은 '개'로 보았다) 악한 무리가 나를 둘러(대제사장과 바리새인들에게 이용당하여 예수님을 십자가에 못 박는 로마 군병들을 악한 무리라 하였다) 내 수족을 찔렀나이다. 내가 내 모든 뼈를 셀 수 있나이다. 저희가 나를 주목하여 보고 내 겉옷을 나누며 속옷을 제비 뽑나이다"(시 22:16-18). 이처럼 구약 성경은 분명하게 구원자로 오시는 예수님께서 우리의 죄를 대신하여 십자가에서 손과 발을 못 박히시고 죽으셨다가 삼일 후에 살아나신다고 말씀했고, 구원자로 오신 예수님을 향하여 베드로가 "그리스도"(메시아, 구원자)라고 고백한 이후 예수님은 자신이 그리스도가 되기 위해서는 예루살렘에 올라가 고난을 받고 죽으신 이후에 삼일 후 다시 살아나실 것을 수없이 가르쳤지만 도마는 이것을 건성으로만 들었지 믿지 않았던 것이다.

오늘날 많은 믿음의 사람들이 도마처럼 "내가 그것을 확인하면 믿겠다"라는 말을 자주한다. 참된 믿음은 '무엇인가 확인하지 않았지만 신뢰하는 것'이다. 다른 제자들은 8일 전에 부활하신 예수님께서 나타나셨을 때 확실하게 믿었지만, 도마는 무턱대고 믿는 것보다는 사실 확인이 중요하다고 한다. 이러한 때에 예수님께서 나타나셔서 도마를 부르신다. "도마야 이리 와서 나의 못 박힌 손과 발, 창 찔린 옆구리를 만져 보아라 영은 살과 뼈가 없지만 나는 너희가 보는 것처럼 살과 뼈 전체를 가지고 있느니라"(눅 24:39) 하는 예수님의 부르심을 받은 도마가 무릎을 꿇었다. "예수님 당신은 나의 주님이시요 나의 하나님이십니다"(28절). 이 고백을 받으신 예수님께서 "너는 나를 본고로 믿느냐? 보지 못하고 믿는 자들은 복되도다"(29절)라고 하신다. 나는 도마처럼 모든 것이 된 이후에 확인하고 '내가 믿습니다'하는 어리석은 믿음인가? 아니면 무엇인가 보지 못했을지라도 예수님의 약속이 있기에 '하나님께서 나에게 주신 약속의 말씀이 이루어집니다'하는 복된 믿음을 소유한 자인지 돌아보자.

믿음은 바라는 것들의 실상이요 보이지 않는 것들의 증거니 선진들이 이로써 증거를 얻었느니라 히 11:1-2

찢어지지 않은 그물(요 21:1-11)

¹ 〈일곱 제자에게 나타나시다〉 그 후에 예수께서 디베랴 호수에서 또 제자들에게 자기를 나타내셨으니 나타내신 일은 이러하니라 ² 시몬 베드로와 디두모라 하는 도마와 갈릴리 가나 사람 나다나엘과 세베대의 아들들과 또 다른 제자 둘이 함께 있더니 ³ 시몬 베드로가 나는 물고기 잡으러 가노라 하니 그들이 우리도 함께 가겠다 하고 나가서 배에 올랐으나 그 날 밤에 아무 것도 잡지 못하였더니 ⁴ 날이 새어갈 때에 예수께서 바닷가에 서셨으나 제자들이 예수이신 줄 알지 못하는지라 ⁵ 예수께서 이르시되 애들아 너희에게 고기가 있느냐 대답하되 없나이다 ⁶ 이르시되 그물을 배 오른편에 던지라 그리하면 잡으리라 하시니 이에 던졌더니 물고기가 많아 그물을 들 수 없더라 ⁷ 예수께서 사랑하시는 그 제자가 베드로에게 이르되 주님이시라 하니 시몬 베드로가 벗고 있다가 주님이라 하는 말을 듣고 겉옷을 두른 후에 바다로 뛰어 내리더라 ⁸ 다른 제자들은 육지에서 거리가 불과 한 오십 칸쯤 되므로 작은 배를 타고 물고기 든 그물을 끌고 와서 ⁹ 육지에 올라보니 숯불이 있는데 그 위에 생선이 놓였고 떡도 있더라 ¹⁰ 예수께서 이르시되 지금 잡은 생선을 좀 가져오라 하시니 ¹¹ 시몬 베드로가 올라가서 그물을 육지에 끌어 올리니 가득히 찬 큰 물고기가 백쉰세 마리라 이같이 많으나 그물이 찢어지지 아니하였더라

✖✖✖

요한복음은 다른 복음서에 비하여 유월절 사건에서부터 시작하여 예수님께서 십자가를 앞에 두고 제자들에게 풀어주신 하늘의 비밀한 말씀과 부활 이후의 상황이 자세하게 기록되어 있다. 요한이 예수님께서 행하신 기적을 기록할 때 예수님께서 '하나님의 아들'이라는 것을 믿게 할 수 있는 것만 기록하였고, 예수님을 그리스도로 믿는 자 안에는 하나님의 생명이 풍성함을 중요하게 기록하였다(요 20:30-31). 요한복음을 통하여 믿음의 근본은 예수 그리스도의 '십자가'와 '부활'이라는 것을 깨달아야 한다. 예수님께서 왜 십자가에 못 박히셨는지, 예수님의 십자가는 분명하게 우리 마음 안에 세워져서 예수님께서 흘려주신 보혈이 마음과 믿음을 덮고 있는지 돌아보아야 한다. 사단이 숨어있는 무덤에까지 찾아 들어가신 예수님께서 사단의 머리를 짓밟으시고 승리하신 부활을 실제 믿으며, 부활을 믿는 믿음으로 삶의 현장에서 마귀를 밟아 이기는 승리의 삶을 살고 있는지 정확하게 우리의 믿음을 점검해 보아야 한다.

요 21:1-6 막달라 마리아를 통하여 전달된 말씀에(마 28:10) 순종하여 예루살렘을 떠나 디베랴(갈릴리) 바다에서 고기를 잡고 있는 제자들에게 예수님께서 찾아오셨다. 부활하신 예수님께서 이른 새벽에 막달라 마리아를 만나주셨고, 뒤이어 엠마오로 도망가는 두 제자에게 나타나셔서 그들의 닫혀 있던 눈을 열어 예수님을 보여주시고 예루살렘(예수님)을 향하여 다시 돌아오게 하셨다. 그리고 부활하신 첫날 저녁 두려움에 떨고 있는 제자들을 찾아와 하늘의 평안을 마음 안에 가득 담아주시고 아담이 죄를 지으며 잃어버린 '하나님의 형상'(하나님과 함께하는 생명의 숨. 창 2:7)을 회복해 주시고 떠나셨다(요 20:21-22). 예수님께서 두려움에 떨던 제자들을 찾아오셨을 때 그 자리에 없던 도마가 자신은 예수님께서 십자가에 못 박힌 손과 발, 창에 찔린 옆구리에 손을 직접 넣어보아야만 믿을 수 있다고 하였는데(요 20:25), 그 일을 경험한 후 8일이 지나고 모든 제자가 함께 모여 있을 때 예수님께서 다시 찾아오셨다. 그리고는 도마를 불러 자신이 십자가에 못 박힌 손과 발에, 창에 찔린 옆구리에 도마의 손을 넣어보라 하신다. 그리고는 '보고 확인하는 것'보다는 '보지 않고 믿는 믿음'이 귀한 믿음이라 말씀하시고는 그 자리를 떠나셨다. 그러한 예수님께서 다시 제자들을 찾아오신 것이다.

그런데 1절의 말씀을 보면 예수님께서 제자들을 찾아오신 것에 대하여 "제자들에게 자기를 나타내셨으니"(1절)라고 표현하였다. 이 말씀을 자세하게 보면 예수님께서 자신을 드러내지(나타내지) 않으면 그 누구도 예수님을 볼 수 없다는 뜻이다. 예수님은 구원받은 성도들의 삶의 현장에 매일 찾아와 만나 주기 원하시는데,

예수님께서 성도들을 만나주시는 곳은 성도들이 삶의 현장에서 만난 스스로는 해결할 수 없는 문제가 있는 곳이다. 하나님께서는 성도들이 삶의 현장에서 만난 문제를 통하여 성도들을 만나주시는데, 대부분의 성도는 이러한 하나님 아버지의 마음을 몰라서 문제 가운데 원망하고 실망하다가 자기들을 만나기 위해 찾아오신 하나님을 만나지 못하고 오히려 자기들을 멸망시킬 악한 영들에게 사로잡혀 무너진다.

그들 가운데 어떤 사람들이 원망하다가 멸망시키는 자에게 멸망하였나니 너희는 그들과 같이 원망하지 말라 히 10:10

갈릴리 바다로 돌아온 제자들이 밤을 새워 그물을 던져도 한 마리의 고기도 잡지 못한 상황에서 제자들에게 자기를 나타내려고 오신 예수님을 만났다. 이처럼 죄와 악이 넘실거리는 세상의 바다에서 만난 문제를 해결하려고 모든 방법을 동원하여 몸부림치지만, 답을 얻지 못한 성도들의 삶의 현장에 예수님은 자기를 나타내려고 오신다. 성도들이 삶의 형장에서 사람으로는 해결하지 못할 문제를 만났다면 모든 원망과 불평을 내려놓고 구원받은 성도들을 돕기 위해 찾아오시는 예수님을 만나는 것을 삶의 우선순위에 두고 예수님의 이름만 불러야 한다. 예수님의 제자들이 부활하신 예수님께서 막달라 마리아를 통하여 전해 주신 말씀에 순종하여 갈릴리로 돌아왔지만, 막상 갈릴리로 돌아온 다음 무슨 일을 어떻게 해야 하는지를 몰랐다. 그러다 예전에 예수님께서 자신들을 부르시며 "나를 따라 오너라 내가 너희를 사람을 낚는 어부가 되게 하리라"(마 4:18-22, 눅 5:1-11)라고 하신 말씀을 기억했다. 베드로가 먼저 물고기를 잡겠다고 했고 다른 모든 제자들도 베드로를 따라 함께 배를 탔다. 그들은 사람을 낚기(복음을 증거 하여 영혼들을 살림) 이전에 우선 고기를 잡으며(낚으며) 어떻게 하면 예수님께서 주셨던 사명대로 사람을 낚을 수 있는지 고민하고 있었다. 하지만 밤을 새워 그물을 던졌어도 한 마리의 고기도 잡지 못했다(3절). 동이 터 오를 무렵 예수님께서 제자들을 만나려고 찾아오셔서 갈릴리 바닷가에 서 계셨는데 그때도 제자들은 예수님을 알아보지 못한다. 밤새 그물질을 하였지만 한 마리도 잡지 못하고 육지로 돌아오는 제자들에게 예수님께서 "잡은 고기가 있느냐?" 물으셨고, 제자들은 "고기를 잡지 못했습니다"(5절)라고 대답하였다. 제자들의 대답을 들으신 예수님께서 "배 오른편에 그물을 던져라 그리하면 잡을 것이다"(6절)라고 말씀하셨고, 예수님께서 주신 말씀에 순종하여 배 오른편으로 그물을 던졌을 때 고기가 너무 많이 잡혀서 그물을 들어 올리지 못할 지경이다.

이 말씀은 예수님의 제자 시몬(베드로의 옛 이름)과 그의 친구들이 예수님께 처음 부름 받을 때의 상황과 너무 비슷하다. 시몬이 밤을 새워 그물을 던졌지만 한 마리도 잡지 못하고 육지로 돌아와 그물을 손질할 때 많은 사람이 예수님의 말씀을 들으려고 갈릴리 바다의 언덕으로 모여들었고, 예수님께서 모여든 사람들에게 말씀을 전하시려고 그물을 손질하던 시몬에게 부탁하여 시몬의 배를 육지에서 조금 띄워 무리에게 말씀을 선포하셨다. 말씀 선포가 끝나자 예수님께서 시몬을 향하여 "깊은 곳에 가서 그물을 던져라"(눅 5:4)라고 말씀하셨고, 시몬은 "선생이여 우리가 밤을 새워 수고하였지만 잡은 것이 없지만 말씀에 의지하여 그물을 내립니다"(눅 5:6) 하고 순종하였을 때 그물이 찢어질 만큼의 많은 물고기를 잡았다.

예수님의 제자들이 예루살렘에서 갈릴리로 돌아와 그들이 각자의 생업으로 복귀하였다면 세리였던 마태는 세관으로 가야 했지만, 그는 다른 제자와 똑같이 고기 잡는 배를 탔다. 이렇게 좋은 의도로 그물을 던지지만(사단에 사로잡혀 죽어가는 영혼들을 살리려고 복음을 전하지만) 예수님을 알기 이전에 하던 내 방법으로 하기 때문에 한 마리의 고기도 잡을 수 없었다(한 영혼도 구원 안으로 인도하지 못한다). 이러한 자리에 예수님께서 찾아오셔서 배 오른편으로 그물을 던지라는 답을 주셨다. 자신들의 습관과 생각을 버리고 예수님께서 주신 말씀에 순종하였을 때 너무 많이 잡아 그물을 끌어 올리지 못할 지경이 되었다. 이처럼 하나님의 영광을 위한 일은 철저하게 하나님께서 주시는 방법과 성령께서 주시는 감동대로 해야 하는데, 제자들이 '사람을 낚는 어부'가 되려는 것을 예행 연습하는 것처럼 오늘날 많은 성도들이 '하나님의 일'을 '사람의 생각과 방법'으로 하려고 달려든다. 한 영혼을 살리고 한 가정을 살려내는 하나님의 엄청난 생명 역사가 풀어지는 복음을 전하면서도 여전히 사람의 생각과 세상의 방법으로 하려고 한다. 한 영혼과 가정을 살려내는 일이 분명 하나님의 일이라고 인정하는가? 그렇다면 철저하게 하나님의 지시하심과 성령께서 도와주시는 손길을 기다리자. 이렇게 하면 그동안 한 영혼도 건져내지 못했던 헛된 그물질이 변하여 수없이 많은 영혼을 살려 하나님께 올려드려 승리하는 복음 증거의 현장이 될 것이다. 예수님께서 제자들에게 그물을 배 오른편에 던지라 하신 말씀을 종말론적인 시각으로 풀어보자. 예수님께서 공생애를 시작하실 때 시몬과 함께 배를 타시고 시몬에게 명령하여 바다 깊은 곳에 그물을 내리라고 하셨는데, 이것은 성도들을 향해 죄악이 넘치는 세상에서 예수 그리스도의 복음으로 구원의 그물을 내려 영혼들을 살려내라는 의미이다. 예수 그리스도의 복음을 듣고 구원 안에 들어온 영혼들은 선한 사람과 악한 사람들이 섞여 있다. 이것은 오늘날 교회의 모습이다. 믿지 않는 사람들이 예수님을 믿어서 교회에 나온 사람들을 향해 "어떻게 저렇게 부정하고 악하게 사느냐?"고 묻는데, 이것은 그들이 예수님을 통하여 마귀의 손에서 건짐 받아 교회는 나왔지만 아직 변화되지 않았기 때문이다.

교회는 예수님을 영접하여 구원받은 영혼들을 하나님께서 주시는 말씀으로 다듬고 변화시켜 하나님께서 기뻐하시는 예수님을 닮은 사람이 되게 하는 곳이다. 예수님 때문에 구원받은 나는 교회에 나와서 얼마나 변화되었는지 돌아보아야 한다. 부활하셔서 갈릴리 바다에 찾아오신 예수님은 배에 오르지 않고 육지에 서 계시며 제자들에게 배 오른편에 그물을 던지라 명령하셨다. 이것은 예수 그리스도의 복음으로 구원받아 교회에 들어온 후 예수님께서 주시는 말씀으로 옛사람의 더러운 것을 벗어 버리고 하나님께서 기쁘게 받으실 예수님의 부활의 능력으로 변화된 성도들을 하나님의 영광 안으로 깊이 들어가도록 인도하시는 영적인 비밀이다. 예수님께서 공생애를 시작하시면서 그물을 던지라 하실 때는 왼편이나 오른편의 구분 없이 그냥 깊은 곳이라 하셨는데(눅 5:4) 부활하셔서 찾아오셨을 때는 배의 오른편에 그물을 던지라 하셨다. 구원 안에 들어와 마지막 하나님의 영광에 동참하는 믿음은 재림하시는 예수님의 오른편에 서 있는 믿음이어야 한다(마 25:31-34, 41). 구원받은 성도들의 이 세상에서의 삶의 목적은 예수님께서 재림하실 때 예수님의 오른편에 서서 하나님께서 창세 전부터 예비하신 축복 안으로 들어가는 것이다.

요 21:7-11 갈릴리 바닷가에 서 계신 예수님을 제자들이 알아보지 못할 때 요한이 베드로에게 "주님이시다"라고 말하자 베드로가 벗고 있던 옷을 입고 물에 뛰어들었다. 다른 제자들은 육지에서 100여 미터 떨어져 있다가 배를 저어 육지로 올라왔는데, 예수님께서 숯불에 생선과 떡을 굽고 계셨다. 그리고 지금 잡은 싱싱한 고기를 가져오라 말씀하셔서 베드로가 육지에 배를 대고 그물을 끌어 올렸는데 153마리가 잡혔다. 고기가 그렇게 많은데도 그물은 찢어지지 않았다. 배와 육지의 거리는 100여 미터 떨어져 있었는데 갈릴리 바닷가에 서 계신 예수님을 처음 알아본 것은 요한이다. 요한은 어떻게 멀리에 서 계신 예수님을 한 번에 알아볼

수 있었을까? 그것은 요한이 예수님에게서 가장 큰 사랑을 받은 자이기 때문이다.

예수님의 사랑을 가장 많이 받은 요한은 예수님을 따라 대제사장의 뜰에까지 들어갔으며 예수님께서 십자가를 지실 때도 함께 했었다. 예수님의 깊고 큰 사랑을 경험한 요한은 예수님이 계신 곳은 어디든지 따라갔다. 구원받은 성도에게 정말 필요한 것은 하나님께서 예수 그리스도를 통하여 부어주시는 하나님의 사랑(은혜)을 받아내는 것이다. 우리의 마음 안에는 얼마나 많은 하나님의 사랑이 부어져 있는가? 나는 요한과 같이 예수님께서 하늘을 열고 저 멀리 나타나셔도 그것이 하나님께서 이 세상에 하나님의 영광을 위해 일하시는 비밀인 것을 알아차릴 수 있는가? 하나님의 깊고 큰 사랑을 받아내지 못하면 예수님께서 가까이 계셔도 알아보지 못하지만 하나님의 사랑을 받아낸 자들은 멀리 계신 예수님까지 볼 수 있고, 삶의 현장에 하나님께서 일하시는 비밀까지도 쉽게 알아낼 수 있다. 예수님의 품에 안겨 마음껏 사랑을 받아낸 요한을 통하여 예수님을 언제든지 알아보고 예수님께서 계신 곳은 어디든지 따라갈 수 있는 믿음을 회복하자. 예수님께서 육지에서 숯불을 피우고 생선과 떡을 구워 밤을 새워 수고한 제자들을 먹여 주려 하신다. 예수님은 구원받은 성도들이 어디에서 무엇을 하든지 항상 살펴보시고 성도들을 찾아오셔서 지켜주시며(마 14:22-33) 성도들의 필요한 모든 것들을 풍성하게 공급해 주신다. 제자들을 먹이시기 위해 숯불을 피우고 그 위에 생선과 떡을 준비하신 예수님께서 "너희들이 방금 잡은 고기를 좀 가져오라"(10절)라고 말씀하셨다. 하나님께서 우리에게 하늘의 좋은 것을 공급해 주시려할 때 우리에게 있는 가장 좋은 것을 먼저 하나님 앞에 올려드리는 믿음이 있어야 한다. 이삭이 나이 들어 죽기 전 아들 에서에게 아버지 아브라함으로부터 받은 하나님의 신비한 축복을 옮겨주려할 때 이삭은 에서를 그냥 축복해 주지 않고 '별미'를 만들어 가져오라고 하였다(창 27:4).

많은 성도가 하나님을 향하여 무엇인가를 달라고 수없이 기도하지만 정작 '내가 무엇을 하나님께 드려 하나님을 기쁘시게 할까요?'하는 믿음은 없다. 하나님께서는 무엇인가가 부족해서 성도들에게 받으시려는 것이 아니라, 하나님을 향한 성도들의 마음을 받고 싶어 하신다. 하나님의 영광을 위한 응답과 축복을 요구하기 이전에 하나님께 올려드릴 것은 무엇인지를 생각해 보았는가? 이러한 일이 벌어지는 사이 요한으로부터 예수님이라는 말을 듣고 바다에 뛰어들어 헤엄쳐 오던 베드로가 말씀에 순종하여 내렸던 그물을 끌어 올리니 큰 물고기가 153마리나 잡혔는데, 그물은 찢어지지 않았다. 아무리 많은 물고기를 잡는다 하여도 그물이 찢어지면 모든 것이 다 허사이지만, 그 많은 물고기가 잡혔지만, 그물은 절대 찢어지지 않았다. 성도들이 삶의 현장에서 하나님께서 부어주시는 은혜로 말미암아 크고 비밀한 응답과 축복을 받았다 하여도 그것이 어느 한 부분에서 찢어지면 오히려 받지 않은 것보다 못한 형편이 된다. 오늘날 하나님께서 큰 응답을 주셨다고 자랑을 하다가 오히려 더 많은 것을 빼앗기고 잃어버려 한숨 짓는 성도들을 주변에서 본다. 이것은 그들의 믿음이 무엇인가 잘못되어 응답과 축복을 거둬들여야 할 그물이 찢어졌기 때문이다. 하나님께서 사랑하는 성도들에게 응답과 축복을 부어주실 때는 절대로 그 응답과 축복을 거둬들이는 그물이 찢어지지 않게 해 주신다.

나를 사랑하느냐?(요 21:15-25)

¹⁵ 〈내 양을 먹이라〉 그들이 조반 먹은 후에 예수께서 시몬 베드로에게 이르시되 요한의 아들 시몬아 네가 이 사람들보다 나를 더 사랑하느냐 하시니 이르되 주님 그러하나이다 내가 주님을 사랑하는 줄 주님께서 아시나이다 이르시되 내 어린 양을 먹이라 하시고 ¹⁶ 또 두 번째 이르시되 요한의 아들 시몬아 네가 나를 사랑하느냐 하시니 이르되 주님 그러하나이다 내가 주님을 사랑하는 줄 주님께서 아시나이다 이르시되 내 양을 치라 하시고 ¹⁷ 세 번째 이르시되 요한의 아들 시몬아 네가 나를 사랑하느냐 하시니 주께서 세 번째 네가 나를 사랑하느냐 하시므로 베드로가 근심하여 이르되 주님 모든 것을 아시오매 내가 주님을 사랑하는 줄을 주님께서 아시나이다 예수께서 이르시되 내 양을 먹이라 ¹⁸ 내가 진실로 진실로 네게 이르노니 네가 젊어서는 스스로 띠 띠고 원하는 곳으로 다녔거니와 늙어서는 네 팔을 벌리리니 남이 네게 띠 띠우고 원하지 아니하는 곳으로 데려가리라 ¹⁹ 이 말씀을 하심은 베드로가 어떠한 죽음으로 하나님께 영광을 돌릴 것을 가리키심이러라 이 말씀을 하시고 베드로에게 이르시되 나를 따르라 하시니 ²⁰ 베드로가 돌이켜 예수께서 사랑하시는 그 제자가 따르는 것을 보니 그는 만찬석에서 예수의 품에 의지하여 주님 주님을 파는 자가 누구오니이까 묻던 자더라 ²¹ 이에 베드로가 그를 보고 예수께 여짜오되 주님 이 사람은 어떻게 되겠사옵나이까 ²² 예수께서 이르시되 내가 올 때까지 그를 머물게 하고자 할지라도 네게 무슨 상관이냐 너는 나를 따르라 하시더라 ²³ 이 말씀이 형제들에게 나가서 그 제자는 죽지 아니하겠다 하였으나 예수의 말씀은 그가 죽지 않겠다 하신 것이 아니라 내가 올 때까지 그를 머물게 하고자 할지라도 네게 무슨 상관이냐 하신 것이러라 ²⁴ 이 일들을 증언하고 이 일들을 기록한 제자가 이 사람이라 우리는 그의 증언이 참된 줄 아노라 ²⁵ 예수께서 행하신 일이 이 외에도 많으니 만일 낱낱이 기록된다면 이 세상이라도 이 기록된 책을 두기에 부족할 줄 아노라

✖✖✖

요 21:15-17 그물을 끌어 올리고 땅에 올라온 제자들에게 숯불에 구운 떡과 생선을 먹이신 예수님께서 베드로를 향하여 "요한의 아들 시몬아 너는 이 사람들이 나를 사랑하는 것보다 더 나를 사랑하느냐?"라고 물으셨고, 예수님의 질문을 받은 베드로는 "네 예수님! 내가 예수님을 사랑하는 것을 예수님께서 아십니다"라고 대답하였다. 그런데 예수님께서 베드로를 향하여 '예수님을 사랑하는지'에 대한 똑같은 질문을 두 번, 세 번 반복하신다. 예수님은 다른 제자들을 제쳐두고 베드로에게만 "네가 나를 사랑하느냐?"라고 물으셨다. 왜 그러셨을까? 베드로는 예수님을 그리스도라고 고백하여 예수님을 놀라게 하였고 영적으로 가장 귀한 축복을 받았다(마 16:16-19). 하지만 예수님께서 대제사장 무리에게 잡혀 가야바의 뜰에서 심문받으실 때 예수님을 모른다고 세 번씩이나 부인하며 심지어 저주까지 하였었다. 예수님은 베드로가 예수님을 세 번씩이나 모른다고 부인한 것을 전혀 언급하지 않으시고 너무 따뜻하게 "베드로야 네가 나를 사랑하느냐?"하고 물으신 것이다. 예수님은 이 세 번의 질문으로 베드로가 예수님을 모른다고 세 번 부인한 죄를 씻어 주시고, "내가 십자가를 지며 구원하여 놓은 나의 양들을 먹여 세워라"라고 하시며 베드로의 믿음을 회복하시고 권위를 세워주셨다. 십자가에 못 박히시며 우리들을 구원하신 예수님께서 우리를 찾아오시면 베드로에게 물으신 것처럼 반드시 "너는 나를 얼마나, 어떻게 사랑했니?"라고 질문하실 것이다. 우리의 마음 중심을 다 아시는 예수님 앞에 섰을 때 우리에게서는 어떤 대답이 나올까? 하나님께서 애굽에서 400년 동안 종살이하던 이스라엘 백성들을 유월절 어린 양의 희생으로 건져내셨다. 하나님은 이스라엘 백성들이 목적지인 가나안 땅에 들어가기 전 광야에서 그들을 훈련시키시며 모세를 통하여 그들을 선택하여 구원하신 목적을 말씀하신다.

이스라엘아 듣고 삼가 그것을 행하라... 여호와는 오직 유일한 여호와이시니 너는 마음을 다하고 뜻을 다하고 힘을 다하여 네 하나님 여호와를 사랑하라 신 6:3-5

그런데 이스라엘 백성들 중 그 누구도 하나님을 사랑한다는 고백을 하지 못하였다. 심지어 하나님으로부터 말씀을 받아 이스라엘 백성들에게 선포한 모세조차도 하나님을 사랑한다는 고백을 하지 못하였다. 이 땅에 태어난 사람 중에서 처음으로 하나님을 사랑한다고 고백한 것은 다윗이다. 다윗이 모든 원수와 사울의 손에서 하나님의 은혜로 구원의 축복(승리)을 경험한 날에 하나님을 높여 송축하는데 그 시작이 "나의 힘이 되신 여호와여 내가 하나님을 사랑합니다"(시 18:1)였다. 계 3:7을 보면 예수님께서 요한에게 찾아오셔서 아시아 일곱 교회에 대하여 말씀하실 때 빌라델

비아교회를 말씀하시면서 '다윗의 열쇠'가 되시는 예수님께서 빌라델비아교회와 함께하신다고 하셨다. '다윗의 열쇠' 되시는 예수님께서 하늘을 열면 그 누구도 닫을 수 없고 예수님께서 닫으시면 그 누구도 열 수 없다. '하늘을 열고 닫을 수 있는 열쇠'의 이름을 하나님께서 '다윗의 열쇠'라고 하신다.

그렇다면 하나님께서는 왜 하늘을 열고 닫는 비밀이 되는 열쇠의 이름을 '다윗의 열쇠'라고 하셨을까? 그것은 하나님께서 그렇게 받기 원하시는 "하나님 사랑합니다"라는 믿음 고백을 이 땅에서 처음으로 한 사람이 다윗이기 때문이다. 이스라엘 백성들을 특별히 선택하셔서 애굽에서 건져내시고 하늘에서 이루어진 말씀을 주시며 가나안으로 인도하시는 목적은 선택받은 백성들을 통하여 '하나님 사랑합니다'라는 고백을 받으시려는 것이다. 그런데 이스라엘 백성들은 하나님의 마음을 제대로 알지 못하고 매 순간 원망과 불평으로 자기들을 특별하게 선택해 주신 하나님의 마음을 힘들고 아프게 했었다. 하나님은 하나밖에 없는 자신의 아들 예수 그리스도를 십자가에 못 박으며 성도들을 구원하셨다. 예수님을 영접하여 구원받은 성도들을 통하여 하나님은 사랑의 고백을 받기 원하신다. 그런데 구원받은 성도들이 하나님께 엎드려 기도하면 매 순간마다 "주여! 주시옵소서" 하며 무엇인가 달라고만 하고, 아니면 상황과 형편에 대하여 원망과 불평을 한다. 이러한 믿음 때문에 예수 그리스도를 영접하여 구원받은 성도들에게는 이미 하늘을 열고 닫을 수 있는 '다윗의 열쇠'가 되는 예수 그리스도가 함께하심에도 불구하고(마 16:19) 하늘은 열리지 않고 어둠의 세계만 항상 열린다(고전 10:10). 이제부터 어떠한 상황을 만나든지, 마음에 어떠한 변화가 있든지 원망하지 말고 예수 그리스도의 보혈을 의지하여 하나님만을 사랑한다는 진실한 믿음 고백만 하자. 이때부터 하늘이 열리고 하나님의 풍성한 은혜가 부어지고, 하나님의 영광을 모두에게 보여 줄 응답과 축복의 열매들이 넘치게 된다. 그렇다면 '다윗의 열쇠'라는 말이 처음 나온 상황을 보면서 이 말씀이 오늘날 성도들에게 어떻게 풀어지는 영적인 비밀인지 알아보자. 유다의 13대 히스기야 왕은 하나님 보시기에 선한 왕이었기 때문에 어디에서 무엇을 하든지 형통하였다(왕하 18:5. 히스기야 왕 전과 후에 이러한 믿음을 가진 왕이 없었다고 극찬한다). 이렇게 인정받는 히스기야 왕에게 위기가 찾아왔는데 집권 14년 차에 앗수르의 산헤립이 쳐들어왔다. 그런데 모두의 예상을 깨고 히스기야 왕이 너무 굴종적인 자세를 취한다. 앗수르의 산헤립이 히스기야 왕에게 은 300달란트와 금 30달란트를 요구할 때 비굴하게 은과 금을 바치는데 심지어 성전 기둥에 박힌 금까지 긁어준다. 너무나도 불신앙적인 행동이다. 앗수르가 침공했을 때 히스기야 왕은 자신을 보호하려고 하나님을 바라보지 않고 많은 방법을 찾지만 아무 소용이 없다(사 22:11-12). 그러자 백성들은 '무조건 먹고 마시고 죽어버리자' 하는 자포자기 상태가 되었다.

🖊 너희가 기뻐하며 즐거워하여 소를 죽이고 양을 잡아 고기를 먹고 포도주를 마시면서 내일 죽으리니 먹고 마시자 하는도다 사 22:13

오늘날 이렇게 하나님을 신뢰하지 못하고 낙망한 모습으로 살아가는 가짜 믿음의 사람들이 너무 많다. 마귀로부터 공격을 받아 괴롭고 힘든 시기에 하나님만을 신뢰하고 하나님을 의지하여 당당하게 승리를 선포하지 못하고 온갖 세상 방법을 찾고, 그러다가 아무런 답을 얻지 못하면 이스라엘 백성들처럼 자포자기 상태가 된다. 하나님은 이러한 불신앙과 하나님을 떠난 죄악을 절대로 용서하지 않으리라 하신다(사 22:14). 나라가 이렇게 힘들고 어려울 때 왕을 보필하고 왕궁의 살림을 해야 하는 '셉나'가 자신의 역할을 제대로 하지 못하고 부정부패로 자신의 치부만 일삼았다(사 22:16-19). 하나님은 이러한 '셉나'를 내어 쫓고 신실한 종 '엘리야김'을 다시 세워 관복(믿음의 예복)을 입히고 영적인 아비의 능력을 준 후에 '다윗의 열쇠'를 맡기라고 말씀하신다(사 22:20-24). 믿음의 관복을 제대로 입고 영적 아비의 권세를 회복한 '엘리야김'이 자기의 역할을 충실히 감당할 때 하나님은 '엘리야김'에게 '다윗의 열쇠'(하늘을 여는 열쇠)를 주었고, 이 열쇠를 믿음으로 사용할 때 히스기야 왕이 하나님을 향하여 온전히 돌아오게 되고, 이스라엘이 회복되어 앗수르와의 전쟁에서 승리한다.

나는 지금 교회와 가정과 사업의 현장에서 하나님께서 주신 하늘을 열고 닫는 '다윗의 열쇠'(예수 그리스도)를 '셉나'처럼 악용하는 사람인가? 아니면 '엘리야김'처럼 정확하게 사용하는 믿음의 사람인가? '셉나'가 유다 왕궁을 관리하는 창고의 열쇠를 자신의 치부를 위해 사용할 때 왕은 하나님에게서 눈을 돌리고 세상 방법만 찾았고, 백성들도 상황과 형편에서 하나님을 찾아 회개하지 않고 자포자기하며 하나님의 영광을 훼손하였다. 하지만 하나님 앞에서 신실한 '엘리야김'이 왕궁의 살림을 감당하는 열쇠를 하나님께서 원하시는 방법으로만 사용하였을 때 하나님은 신실한 '엘리야김'에게 '다윗 집의 열쇠'를 주셨고 그 결과 하나님을 떠났던 왕으로부터 모든 백성이 하나님께 돌아오고, 하늘이 열리며 이스라엘이 강대국 앗수르를 이기고 승리하게 된다.

그런데 이렇게 지혜롭고 하나님께서 사랑하시는 신실한 '엘리야김'이 그가 있어야 할 자리에서 떨어져 나갔을 때 히스기야 왕과 유다 백성들이 하나님을 향한 믿음이 다시 떨어져 나가 끝내는 바벨론에게 멸망을 당하게 된다(사 22:25). 이제부터 다른 사람과 형편을 탓하지 말자. 성도들이 구원받았다는 것은 우리 안에 하늘을 여는 열쇠(예수 그리스도)를 품고 사는 것이다. 하나님께서 예수 그리스도를 통하여 주신 하늘을 여는 열쇠를 마음에 품고 그동안 잘못 살아왔던 '셉나의 삶'(예수 그리스도를 이용하여 나 자신을 높이려 했던 미련한 삶)을 버리고, '엘리야김의 삶'(예수님의 보혈을 의지하여 오직 하나님만 사랑한다고 고백하며 하나님의 말씀에 순종하는 삶)을 살아내자. 나의 믿음의 회복 때문에 우리를 속이며 짓누르던 어둠의 세력들이 깨어지고 하늘이 열리고 하나님의 영광이 풀어지는 승리하는 삶의 기초를 세우자. 성도들이 매 순간 예수 그리스도의 보혈을 먹어내며 하나님을 사랑한다고 고백할 때 우리 안에 깊이 숨어있던 죄와 연약함이 드러나 녹아지며 우리 안에 하나님께서 예수 그리스도를 통하여 주신 '다윗의 열쇠'(하늘을 열고 닫으며 하나님의 모든 신령한 것들을 받아내는 비밀한 능력)가 보여지고, 우리가 만난 상황과 형편을 향하여 열린 하늘을 선포하며 하나님의 영광을 끌어내리게 된다. 하나님께서 부어주시는 사랑을 먹어내며 오직 하나님만 사랑하는 믿음으로 하나님께서 기뻐하시는 믿음 관계가 깊어질 때 예수 그리스도 때문에 성도들 마음 안에 심어주신 '하늘을 여는 열쇠'(다윗의 열쇠)를 당당하게 사용하면서 우리에게 맡겨진 영혼들에게 하나님의 말씀과 생명의 능력을 흘려보낼 수 있다. 신학을 했고 성경을 배웠다는 명분으로 말씀을 가르치는 지식은 분명한 한계가 있다. 하지만 신학을 전공하지 않고 성경을 많이 배우지 않았을지라도 예수님께서 베드로에게 "네가 나를 사랑한다면 나의 양들을 먹여 키우라"라고 했듯이 구원 안에서 하나님의 사랑을 먹어내고, 하나님께서 부어주시는 사랑이 충만하면 그의 한마디 말이나 행동을 통하여 하나님의 사랑이 흘러나가 수없이 많은 영혼을 살려 하나님께 올려드릴 수 있다.

요 21:18-24 예수님은 베드로가 시간이 지나면 예수 그리스도의 복음을 전하기 위해 순교할 것이라고 미리 알려주시며 이것을 위해 전적으로 예수님만을 따르라 말씀하신다. 예수님의 말씀을 들은 베드로가 예수님에게 가장 많은 사랑을 받은 요한의 장래는 어찌 될 것인지 묻는데 "요한의 일이 베드로 너와 무슨 상관이 있느냐? 베드로 너는 나만 따르라"라고 하신다. 베드로가 예수님에게 가장 많은 사랑을 받았던 요한의 앞날은 어찌 될 것인지 묻는 것은 오늘날 많은 성도도 빠져드는 실수이다. 예수님께서 나를 부르셔서 말씀을 주시면 "아멘"하며 감사함으로 받고 기쁨으로 순종하면 되는데 이러한 믿음의 삶을 내려놓고는 나에게 주신 하나님의 말씀보다는 주변의 사람들을 향한 하나님의 말씀과 계획을 더 궁금해 한다. 성도들이 정말 궁금해 할 것은 나를 향한 하나님의 뜻을 발견하는 것이고, 하나님의 뜻을 알았을 때에는 성령을 의지하여 감사하며 순종하면 된다.

믿음에서 정말 중요한 것은 하나님과 나와의 비밀한 관계다. 하나님과 나와의 관계에는 그 누구도, 그 무엇도, 어떠한 형편도 들어올 수 없다. 그런데 사단에게 속으면 하나님과의 관계에 항상 그 무엇인가를 끌어들여서 나를 향한 하나님의 비밀을 받아내지 못한다. 그동안 나와 하나님 사이에 끼워 놓았던 것들을 예수님의 보혈을 의지하여 다 지우고 하나님 앞에 나아가 하나님의 얼굴만 바라보며 하나님께서 주시는 하늘의 비밀을 알아내고, 하나님께서 부어주시는 은혜를 힘입어 나를 향한 하나님의 뜻이 이 땅에 이루어지게 하자. 베드로가 그렇게 궁금해했던 사도 요한은 예수님께서 십자가에서 마지막 부탁하신 말씀에 순종하여 예수의 모친 마리아를 끝까지 모셨고, 예수님의 모친이 돌아가신 후에 생명을 걸고 선교활동을 하였으며 각 지역에 세워진 교회들을 감독하기에 편리한 에베소에 머물렀다. 요한이 에베소에 머문 이유는 에베소가 그 당시 세계 각 지역으로부터 많은 사람이 모여드는 도시로 복음의 중심지가 될 수 있기 때문이었다. 요한은 A.D. 85년경

요한복음을 기록하였고 이어 A.D. 90년경에 요한 일,이,삼서를 기록하였으며 A.D. 95년에는 밧모섬에 유배되었다. 예수님의 제자들이 모두 순교한 이후에 80이 넘은 나이에 밧모섬에 유배되어 기도하다가 환상 가운데 예수님을 만나 장차 이루어질 하나님 나라의 비밀과 예수님의 재림을 밝히는 요한계시록을 받아 기록하였다. 밧모섬에서 1년여의 유배생활을 끝내고 다시 에베소에 돌아온 요한은 수많은 제자를 세우고 94세를 끝으로 에베소에 묻혔다. 다른 제자들은 예수 그리스도의 복음 때문에 '죽는 순교'(목숨을 잃어버림)의 자리에 들어갔을 때 요한은 '산 순교'(죽지 않고 살아서 더 많은 고통을 당함)의 자리에 있었다.

예수님의 가슴에 자신의 몸을 담고 말로 표현하지 못할 예수님의 사랑을 받아낸 요한, 예수님의 사랑을 그 한 번으로 끝내지 않고(이미 맛을 보았기 때문에) 모든 자리에서, 모든 상황에서 예수님의 이름을 부르며 하나님께서 하늘을 열고 풀어주시는 강력한 사랑을 더 받아낸 요한이었다. 이렇게 예수님의 사랑으로 충만한 요한이기 때문에 극심한 기독교 박해 속에서도 승리할 수 있었고, 유배생활 중에도 예수님을 만나 마지막 되어질 모든 일에 대한 환상을 보았으며, 핍박을 두려워하는 자들을 위로하며 복음을 더 빛나게 기록하며 제자들을 세울 수 있었다. 지금 우리는 다른 어떤 것보다 우리를 구원하신 예수님께서 우리를 품에 안고 부어주시는 하나님의 사랑을 받아내야 하고, 그 사랑으로 완전히 녹아져 충만한 믿음이 되어야 한다.